南からの社会学
インタビュー編

与《よ》古《こ》為《い》新《しん》

Part 2

FURUKI
NI
AZUKARI
ATARASHIKI
WO
NASU

はじめに

櫻井芳生

みなさんお久しぶりです！『南からの社会学・インタビュー編　与古為新』（以下「パート1」と呼びましょう）の続編、『パート2』が発刊の運びとなりました！

発刊の主旨はパート1とほぼ同じです。読者のみなさんに、地元にあなたの知らないこんなにも熱い人たちがいる！と知ってもらうことです。

そうでありながらも、「地元から出るのは怖いな。一生地元から出ないで何とか平穏に暮らしたいな…」というあなたに、「だからこそ、一度地元から出てみないと、あなたの好きな地元のよささえもわかりませんよ！」というわけです。

この2点を、インタビューという、「エビデンス＝証拠」でもって、若い読者のみなさんにお伝えしたかったというわけです。

南日本新聞発刊、南からの社会学インタビュー編ということもあって、本書もパート1と同様、鹿児島にご縁のある方にインタビューをいたしました。

パート1のもう一つの柱は、「グローバリゼーションがすぐそこまでやってきている」ということでした。

本書では、この点の「臨場感」を、さらに増すために、英語によるインタビューを2点ほど敢行し、しかもその全文（英文）を再録しています。ぜひ、カルチュラルショックを感じ取ってほしいです。外国人のお友だちにもお見せください。

本書紙媒体以外でも、ブログやSNSでの発言をつづけていくつもりです。ぜひ、また、おしゃべりしましょう!!

目次

タイトル『与古為新（よこいしん）』について

古きに与り新しきを為す（ふるきにあずかりあたらしきをなす）は司空図（しくうと837〜908　中国の詩人、文人）の言葉です。この言葉にアマルティア・セン教授の著書で出会いました。セン教授は2007年〜2008年私がハーバード大学にいるときに、ちょうど同じキャンパスで研究をなさっていました。時折、図書館でお姿をお見かけしました。

セン教授は『貧困の克服－アジア発展の鍵は何か』（アマルティア・セン　集英社新書）の中で与古為新を援用し、「古いものと新しいものと融合するという普遍的なテーマについて、…古いことにかかわりつつ新しいことを行う―というきわめて洗練された表現で語られて」いると述べています。

若い皆さんが、今回インタビューにご協力いただいた方々の多様な人生に触れ、それぞれ新たな一歩を踏み出してほしいと願い、タイトルを与古為新としました。

南からの社会学
インタビュー編

与古為新

Part2

島津家　三十代当主　島津忠重　孫

島津　公保さん

東京で生まれ育ち、3歳でお母さまと死別され、38歳でルーツである鹿児島へ。島津家のご子孫として、また鹿児島の産業遺産をはじめ「明治日本の産業革命遺産」を世界遺産とした立役者として、鹿児島への思い、若者への思いを思無邪にお話いただきます。インタビューは鹿児島市仙巌園（島津家別邸）で行いました。

島津　公保（しまづ　きみやす）

株式会社島津興業取締役相談役
南九州クリーンエネルギー株式会社
代表取締役社長
鹿児島県教育委員

1950年　東京で誕生
1973年　慶應義塾大学工学部卒業
1975年　慶應義塾大学大学院管理工学専攻修士課程修了
1975年　三菱電機株式会社入社
本社電鉄部配属
1988年　三菱電機株式会社退職
1989年　株式会社島津興業入社
薩摩切子の販売、製造の責任者を経験後、島津興業代表取締役社長を歴任し、島津の歴史を生かしながら観光振興に取り組む

思無邪に（まっすぐな心で）鹿児島の文化力を高めたい

―お生まれはどちらですか？

1950年に東京で生まれました。私たち家族は東京に住み、当時鹿児島で仕事をしていた父は、東京と鹿児島を行ったり来たりする生活をしていました。実は、私が生まれた直後に、3年間だけ鹿児島に住んでおりました。3歳の時に鹿児島で母を亡くしました。それが原因なのか詳しくはわからないのですが、東京に戻りました。父はまた東京と鹿児島を行ったり来たりしていました。

―お父さま、島津矩久《かねひさ》氏は、終戦後官僚（通商産業省）となり、1951年に島津姓で初めて島津興業の社長になられた方ですね。

はい。

―思い出せる一番古い記憶は何ですか？

幼稚園ぐらいの時のですね。鹿児島での記憶っていうのは全くないです。ですから、母の記憶も全くありません。

―3歳でお母さまを亡くされたということは、どなたがお世話をされていたのですか？

鹿児島から、ばあやさんが来て、面倒を見てくれました。中学に入った時に父が再婚しました。

ばあやさんは、私が物心ついた時には既に近くにいましたので、家族同様の存在でした。また、日ごろの食事の準備や洗濯等は、別にお手伝いさんがいました。ばあやさんには、それ以外のことを母親同様に面倒を見てもらっていました。祖父の時代から続く季節行事的なものは、そのばあやさんが仕切っていたように思います。

――4歳上のお兄さまとは、小さい時は少し離れてますでしょうか、ご一緒に何かなさいましたか？

いろいろ遊びましたけどね、トランプをしたり。けんかはしたことありますよ。兄は学習院でした。そして20歳下の妹がいます。

――慶應幼稚舎時代はいかがでしたか？

楽しく過ごしました。家からバスで通ってました。三田から天現寺まで、15分くらいバスに乗るんです。小学生のころ、一生懸命やった記憶があるのは、縄跳びをしていたことです。冬になるとみんなやるんですけど、その中では一番熱心にやって、全校でも1番か、2番のジャンパーだったと思います。ほかには「天文班」という星空観察のクラブ活動ですね。学校の屋上から、星を観察しました。星に興味があり、小学校に入ってからだと思いますが、星座の名前だとか星座の物語を勉強しましたね。東京の空からも星が結構見えたんですよ（笑）。今は難しいですね。

幼稚舎は、6年間同じクラスなんですよ。クラス替えがないんです。やはり横のつながりが強いです。普通部も3年間同じで、クラス替えがないんです。まあ濃密な関係ですね。私の時代には、めちゃくちゃな先生がいらっしゃいました。教室がちょっとうるさいと、授業拒否です。先生が拒否するんですから（笑）、「もう出て行く」って、「先生に謝りに行こう」と職員室へ何度も行きました。授業でも算数だと、小学校は鶴亀算をやりますよね。そういうことは一切やらない。代数を最初から教えるんです。社会の時間では、先生が書いた本があるんですけど、それを読むだけですよ。それを我々必死で聞き写すわけですよ。そういう授業でした（笑）。ほんと、無茶苦茶だった。算数なんかでも、プリントをどんどん配る。できた人は先に進むわけですよ。先に進む人と遅れる人の間でスゴイ差が開く。ただ、このような先生であったからだと思うのですが、大学卒業するまで、クラスの中で誰ひとり落ちこぼれはいませんでした。そして、最近は毎年クラス会を開催していますが、毎回45人クラスのうち30人ぐらいは参加しています。ものすごい結束力だと思います。これは、この先生のお陰です。

―中学生の思い出は何ですか？

中学ではバレーボールやってましたね。けっこう厳しく練習をさせられたっていう記憶があります。たいして強くはなかったんですけれど（笑）。中学である慶應の普通部は日吉にあるんです。神奈川県にあるので、県大会に一応出るんですけど、初戦で敗退する（笑）。試合の前には、ＯＢが先輩のコーチとして指導してくれる。先輩の話を聞く機会があった。特にその中で、大学に行っている先輩からの話には興味を持っていました。自分の将来にとって参考となるお話をいろいろ伺いましたね。

―高校でもバレーボールをなさっていたのですか？

クラブで後輩たちの面倒を見ていました。バレー部のコーチは先輩がやってたんです。手伝いですね。本当はグライダー部に入りたいなと思ったんですよ。そのころラジコンの飛行機をいろいろ自分でやっていた。模型作りが好きだったんですね。ところが、おやじから「絶対ダメだ」と。危険だったからでしょうね。結局それは断念した。

―男子校はどうでしたか？

男子校は、私たちのころの慶応高校ってクラスが1学年18クラスあるんです。学年全部で800人くらいですね。ということはピンからキリまでいる。しかも、地方から来ている子もいます。いろんな子がいるということです。その中で、交流、視野が広がるということもありました。高校生のころに流行っていたのは、ビートルズでした。高校1年生の時にビートルズが初来日しました。結局コンサートには行かなかったですね。私たちもバンドをつくって、まねごとをしました（笑）。

―楽器は何を担当なさったのですか？

エレキベースです。ビートルズとか、サイモンとガーファンクルとかを演奏しました。バンドは4人で、その時のバンド仲間とは1人だけ今もつながっているんです。

高校の時は、通学に結構時間がかかっていましたね。その時は、三田から浦和に引っ越して、そこから日吉まで通うのに、1時間半近くかかりましたから。赤羽まで出てですね。赤羽から、あの当時は赤羽から池袋、赤羽線っていうのが走ってましたから。池袋まで行って。池袋から今度は渋谷まで行って、渋谷から東横線と3回乗換をしました。やっぱり赤羽から新宿、このあたりがすごく混んでいました。でも、1回も遅刻したことはなかったです。朝6時には起きてましたね。最初はそう意識しなかったですけど、小学1年の終わった後ですね、1年間無遅刻無欠席だった子供だけ写真を撮って（笑）表彰された。自分もそうなりたいと。すごくうらやましいなと思ったのです。小学2年生から高校までずっと基本的に無遅刻無欠席でした。

――ご自身が島津の血を受け継いでいらっしゃるというのを意識したのは何歳くらいの時ですか？

学校の歴史の時間ですね。小学校の高学年ぐらいですか。逆にその意味で、あまり歴史とか好きじゃなかったですよね。いろいろ言われたくないっていう気持ちでした。

――ご自身が「島津」の人間であると肯定できるようになるまで葛藤はありましたか？

葛藤といえるほどのことはなかったかもしれません。私はあんまりそういうことには触れないようにしていただけのことですね。それを感じる機会っていうのは、祖父（島津忠重　1886―1968　海軍軍人、貴族院議員）のところにお正月などでご挨拶に行った時ですね。父も含めて、もう祖父の代には東京に出ていました。明治30年ごろ、祖父が12歳の時に上京して、それ以降はずっと東京です。その当時祖父は雪が谷に住まいがありました。そのお宅にご挨拶に伺うと、祖父は和服を着ていてですね。お部屋に入って、遠くから挨拶をするんです。祖父に直接抱かれたという記憶は全くありません。私から見てもお殿様にお目にかかるという感じでした。私たちは孫の中で一番小さい世代でした。父は5人兄弟だったんですけど、父が三男坊で、一番下に弟がいて、そこも私より上だった。

――大学のご専攻は何ですか？

工学部管理工学科で、コンピューターとか経営工学とか統計だとか、そういうことを勉強していました。小さいころから物作りに関心がありました。模型作りが好きでしたね。昔は、クリスマスならプラモデルっていう。それを作るのが楽しみだった。

—サンタクロースを信じていましたか？

まあ、そうですね。小学4、5年生くらいまでですかね（笑）。

—具体的に大学ではどういう勉強をなさったのですか？

テーマとしては、キャッシュフロー会計という経営学系です。研究室の先生が慶応の商学部の先生で、それから工学部にきてですね。管理工学とは、現実の社会問題などを仕組みやソフトウェアなどの面から、科学的に解決する学問です。コンピューターを使って、円滑に運営できるように、例えば、工場の生産管理みたいなことです。単に物づくりというよりも「先端の学問を学べるぞ」という期待もありました。

—大学時代の思い出は何ですか？

大学時代の所属クラブは軽音楽鑑賞会でした。主にモダンジャズですね。記憶にあるのは、慶応の先輩でもある大野雄二さんっていうジャズピアニストがいるんですけど、彼が新人の時岩波ホールで、我々がアレンジをして、コンサートを企画しました。それから、三田祭（慶應義塾大学学園祭）の前夜祭に、ミッキー・カーチスさんを招き、大コンサートを開催しました。多分2千人ぐらい集まったと思う。無償のギャラでできたんです。大学に入った年がもう学生運動華やかなりしころで、5月にストライキがまずあって、7月から無期限ストライキに入ってですね。授業がなかったですね。12月ぐらいまでストライキがずっと続いていました。いわゆる学生運動にかぶれることはなかったんですけど、実際にちょっとデモに参加してみようかと思い、やってみたこともありますね。

―三菱電機では営業に配属されたということですが、いかがでしたか？

営業では、いろいろ教えられましたね。特に、鉄道車両用電機品の営業でした。我々のお客さまは、基本的に固定客なんです。顧客とのいろんな付き合い方、雑談をしながら人間関係というのをしっかりつくっていくというのが大事ですよね。

―社会に入っても20代前半だとどうしていいかわからないこともあると思いますが、一番気をつけたことは何ですか？入社時はご自身よりも年長の方が多いでしょう。

そうです。入社当初は、責任感ということに関していえば、学生時代の延長のようないい加減なところがありました。そういうことについては、かなり注意されましたね。相手に対して約束をきちんと守るということですね。厳しく指導を受けました。三菱電機の場合は、外部との関係ももちろん大事ですが、内部の、社内の関係が重要になってきます。結局、社内の工場とお付き合いをしてるわけです。製品を作ってもらってるわけですから。そういう仕事を通して、きちっとした対応を勉強しました。最初の段階では約束事はきちっと守っていくということが一番大事ですね。次に、お互いの人間というものを理解し合うことでしょうか。

―社会に出ると、島津家の方だと声を掛けられることもありましたか？

ええ。やっぱり言わざるを得なく…言われるんですよね。名前に助けられた部分もあります。名前を覚えてもらえるというメリットがありました。会社の中でも覚えてもらえるんですね。

相手の懐に入れてもらいやすいということから、自分の名前を認識してきたということはあります。三菱電機を辞める前ですが、父が島津興業の社長に復帰をして、その時に、薩摩切子の復活など歴史を生かした事業というのを始めていました。そういうこともあって、気持ちが引き寄せられてきたということはあります。私が30代半ばくらいでしょうか。そのころからだいぶ意識するようになり、少しずつ気持ちが変わってきました。ちょうど結婚したのが32歳で、仲人をしていただいた方が郷士の大先輩、中村四郎（1895—1989　内務・警察官僚、官選徳島県知事）さんという方でした。その方から1回読んでおきなさいと『島津日新公いろは歌』という本をいただきました。いただいた時は、ほとんど読みませんでした（笑）。「いろは歌」というのがあるんだというくらいのことでした。30代の半ばぐらいに、父から斉彬のことを聞かされる中で興味を持つようになっていきました。父は心酔してました。斉彬が日本を変えようとしたことは間違いないでしょうね。

彼の業績として、近代化事業を興したこと、そして当時の薩摩藩士を育てた、明治維新で活躍する人材をしっかりと見いだして育てたってことは大きいと思います。しかも新しい国づくりの方向性を示していたということですね。

—勝海舟の玄孫、高山みな子さんによると、勝海舟は若い頃、筆耕をしながら、勉強していた。中でも高い筆耕代金を払っていたのが、斉彬公だった。

勝海舟の能力を見抜いていた斉彬公は、「あなたのことは阿部伊勢守に頼んでおいたから、お金の心配をせずに勉強しなさい」と伝えた。その後、長崎にいた勝に斉彬公が会いに来て、久光公を「出来のいい弟だ」と紹介していた。

なぜ勝海舟が西郷と江戸無血開城ができたか？その背景には斉彬公の存在が大きい。斉彬公を国父、神と慕っていた西郷、大久保が相手だったからこそ可能になった。

江戸開城はよく「武士の情け」ということで締めくくられることが多いが、実は斉彬公と勝との強い信頼関係によるものだ。文献に照らし合わせ、証明していきたい。人的ネットワークがいかに大切かということを強調したい。このような見解を高山さんはお話なさいました。

・

斉彬と勝海舟は、江戸、薩摩で数度、会う機会があり、斉彬は西郷のことを話していたようです。

勝と西郷、お互いに、斉彬を尊敬する身として、心の通じるところがあったのは間違いないと思います。その心のつながりがある上での西郷と勝の会談であったといえると思います。

―斉彬公が若くして亡くならなければ、日本も違っていたでしょう。

ええ。また違ったかもしれませんね。

鮫島志芽太先生が書かれた『島津斉彬の全容・その意味空間と薩摩の特性』を父が一生懸命読んでいました。私も読んでみようかと思い、読み、やはり感じるところがありましたね。

―鹿児島への思いがますます強くなっていかれたのでしょうか。いつ鹿児島にいらっしゃったのですか？

89年ですね。88年の夏に三菱を辞め、イギリスで家族と家内と子供1人連れて半年間生活をしました。長女が1、2歳ですか、イギリスに住んでいたころの「記憶はない」と言っています。イギリスはロンドンの近く、クロイドンという南側のエリアです。フラットを借りて、あちこち回ったり学校に通ったりしていました。イギリスへ行ったのは薩摩と関係が深い土地だからです。また祖父が2回、イギリスに駐在していました。留学ではなく武官として、軍の関係で行っていました。祖父は『炉辺南国記』というエッセーを書き残しています。

―英国からご帰国され、鹿児島でどのような仕事をなさっていたのですか？

最初は、島津興業の企画部にいたんです。チョット言いづらいことですが、覚悟して決断をして鹿児島へ戻ってきて、戻ってきてすぐ、当時父が社長でしたが、株主総会で父が辞めざるを得なくなり、父が鹿児島を離れることになりました。

―そうでしたか。

はい。結局私はそのまま残る形になって（笑）ですね。従兄弟が経営に関わっていて、関係がものすごく悪くなって、すぐに工芸館という薩摩切子の販売という、従業員3人の会社ですが、そこへ異動となりました。販売会社ですからそれこそ、店員をしました。10年間やってますよね。

―三菱でのお仕事のギャップはなかったですか？

まあそれはそんなに。気にはならなかったですね。結構、まあ、あるがままにという感じですね。そういう気持ちで今まで過ごしてきました…。まあ、柔軟性がありすぎちゃうのかもしれない（笑）。それで、そこでは、何しろ自分の給料を稼がなくちゃいけない。（三菱では）いわゆる外商的な仕事、外へ出て営業をずっとやっていましたから。そういうことはいとわなかったですね。鹿児島で、島津興業って会社自体が外に向けた営業ということをやっていなかった時代です。

――島津興業ではどういう事業をされていたのですか？

主としてこの仙巌園。それから林業、ゴルフ場の経営、採石業、土木事業などをやっています。いわゆる商品販売ということは得意分野ではなかったんです、それまではね。薩摩切子にしても、どちらかというと殿様商売的に、来てもらえるという感じが強かったです。オリジナルの商品、当時ミュージアムグッズがはやっていたので、ハンカチを作りました。薩摩焼の絵柄のハンカチとか薩摩切子の絵柄のハンカチとか、そういうものを作りました。「記念品で使ってください」と、いわゆる企業に対して飛び込み営業をずっとやりました。県に対しても提案をしたりしていました。結構、大口の注文をもらうこともありました。

――反応はいかがでしたか？

「島津さんって営業するんですね」と逆に言われました。企業年鑑というのがあり、それで創立何十周年というのを確認して、島津という名前をポンと出して営業をすると、受け入れてくれることがありました。もちろん、門前払いもありました。

――ご自身のアイデアで？

まあそうですね。それをやるしか生きる道がなかったですから。

薩摩切子は高価なものですので、中には記念品として使う方もいます。売れても、製造の方がなかなか追いつかないところもあります。簡単に作れるものではありませんから。そうしているうちに、製造の会社の社長が病気で亡くなりました。当時は、薩摩ガラス工芸といいました。工場経営というのは、物づくりとはまた別です。結局販売をしていたということで、私に社長をやれということになりました。その当時工場の経営ということでは、亡くなった新村和憲さんは、立ち上げからずっとやっていた方で、10年ちょっとたっていたんですよね。彼が実は、色の調合を基本的には一手にやっていて、あまりオープンにしなかったんです。まあもちろん、いろいろ現場でやる人間はいたんですけど、だけどなかなか公開しなかったんですね。公開しないまま亡くなったんです。特に、その紅色の発色が難しいんです。その新村社長が亡くなった直後に、紅色が本当に出なくなったことがありました。そういう時は、これまでは新村社長が、いろいろ「こうすればいい、ああすればいい」で発色をさせてきたんです。

新村さんは鹿児島出身の方ですが、学生時代に薩摩切子を復元させたいと思って、京都工芸繊維大学の窯業科で学び、ガラスの専門の会社に行き、実際に技術を磨いて、島津でちょうど復活をさせたいという話が始まった時に入社してもらったんですね。しかし亡くなってしまった。本当にもうどうしようかと、何回も何回も処方を変えたりいろいろやってみて…薩摩切子の紅には銅が入ってるんですが、特にその発色が難しいんですね。もう万策尽きて、もう1回最初からやるしかないと、イチから。そしてやり直したら、見事に色が出たんです。

一応現場の調合の担当者がいました。その担当者が基本の調合という形で、最初に戻って、いわゆる基本調合をキチッと正確に行うということをやってみると、見事に発色したんです。

さらに、高麗橋が水害で流されていて、丁度この年に新高麗橋を造ることになりました。そこに薩摩切子の照明灯を取り付けたいという注文がありました。鹿児島市が発注したいと。これまで薩摩切子の照明を作っていましたが、これを屋外で使うのは初めてでした。もう一つの課題は30センチぐらいの直径と高さのカットグラスを作ること、この大きさのガラスって大花瓶サイズで、年にせいぜい1個か2個作るぐらいだったんです。それを「20個作ってくれ」という注文がありました。しかも納期が短い。納品できるだろうか。新村さんがいない中で、みんなと侃侃諤諤議論したんです。結局、私自身としてはやろうと、間に合わせようという思いはありました。でも、作るのは現場ですから…。

—そういう時の人間関係のつくり方は、若い時に三菱電機で培われたご経験が役立ちましたか?

ええ。そういうことですよね。「作れ」じゃなくて「一緒にやろう」ということにしたんです。作り始めてからも大変だったですね。この20個を作るのに、結果的に100個ぐらい作ってます。まず色がうまく出なかったということ、いい生地ができなかったり、途中で割れたり…。何とかみんなで頑張って、それからですね、軌道に乗ったのは。

鹿児島に戻ってきて、思いもよらないことがあって、自分なりに納得のできる考え方ができるようになったのは、実は、稲盛さんからの教えがありました。京セラの稲盛さんです。稲盛さんの勉強塾「盛和塾」を鹿児島でつくるという話がありました。私自身、経営者ではありませんでしたが、経営を考えなければならないという立場にいましたので、「それはぜひやりたい。やりましょう」ということで、立ち上げから入って、稲盛さんの教えというものを学ぶうちに、「日新公いろは歌」

と全く同じことを稲盛さんも言われていたことがわかりました。それで、稲盛哲学と共に歴史を勉強しようと思いました。38、39歳のころですね。

――盛和塾で学ばれたことは、たくさんあると思いますが、一番大切なことは何でしょうか？

基本的には「利他の心」です。相手に対する思いやりということになります。自分のためにではなく相手のためにという気持ちで、仕事にしろ何にしろですね、そういう姿勢が一番大事だということです。と同時に、稲盛さんの経営哲学の中では、「結果を出す」ということです。「ただその思いだけ考え方だけじゃなくて、必ず結果を出す。それで結果を残さなければいけない」ということです。これは、いろは歌の「いにしへの道を聞きても唱へても　わが行ひにせずばかひなし」と同じです。実行して結果を出さなければ意味がないというのは薩摩の精神そのものですね。

今でも月に1回、盛和塾の自主勉強会があります。当初は稲盛さんが年4回、鹿児島に来られるっていう話はあったんですけども、実際は年に2回ぐらい来られたのが2年ぐらい続いて、その後は数年に1回、稲盛さんが来られて勉強会が行われています。あとはメンバーだけで月に1回勉強会を行っています。

――どういう方が参加されているのですか？

経営者がほとんどです。2、3代目が多いですね。そういう人たちが勉強しています。塾生は、鹿児島で120、130人、国内だけでなく世界中に塾があって計1万人ぐらいです。鹿児島では実際に参加するのは30人ぐらいですね。輪読会もありますが、稲盛さんの講話のビデオを見たり、自分の経営発表です。稲盛哲学の実践ということでの経営の体験発表です。稲盛フィロソフィーの中に、「困った時には原点に戻れ」というのがあります。

―稲盛さんのフィロソフィーを学ぶ前からしっかり実践なさっていらした。

先ほどの薩摩切子の話は、稲盛フィロソフィーを学んだ後なんですけどね。鹿児島に戻ってさまざまなことがあり、どうしようかなと悩んでいる中で、「何のために自分は戻ってきたのか」と改めて考えると、やっぱり島津興業の役に立ちたいということでした。社長になりたいということで戻ってきたわけではなく、少しでも役に立って地域に貢献できればという思いでした。「今自分のできることを、まず目の前のことを一生懸命やろう」と心に決めたわけです。それは稲盛さんと盛和塾で、経営哲学に触れたからだと思うんですよね。稲盛さんは「経営は心だ」と言っています。つまり「自分の心を大事にする」ということです。

―そのために心がけてることは何ですか？

それは、特には…、結局ですね、そういった思いとか心っていうのは、やっぱり弱いんですよ、人間だから。心がけを持っていたとしても、次の日には忘れたりする。だからやっぱり触れ続けるっていうか、思い続ける機会をつくっていかないとと思っています。だから、稲盛さんの本を読み返すことは大事ですよね。一番基本としているのは、『心を高める、経営を伸ばす』、そしてやっぱり「いろは歌」です。今は日めくりカレンダーがあるので（笑）、日々目にしています。

―鹿児島の教育関係のお仕事もなさっていらっしゃると伺いました。

教育委員長でした。これが、なかなかわかりにくい制度で、教育委員長と教育長というポストが今まではあったんですね。以前の組織では、一般的に教育委員長は民間人、一般人で、教育長は教職者、行政者です。2015年に教育委員会制度が改革されました。大津の学校で自殺事件があり、いわゆる二頭体制というのは責任体制が不明確で決定のスピードが遅いなど、問題があるということで一本化するということになりました。教育委員長がなくなり、ヘッドは教育長一本になりました。私は今、教育委員という形で仕事をしています。

教育委員への依頼があったところ、社長を退任したところでしたので、「自分の役割があるのであれば、やらせていただきます」ということですね。ただ、全く公教育と絡んだことないので、「それでもいいんですか」というような話をしました。

——鹿児島教育長時代に、印象に残っていることは何ですか？

子供たちがなかなか夢を持ちづらいという感じを持っています。これを何とかしてあげたい。夢を持った子供たちが育ってほしいというのはあります。

さらに言えば、農業教育に力を入れたいと思っています。2016年に「鹿児島県における新しい農業教育推進のための検討会」というものをつくり、そこでいろいろ議論し、提言しました。それに基づいて若干ですが、よくなりつつあると思います。なかなかそう簡単には変わらない。行政、特に公的な学校で変えるっていうのは大変なことなんですね。小・中学生の時に農業体験をするということもありますが、メインは魅力ある農業高校をつくるということです。理想的なことをいえば、農業高校に行きたいという子供が、「ぜひ鹿児島の農業高校で学びたい」と思えるような農業高校をつくりたいんです。

―なるほど。全国から高校生が殺到するような学校をつくりたいということですね。

ええ。そのぐらいの魅力ある高校をつくりませんかということです。鹿児島は農業県です。これから農業の自由貿易化が進む中で、農業はますます環境的には厳しくなりますが、非常に重要な産業ですから、キチっと活躍できる人材をもっと育成できたらいいと思います。現実はなかなか厳しい状況にあって、鹿児島の県内の子供たちもなかなか行かない高校になっていた。もちろん、ものすごく一生懸命農業したいと希望を持って高校に入り、実際に成果を上げている子供さんもいます。ただ、全体的に見た時には、平均までいってない。学校の施設や教育のプログラム自体ももっと近代化して、それらをもっと魅力あるものにしたい。先端の農業をやっている方が、鹿児島県にもいるわけですよ。そういう方の知恵を拝借する。そういう形でやっていかないと、鹿児島の農業人材が埋もれてしまうと思っているんです。

―他県でもこのような取り組みがありますか？

特に岐阜ですね。岐阜県の農業高校は、ものすごく進んでいて入試倍率が入学者数を超えています。そういうところもあるんです。そこは海外研修をやったり、相当充実しています。鹿児島県でも海外に研修できるようにしたいと思っています。農業の先進的な国を回ってもらえれば、短期間でも外で刺激を受けるということはとても大事です。

―鹿児島は内向き傾向が強いですね。

ええ。パスポート取得率が最下位です。鹿児島の高校生向けアンケート結果では、海外へ積極的に出たいと考えている生徒の割合は、全国の高校生の意識と比べ、少なめとなっていました。農業高校に限らず、今の高校生の内向き志向は大変気になっています。そのためにも、海外に目を向ける仕組みをつくっていくことは大変重要なことです。農業高校が活性化している岐阜県では、ヨーロッパへの研修ツアーを実施しています。また、県内にも海外に目を向けた先進的な農業経営を行っている企業があります。これら企業の経営者から高校生へ話をしてもらったり、現場を見せてもらったりすることで、生徒たちは、多くの刺激を受けることになると思っています。さらに、これからの農業は、ＩＴ化がどんどん進んでいくことから、情報面での高い知識も必要となります。将来、日本一の牛を育てたいという大きな夢のある高校生もいますが、学力など学校全体で見ると多くの課題があります。農業立県として、魅力ある農業高校づくりをしなければと思っています。

教育委員っていうのは、レイマンコントロール（住民による意思決定・住民が専門的な行政官で構成される事務局を指揮監督する、いわゆるレイマンコントロールの仕組みにより、専門家の判断のみによらない、広く地域住民の意向を反映した教育行政を実現。*文部科学省より）といわれて、一般人の考え方を聞く、行政のプロではない、教育のプロではない考え方を持った人間が、教育問題に対して意見を言ったりすることが大切だということでしたので、であればということでお引き受けしました。

―お嬢さまがお2人いらっしゃるということですが、どのように教育されましたか？

枠にはめない。度を超えたことをする以外は基本的に自由に育てました。私も小さい時は自由だった。だから、それはその延長線上でもある。2人も東京で、長女は仕事をしています。次女は大学生で、就職が決まったところです。特に教育方針というのはありませんでした。いわゆるこういうことだよと言って教えてはいないんですけど。稲盛さんの『夢は必ず実現する』を読ませたりですね。まあ高校の時とか。ただ、下の子の方がそういうことに反応してくれましたね。いろは歌もいろいろ、会話の中では話をすることもありましたけど。それは、感じてもらえればいいかなくらいですね。

―奥さまとはどのように出会われたのですか？

紹介をいただいて。

―奥さまは鹿児島にいらっしゃることへの抵抗はなかったのですか？

直接はなかったですよね。口で言われたことはない。気持ちの中ではあったかもしれないですけども「何でこんなことになってるんだ」ということはあったかもしれないですが（笑）、言われたことはない。

―素晴らしい奥さまですね。

ええ、感謝しています。

―2015年、第39回世界遺産委員会でUNESCOの世界遺産として「明治日本の産業革命遺産」が登録されました。（19世紀後半から20世紀初頭の日本において、西洋から非西洋への産業化の移転が成功したことを示す一連の産業遺産群で、九州、山口県を中心に広範囲に広がる23の構成資産からなる。封建制度下の日本が欧米からの技術移転を模索し導入した技術を、国内の需要や伝統に適合するよう改良し、日本が短期間で世界有数の産業国家になった過程を物語る。製鉄・鉄鋼、造船、石炭という基幹産業からなる技術の集合体は、非西洋国家で初めて産業国家化に成功した世界史上特筆すべき業績を証明している。ＵＮＥＳＣＯより）島津さんは実現に尽力されたと伺っています。

ええ。産業遺産を世界遺産に登録させることができたんですけれど、これは社長時代に「薩摩の歴史を大事にしよう」と「薩摩ルネッサンス」という言葉をつくって、ずっと推進をしてきた結果であるといえると思います。当初は世界遺産ということが目的ではありませんでした。父が斉彬に心酔し、磯お庭焼きや薩摩切子を復元させてきた中で、「斉彬がやってきた事業というものをもっと評価されるべきではないか」というのが出発点です。

残念ながら、それまでは、平成十数年ごろまでは、実際仙巌園の価値というのは、大名庭園で、借景庭園であるということだけでした。観光バスで観光客が入場します。バスガイドさんが案内して庭園からの桜島を見せ、「いつまでにバスに戻ってください。もし時間あったらあそこの石造りの集成館も見てください」というものでした。斉彬がやったことを考えると、反射炉であったり、それから直接斉彬が造ったわけではないですけど、石造りの建物などに相応の価値を持たせたいと考えるようになったのです。

まず薩摩の技術のことがわからないとその評価が正しくできないので、鹿児島大学の技術系の先生、工学部と教育学部の理系の先生に相談をして、「薩摩のものづくり研究会」というのをつくりました。専門家による集成館事業の評価を進めました。というのも、それまでの斉彬の評価なり、西郷さんもそうですが、政治面での評価ばかりだったと思ったからです。それを技術的な視点から評価をしたいと考えました。研究会を立ち上げ、理系の専門家による調査、研究を行いました。

―研究会の立ち上げはいつごろのことですか？

2000年ごろです。そのころ『産業遺産―「地域と市民の歴史」への旅』という本と出合いました。著者は加藤康子《かとうこうこ》さん、慶応の後輩でした。彼女は世界中の産業遺産を調査し、その実態と活用について書いていました。その書評が「日経ビジネス」に載っていて、それを見て、「まさに我々がやろうとしていることが書いてあるんじゃないか」と、早速それを取り寄せて読みました。結構高い本だったんですが（笑）。そして加藤康子さんに会いに行ったんです。

加藤康子さんはハーバードに留学され、研究テーマが産業遺産でした。彼女は世界中の産業遺産の専門家を知っていたんですよ。会いに行って、「鹿児島の産業遺産を生かしたいんだけれど」と言ったら、「それいい話ね」となり、彼女を鹿児島へ呼び、講演をしてもらいました。また「薩摩のものづくり研究会」に来てもらった。「イギリスの専門家が、今度日本に来る機会があるから鹿児島に連れてくる」と彼女は言い、イギリスのスチュアート・スミス（国際産業遺産保存委員会事務局長）さんをご紹介してくださった。イギリスの産業革命の出発点ともいえるアイアンブリッジ渓谷という世界遺産があるんですが、彼はその登録を実現させた方なんですね。さらに18世紀から

19世紀の産業革命の時代、銅や錫の採掘で栄えた地域であるコーンウォールと西デヴォンの鉱山景観も世界遺産にされた。スミスさんが来日する機会に、加藤康子さんは彼を鹿児島に連れてきてくれたんです。九州全域の産業遺産を彼女が見せて回りました。鹿児島は、集成館遺産ですね。そしてスチュアート・スミス先生に、薩摩ものづくり研究会で講演をしていただいた。講演の最後に、「日本の各地に残る遺産を日本の近代化のストーリーとしてまとめれば世界遺産になる可能性がある」とおっしゃったんです。

—「薩摩のものづくり研究会」を立ち上げた時に世界遺産登録を目指していたのですか？

全くその気持ちがないといえば嘘になりますが、最初は、まず始めようと、産業遺産を正しく評価しようと思いました。専門、いわゆる技術系の評価というものをきちんとしていくべきだと考えたのです。我々としては価値があると思いながら、産業観光というのがだんだんと認知されてきているにも関わらず、いろんな観光資料を見ても、集成館のことはほとんど出てこない。それはつまり認知されてないということです。だからそれを認知させないといけないというのがありました。そういうこともあり、研究を深め発信するということで、島津興業主催で、札幌・東京・名古屋・大阪・広島で観光業者を集め、各地で講演会をしました。演者はいわゆる産業観光の専門家や「薩摩のものづくり研究会」のメンバーも行きました。「鹿児島の観光価値は大名庭園だけでなく、産業遺産もあります」と。

—日本各地に営業に行かれたのですね。

ええ。そういうことをやり始めたわけです。並行して世界遺産の話があり、加藤康子さんとスチュワート・スミス先生と話をして、鹿児島県に持ち込みました。当時の伊藤知事が、「やってみよう」と。それから出発したんです。最初は「やっぱり鹿児島だけで」という気持ちが伊藤知事も含めてあったんですが、鹿児島の産業遺産だけでは世界遺産としての価値が完全ではないので、九州全域と広がっていき、その過程の中で、さらに今度は伊豆の韮山だとか釜石だとか、そういうところも含めて全国に広がり、産業革命遺産という形になって、広域の世界遺産ということになりました。

―仙巌園では、実際に反射炉などの見学、産業観光という形で増えていますか？

そうですね。数の把握は難しいんですが。例えば、反射炉という遺構を取り上げると、遺構の上に登って上から観る、石垣を登って観られるようになってるわけですが、少なくとも十数年前、そこを登る方は一切いなかった。世界遺産以降は皆さん登るようになった。かなりの人が登るようになってます。

最初、スミス先生は、外国人の指導を受けずに当時こういうことをやったということを、「嘘だろう！こんなのできるわけない」と言うんですね（笑）。「鉄作りの難しさっていうのを本当にわかってるのか」と。だけどそれを薩摩人はやったんですよ。薩摩のものづくりは近代日本の発祥といえるようになった。少なくとも15年以上前は、そういうことは一切なかったのですから。

―今後はどんなことに取り組んでいかれたいですか？

これからは、鹿児島をもっと文化立県として、奥の深い文化を伝えられる県になるようにお手伝いしたいと考えています。例えば、日本遺産っていう制度があります。この日本遺産は、文化庁だけではなく、経産省、国交省、農政省を含んだ形のプロジェクトになっています。2015年、「文化庁では、地域の歴史的魅力や特色を通じて我が国の文化・伝統を語るストーリーを「日本遺産（Japan Heritage）」として認定し、ストーリーを語る上で不可欠な魅力ある有形・無形のさまざまな文化財群を総合的に活用する取組を支援します」。2020年までに100件の日本遺産を、ストーリーとして価値のあるものを、ストーリーとして全国に登録するということです。今回の産業遺産の場合は、世界遺産も8県にまたがる。これはストーリーに価値があるんですね。それぞれの遺産ももちろんそうなんですけど、いわゆる日本の近代化が果たしてきた役割、あるいは変化してきたものが、ストーリーとしてつないでいって、それを確認できる遺産ということなんですね。日本遺産も同様な考え方になります。3年目に入って、全国でもう65件ぐらい登録されて、あと2年後に100件っていうことになっているんですけど。65件の中で、まだ鹿児島は0なんですよ。申請はしたんですけど、通ってないんですね。これは、教育委員会管轄なんです。例えば、そういうものをしっかり認定をさせて、鹿児島の持つ文化力っていうものを高めたいです。それから、これは夢なんですが、黎明館の美術館と歴史資料館の機能を分けて、美術館は美術館で別に造って、歴史資料館に東大にある国宝、島津家のつくった文書（島津家文書）があるんですけど、これを持ってきたいと思っています。「国宝島津家」という展示会はやったことはあります。それを常時鹿児島に置いておくということは、現住所を移しませんかという話です。本籍は東大なんで、これはしょうがない。これは、いろんな関係者に言い続けてる話です。これも含めてですが、産業遺産もそうですが当初、世界遺産になるとは誰も信じていませんでした。行政に、伊藤知事に言う前までは、夢だったことが実現したわけです。実現できた。不可能ではない。だから、思い続けています。また、鶴丸城の御楼門を復元する工事が着工しました。復元した後、それを街づくりとしてどのように生かしていくかということも考えないといけないわけですよね。まあこういったことにも、何かお役に立つことができればいいかなと。そういうことをしっかりとらえていくことで、鹿児島の文化力を高めたいと思っています。品格のある文化立県をつくれると思います。結果的にはそれが鹿児島の価値を高めことになる。観光振興にもつながるし地域振興にもつながるでしょう。

―お生まれもお育ちも鹿児島ではない方が、これだけ強い愛情を鹿児島に示すのは、島津のお生まれだからでしょうか？

まあ結局そうなんでしょうね。私が鹿児島に戻ろうとそもそも思ったきっかけは、やっぱり自分の地縁血縁があって、何か役立つことがあれば、というつもりで戻ってきましたから。今まで、三菱時代も含めて、いろんな地域の方にお世話になっていますから、いろんなことをやってきた。なんらかの形で、お返しをしないといけないと思っています。

―お話を伺っていますと、島津さんは固執されず、すべてを受けいれられていらっしゃいます。何か依拠してるものがありますか？

わかりませんけどねえ…。何ですかねえ。あるがままに受けいれるってことが、自然と…身についた。もともとの性質が受容の心が強いかもしれません。

やっぱりある意味、母がいなかったということ自体が、それを受けいれざるを得なかった。そこから出発しているの「かも」しれないですよね。

―3歳でお母さまと死別され、最初はどんなにお辛かったでしょう。お父さまも泣かれてお困りになったでしょうね。

相当泣いたんでしょうね。覚えていませんが。まあ親が、父も相当困ったと思います。そういう中でも、慶應に入れてくれて、慶應でずっと学ばせてくれたってことには、感謝していました。やっぱり島津のような家だと学習院っていうのがどうしてもあるわけです。たまたま父の近い親戚で慶応に行かせていたという話があって、兄は学習院でしたが、僕は慶應でよかったと思ってます。

―若者へのメッセージをお願いします。

若者の可能性って無限だと思うんですね。いわゆる10代、20代、そういう時代の可能性は本当に無限ですので、こだわりを持たずに限定することなく、思ってることをどんどんやっていったらいいんじゃないかと思います。それが、結果的に、失敗につながったとしても、それは無駄なことではない。いずれ結果を出す、何かの役に立つという風に思ってほしい。できるだけ自分の殻をつくらずに、好きなことをできるだけやっていったらいいと思う。やっていくことによって、いろんな人との出会いが出てくる。その人との出会いを大切にしていくと、自分の思ったことが実現したり、あるいは、ひょっとして違う方向かもしれないけれど、結果的にそれは自分にとっていいことに繋がっていくのではないかなと思ってます。心がけとしては、これは私の座右の銘でもあるんですけ

ど、「思無邪」という心を持って、生きていって
ほしいですね。思いに、ヨコシマな、邪念の邪で
すね、邪な心がない。信ずれば、道がつくれると
思います。

斉彬の書に「思無邪」がありますが、斉彬の集
成館事業の志というのが、思無邪であったんでは
ないかなと思っています。これは『論語』の言葉
です。

子曰、詩三百、一言以蔽之、曰思無邪。

『論語』為政より

子曰わく、詩三百、一言以てこれを蔽《おお》う、曰わ
く思い邪《よこしま》なし。

思い邪無し・正しい心で邪悪の念がなく、心情
をありのままに表し、少しも飾らない

孔子が弟子に聞かれ答えた。「詩経300編の
詩があるけれど、書かれていることを概括すれば、
心の思いに邪なしだ」と。詩経300編というの
は、数ある教えであり、それを一言で言うとすれ
ば、思無邪だと、孔子が答えたという。そこから
来ている言葉です。それは、稲盛さんの言う「利
他の心」とつながってるように思います。そうい
う気持ちを持っていれば、結果が出せるのではな
いかと思っています。

『いろは歌』で一番好きな歌でいうと、「心こそ
軍する身の命なれ　そろゆれば生き　揃はねば死
す」です。これは、心が一番大事であると。何事
をするにも、心から皆と一緒になっているかどう
かでうまくいくかどうかが決まるということで
す。「和」の大切さと心の大切さです。

―2018年は明治維新から150年という節目
の年になりますが、島津家のお一人として、明治
維新を今どのようにお考えでしょうか？

明治維新を振り返ったときに、一般的には、政治史的視点からの見方となっています。今年もそのほとんどが全てが、政治史視点の明治維新150年行事であるようです。しかしながら、明治維新の見方には、さまざまな視点があります。その中でも、産業立国、技術立国といわれるわが国であれば、産業史や技術史的視点からの見方は、これからのわが国を考える上で非常に重要だと思います。産業振興という視点で見ると、斉彬から西郷の路線ではなく、斉彬から大久保の路線を考えることができればいいように思います。

―今後の夢は何ですか？

1つ目は、世界遺産「明治日本の産業革命遺産」のさらなる専門研究の深掘りと情報発信、そして、世界遺産を生かした地域活性化です。特に、8県11市にまたがる広域な世界遺産を生かすための広域連携を進めなければなりません。世界遺産登録は、我々にとってゴールではなく出発点でもあります。世界遺産を生かさなければ意味がありません。

2つ目は、今回の世界遺産を含めた鹿児島の文化力向上による文化立県鹿児島の実現です。島津興業、教育委員という立場でできることは限られているのですが、世界遺産や歴史資源をさらに価値を高めるべく、情報発信や活用に努め、目標実現に向けて活動していくつもりです。

私自身、鹿児島に戻った役割は、有形無形の島津の歴史を守り生かすこととして活動してきましたが、現在の自分の役割として、鹿児島の持つ歴史、文化を中心とするさまざまな資源を生かした地域の元気づくりに貢献したいと思っています。

産経新聞ソウル駐在客員論説委員
ソウル薩摩会会長

黒田　勝弘さん

ご両親が鹿児島ご出身で、戦時中、鹿児島に疎開された黒田さん。ジャーナリストとして拠点を置いているソウルでは、「ソウル薩摩会」の会長をされています。50年以上のジャーナリストキャリアから35年以上の関わりを持つ韓国についてお話いただきます。インタビューは2015年7月にソウルで行いました。

黒田勝弘（くろだ　かつひろ）

1941年　大阪市で誕生
　第二次世界大戦中鹿児島県に疎開
1964年　京都大学経済学部卒業
1964年　共同通信社入社
1978年　延世大学校（韓国・ソウル）語学留学
1980～84年　共同通信社ソウル支局長
1988年　NHKワールド（朝鮮語）解説者
1988年　産経新聞社に移籍
1992年　ボーン・上田記念国際記者賞受賞
2005年　日本記者クラブ賞・第53回菊池寛賞受賞
　産経新聞国際面コラム「ソウルからヨボセヨ」担当

著書『韓国社会をみつめて 似て非なるもの』『韓国人の歴史観』『韓国を食べる』『日韓新考』『韓国は不思議な隣人』『隣国への足跡』ほか

実践躬行《きゅうこう》

―黒田さんと鹿児島のご縁について教えてくださ い。黒田さんは大阪のお生まれですが、「ソウル薩摩会」の会長をなさっていらっしゃいます。

ぼくは大阪で生まれましたが、両親が鹿児島出身で、戦争中、鹿児島に疎開しているんです。鹿児島には縁があるんですね。

―「ソウル薩摩会」はどのような集まりですか？

「ソウル薩摩会」というのは、ソウル在住の鹿児島出身者や鹿児島と縁のある韓国人たちでつくっている会です。ぼくは創立者の一人です。毎月、律儀に例会をやっていて、毎回十数人は集まります。しかし、ビジネスマンなどは必ず転勤があり、いつかは帰国してしまう。だからいつも新しいメンバーを探していないと会はジリ貧になってしまう。初めての日本人に会うとつい「故郷はどこ？」と聞いてしまうんですね（笑）。会は毎回、夕食をともにしながらヨモヤマ話に花が咲きます。楽しみは毎回、誰かが必ず持ってくる古里の芋焼酎と、鹿児島県庁から大使館に出向しているメンバー（幹事役）が紹介する〝ふるさと情報〟です。一同、最新の古里ニュースを肴に、芋焼酎を飲みながら故郷に思いをはせます。

韓国では相手の出身地を知っておくのは、人付き合いには必須なんですよ。直接聞かなくても、それとなく探りを入れて知ろうとする。韓国はそれだけまだ地縁社会が色濃く残っているということです。地縁抜きには韓国人、韓国社会は理解できないですから。

10年目を迎えた2006年には「ソウル薩摩会10周年記念文化講演会／司馬遼太郎と韓国・朝鮮・

薩摩―小説『故郷忘じがたく候』を中心に」を開催しました。講師は関川夏央氏で、100人を超す聴衆で好評でした。お客さんの2、3割は韓国人だったので、日韓交流・相互理解のイベントにもなったと思います。司馬作品は韓国でもたくさん翻訳出版され、ファンも多い。文芸評論家の関川氏はぼくの年来の友人で、コリア通。司馬作品の解説、評論で評判がいいです。彼は『故郷忘じがたく候』を巡って興味深い仮説を提示しました。

―薩摩焼、十四代沈壽官さんのお話ですね。

1971年に読んで涙が出るほど感動したのを覚えています。長じてから本を読んで涙が出たのはこの本が唯一ですね。

『故郷忘じがたく候』は朝鮮陶工たちの日本上陸の経緯や沈壽官さんの祖先たちの薩摩、鹿児島での歴史、そして沈壽官さんの陶工としての生い立ちなどがつづられています。主人公の沈壽官さんが60年代に初めて韓国を訪れ、ソウル大で学生を前に講演しました。

沈壽官さんは大講堂で学生たちに朝鮮陶工の歴史や自分の生い立ちを話した後、韓国に来てしきりに聞かされた「36年の日本の圧政」について「(それは)もっともであり、その通りではあるが、それを言いすぎることは若い韓国にとってどうあろう、言うことはよくても言いすぎるとなると、そのときの心情はすでに後ろむきである」と語り、最後に「あなた方が36年を言うなら私は370年を言わなければならない」と言って講演を結びました。

―学生は拍手の代わりに、『黄色いシャツを着た男』を合唱したのでしたね。私も大変感動して涙し、どんな歌なのかとYoutubeで探して聞きました。

なかなか感動的な内容ですね。この作品によると沈氏など朝鮮陶工の一行は秀吉軍の朝鮮侵攻である「壬辰倭乱」、日本でいう文禄・慶長の役終了から2年後に、自分たちの船で鹿児島に上陸している。関ケ原の戦いの直後である。とすると、これは朝鮮陶工についてよくいわれる〝戦果〟としての拉致・連行ではなく、「ひょっとして自主的な希望渡航ではなかったか」というのが関川氏の仮説です。この仮説との絡みで関川氏は新進気鋭の作家、荒川徹氏の小説『故郷忘じがたく候』を紹介していました。ぼくは荒川氏の作品はまだ読んでいませんが、一種の〝捕虜〟として連れてこられた彼の地の人びとでその後、朝鮮サイドの送還要請と幕府の承諾にも関わらず、祖国への帰還を拒否した者たちの話だといいます。そんな史実の有無を含め、歴史や人間を多面的に考えさせてくれるのが小説の面白さです。その意味で関川氏の『故郷忘じがたく候』再考は実に面白かったですね。

以前例会でね、実に面白い話が出たことがあります。メンバーの1人が以前、隣の宮崎県にいたことがあると言い、宮崎の方言では「疲れた」を「ヒンダレタ」と言っているというのです。同じことを鹿児島では「ダレタ」と言いますが、宮崎では「ヒン」がついているのです。

この話に一同、「ム、ム?」となったんですね。そして「それ、韓国語の〝ヒムドゥルダ(疲れる、シンドイ)〟からきたんじゃないの!」ということでみんな興奮状態となり、座は大いに盛り上がりました。鹿児島では「ヒン」が取れて原型がわからなくなっていますが、宮崎ではまだそのまま残っている?

鹿児島にはなぜか「韓国岳」と書いて「からくにだけ」という山がある話、さらには宮崎にある天孫降臨神話の「高天原《たかまがはら》のルーツは韓国」という説など、話題は広がりました。

確かに慶尚南・北道の境にある海印寺の近くに伽耶大学というのがあって、その敷地には「高天原の故地」というでっかい石碑が立っています。この大学の総長が熱烈な日韓古代史ファンで、高天原の韓国ルーツ説を主張しているのです。ソウルでいつも「楽しい薩摩会」をやっています。

—鹿児島空港から韓国の仁川空港まで直行便で90分。日本からも韓国からもビジネスで、あるいは観光で、訪問者が行き来しています。また鹿児島からハブ空港として、仁川乗り継ぎで世界へと利用する人もいます。「近くて遠い国」といわれることもある韓国ですが、黒田さんに、韓国に対しての想いというのをお聞かせ願えたらと思ってまいりました。

想いねえ…気恥ずかしい質問ですねえ。ねえ。気恥ずかしいです。(沈黙) 想いねえ… (間)。

—過日ソウルでお目にかかった方が、「日本は変わったけれども韓国は変わらない」と、つまり日本は国際化を果たしたけれども、韓国はそのままだというご意見をいただいたのですが、そのようにお感じになりますか?

まあ逆かもしれないしねえ。日本は保守的な、基本的には保守的な社会ですけど、韓国は変わることはものすごく変わるし、特に政治的な変動は日本よりはるかに大きいんでね。いやあ韓国の方が何て言うんですか、日常的には躍動感があるんじゃないですか。まあ国も小さいしね。小さいから、ある意味では変わりやすいとこでしょ、ここは。だからちょっとした要素で変わりますよね。新聞、メディアでもそうですけど。日本のメディアってのはあんまり、例えば政治にすぐに影響はないですけどね、韓国はメディアの報道で、政治が途端に変わるようなところですからね。そういう意味では、こっちの方が激しく変化しているという気もするし、その分だけ面白いというね。何を見るかによって違うんですけど、日本は保守的だと思いますよ、ぼくは。

―黒田さんが韓国に感じる魅力っていうのは、変化ということでしょうか。

こういう業界にとっての魅力はねえ、ぼくがつくった言葉なんですけどね、「異同感」、それが韓国の面白さです。「異同感」というのは、異なる同じ感覚ですよね。異同感、要するに、似てるようで似てないね、似てないようで似てる、異なるようでどっか同じなんです。同じと思ったら、ところが途端に違ってるっていうね。

―それは一つの現象でしょうか？それともあらゆる面についていえますか？

あらゆることにね。人間同士の関係もそうだし、社会現象もそうだしね。特に人間についてそうですよ。一見すると変わらないでしょ。だから似てるから同じ、我々と同じだとどっか先入観で思って、付き合ったり話をしたりすると全然違ってるという。向こうもそう思うわけです。彼らもぼくらに対して思うでしょう。つまり、この異同感っていうのは、よその外国人にはない、我々（日本人と韓国人）だけの感じだと思うんですね。それで、なぜそれがあるかっていうのは、当然、韓国人との深い因縁だと思いますけどね。それは近代以降の問題のみならず、まあ有史といえば2千年だけれど、あるいはそれ以上、有史前からの、場合によっては、まあ遺伝子的ね、DNA上の近さとかあるんでしょうけど。近代は、日本が圧倒的に影響を与え、現代は日本も影響を与えた。大昔は逆で、半島経由で大陸から入ってきた。日本で縄文時代や弥生時代っていうんだけども、縄文時代っていうのは基本的には、まあ列島固有の現日本人社会ですけど、弥生時代っていうのは、半島系の諸文化、人間を含めて入ってきて、それが日本社会に影響を与えた。遺伝子学的にもね、日本人のDNAの7割は、（朝鮮半島）と交わっているんです。遺伝子の近さということがあるでしょうね。近代でいえば、まあ500年くらいのもんですが、歴史的にいえば、近代って非常に偉大な時代じゃないですか。その部分に日本が韓国に非常に影響を与えたってことだから、非常に似通ったわけですよ。立居振舞、あるいは考え方。また、35年間日本統治下で、何に影響を与えたかっていうと当然、日本式教育をしたわけですから、まあ端的に言うとね、教育です。学校で、教室の前方に黒板があって、机が並んでいて、入り口が前にあって、先生が入ってきたらみんな立って「オハヨウゴザイマス」と言うのは、日本の教育です。そういうことを子供のころからやったわけだから、当然日本に似ちゃうでしょ、日本人に。今解放後70年だから、その後韓国がいろんな独自の教育をしても、ここ2、3年変化があるんですけども、近代っていうのはご存知のように、ある種伝統的身分を超えて国民をつくるってことでしょ。国民ってことは均一化ってことじゃないですか。均一化が行われる場面っていうのが学校であり、それから軍隊であり、会社でありと、そういういわゆる、ゲゼルシャフト（利益社会）から、日本が影響を与えたのが韓国のスタートでした。だから非常に日本的な部分が入っちゃったってことあるでしょ。だから現代においてもやっぱり、ある意味じゃビジネス社会になったんで、ビジネス社会っていうのは、ある意味ではこれまた、共通したものがあるわけです。スタートにおいては、日本のスタイルが圧倒的に影響を与えましたね。会社経営においては、職員の動き方とか、近代以降は日本の影響が強かったです。そりゃ大昔は逆ってことがあったんでしょう。それやこれやあってね、文化的、人種的文化的な近さってのはあるんで、それがやっぱり異同感の根底にあると思います。そういうお互いに影響を与えあった一方で、歴史というか、歴史を動かすのは政治だったりしますけど、歴史的には要するに、ここの半島という地理的環境と、日本のいわゆる島国という地理的環境からくる大きな違いというのがあります。半島の人たちは半島がゆえに、大陸のいろんな民族的攻防というか、政治的攻防が全部ここに直接影響を及ぼしてきました。我々島国のように、安定的に、社会っていうか、あるいは人間に影響を及ぼしてきた島国のね、閉鎖的なほかと違う経験しているわけでしょ。それじゃ当然彼らと我々の生き方は違ってくるしね。そこで今度は、似ているようで違うっていう面が出てくるしね。そういう歴史的環境、あるいは地政学的環境による違いもまた異なる感じっていうのがありますね。そういうことで、まあ異同感っていうのがね、生まれ得ると思うんです。

—この異同感っていうのは、こちらに来てから思い浮かんだタームですか？

そりゃあ当然来てからです。実際接しないとわからないから。1983年に『韓国社会を見つめて』という最初の本を書いて、そのサブタイトルが、「似て非なるもの」となっています。これは80年からの、記者活動および生活体験を背景にした韓国レポートなんです。「現代コリア」って雑誌に連載されたのを編集して亜紀書房で出版、そのサブタイトルだったんですね。それは出版社の人がつけたんです。「似て非なるもの」まさにそうじゃないですか。似ていてひどく違う…。

—異同感ですね。

ぼくにとってはそれが一番面白い。日本が近代以降、支配を含めて大きな影響を与えたのみならず、もっとさかのぼって縁、因縁がある。総合的なものとして、異同感になったと思うんですけどね。長期に初めて滞在したのが、78年から79年の1年間、留学でした。当時のスタイルで、韓国人の民家で下宿生活をしました。韓国の学生も一緒にいたわけですけど。70年代後半のその1年間の生活体験が原体験というか、一番基礎になっているでしょうねえ。

—この留学前から韓国には興味がありましたか？

そう。その前にも当然取材したことがあります。段階があって、留学まで至りました。

—最初に朝鮮半島に関心をお持ちになったのは？

60年代、子供のころは、そういう半島って意識はないだろうけど、ぼく大阪だったんでね、あのー、在日（朝鮮）の人がたくさんいましたよね。そういうことで関心を持ち、何かハングルという奇妙な文字に関心があった。

どこかで見たんでしょうね。話すと長いことになるんですよ。ぼくらの世代は、ぼく昭和16年生まれですけど、あるいは戦後世代は、当時の教育は特に大学時代ちゅうのはね、いわゆる戦後民主主義教育でしょ、基本的には過去否定の教育だった。後に問題になってますけど、一種の自虐史観でしたね。「日本は悪いことした」という視点でぼくら教育されてるわけです。途中省くと、韓国って言葉は基本的には70年代以降ですよ。国交正常化は65年だけど。60年代生まれは朝鮮ですよ、朝鮮ね。大学だって、もう大阪外語なくなったけど、国立の大阪外語、東京外語は、朝鮮語科ですからね。天理大は昔からありますが、朝鮮語科です。

朝鮮ですね。それが韓国という言葉が一般化するのは国交正常化以降、韓国という言葉が市民権を持つのは、特に70年代以降です。昔は朝鮮だった。

当然、学生のころはいろんな本を読むからねえ。やっぱり、そういう本で得る知識でしょ、学生時代は。当時は海外旅行なんか自由に簡単に行けなかった…。

―学生時代、一番影響を受けたものは何ですか。

ぼく一番影響を受けたのはね…、中央公論社発行の『思想の科学』って雑誌があったんですよ。それが愛読書でしたね。大学入ってから毎月読んでました。『思想の科学』は、もともと鶴見俊輔などアメリカ帰りの識者がプラグマティズムを紹介するような形で始めました。中身は、戦後の日本の知的社会とか大学とかを支配してた、いわばマルクス主義的な歴史観とか社会観ね、そういうのに対する割と批判的なね、世の中もしくは社会を何かの理念で見るのではなく、多様に「あるがままを見て、そこから考えましょう」みたいな雑誌だったんですよ。それを非常に新鮮に感じて、一生懸命その雑誌を読みましたけどねえ。学生とか若いころは、単純な歴史観というか正義感でしたね。戦後の贖罪史観っていうのにみんな影響を受けているわけだから…。

―その当時、日本社会全体が贖罪意識を持っていたということですね。

そうですね。60年代前半まではね。その後、ようやく経済マインドが出て、まあいわゆるビジネスマインドが出てきた。企業とか経営とかって、こういう言葉が一般化して市民権取れるのは60年代後半ですからね。特に、高度成長が始まるあたりからね。それまで学生なんかビジネス、経営、起業なんて誰も関心なかったですよ。むしろマルクス主義、要するに歴史主義みたいなのがあり、それが中心の時代だったですから。特に過去に対する否定的なね、日本は悪い国じゃないかとかね、江戸時代の封建制度は悪い制度だったとかね、こういうことじゃないですか。だからいろんな本を読んで朝鮮半島の歴史を見ると、ひどい経験してるわけじゃないですか。大陸とつながりがあるわけだから、イデオロギー上の問題からして。日本に支配され、戦後すぐ朝鮮戦争はじまって、なかなか我々が経験してないいろんな歴史的経験をいっぱいしていた。ぼくらと違う経験をして、「ああすごいな」と関心を持ちました。そこから始まるんです。ぼくはねえ、1971年の8月、夏休みの1週間、最初に韓国へ行った…まだ〝行った〟ですけど。もう社会人になっていました。友人と2人で観光旅行でね。その時の一番の印象は、「何やこれまで読んだり聞いたりしてきたことと違うじゃないか」って。それが一番の印象で大きな動機なんですよ。ここ（韓国）に強く関わりだしたね。

―「何や違うんじゃないか」というのは、どういうところですか？

これねえ、これはどこにも書いたことないけど…。ぼく、関西に最初いたのよ。大阪弁で言うと、「何や全然違うやないか」とこうなるわけですけどねえ。というのは、戦後の我々が受けた教育とか出版物のほとんどは、一種の贖罪史観からくるコリア記述でしょ。プラス、マルクス的な階級史観からくる社会、歴史分析でした。日本では、「朴正熙政権は、軍人政権がクーデターで取ったね、悪い独裁政権だ」ちゅうことですよ。当然そうですよ。朝日新聞を先頭にね、メディアはほとんどそういう報道だから。全否定だった。あえていえば、その時、唯一産経新聞だけが違った。ぼくはその時産経じゃないけど産経だけが、「いやそういっても韓国は近代化と経済発展を一生懸命やっとる。それを評価すべきだ」と報道していました。60、70年代ね、朴正熙が生きてる時代は、産経新聞が韓国においては最も良心的な論調でした。朝日新聞が最も反韓主義の論調でした。

それ逆転するんですけど。こちら（日本側）が変化したから変わっちゃったんです。60、70年代の日本の朝鮮のイメージというのは、南の韓国は暗くて貧しくて厳しいかわいそうな国で、それに比べて北はね、社会主義建設で頑張ってて、明るく希望に満ちた国ですよ。「明るい北朝鮮、暗い韓国」これが日本のイメージでした。

——実際来てみたら違ったということですね。

そうそう。ここに来て1週間、まあ観光ですけどね、イメージはね、書物通り勉強した知識とすれば、「日本が支配し、悪いことしたってことだから、当然反日感情がね、非常に厳しいものだろう、恨まれてるだろう」と、こういうことになるでしょ。来てみたらね、暗くなくてね、ぼくらに対して人々のね、これ観光次元だけど、その恨んでるっていわれたり怒られたりとか全くないんですよね。「韓国人はその、独裁政権下でね、暗く、呻吟している」というのは全然違いましたね。みんな結構大きな声出してね、笑って、この通りやかましいし（笑）…。

—今の韓国とそんなに変わらないですか？

基本的には人々は同じです。物質的には、もう何か違いますけど。「あれ？何か元気がないのと違うぞ」。それが一つと、反日感情ももちろんまあ、1週間って滞在だけど反日感情を実感…。

—反日感情を実感されなかったのですね。

「こりゃまあ随分違うな。日本で伝えられてるのは、何かおかしいんじゃないの？間違ってるんじゃないか？」と思ったんです。

記者とすれば、「ちょっと日本側のイメージは偏っている。それを直してやらんといかんのちゃうやないか。もう少しバランスのある報道が若干必要じゃないの」と思った。そっから始まったんです。

—事実をありのまま報道する、偏らない報道をしたいというのが、黒田さんがジャーナリストとして活動されてきた源なのですね。

最近ね、日本で反韓嫌韓すごいでしょ。ちょっと極端じゃないかと。韓国で24時間過ごしてるけれども、あの嫌韓反韓スタイル、同じ韓国とはずいぶん違うように俺は思うけどなあってんで、そりゃもうちょっと何とかせないかんなと思って、『韓国人の研究』（2014）を書いたんです。

1977年の6月に仕事で1カ月釜山に来て、ある民家に居候させてもらったんですよ。生活ね。ぼくが企画した取材なんだけども、「アジア住込取材企画シリーズ、第1弾韓国、これについてはぼくが行く。2弾、3弾は、未定だけれども。後は、皆さん小まめに行ってください」と。それで結果はね、第1弾で終わりました（笑）。韓国版だけで終わった。ぼくが行くためにつくったんだから、「あとは俺は責任持つ」と。行きたい奴がいないんだから、こりゃもう仕方がないだろうって言って、第1弾で終わったんですけどね。1カ月民家に居候したんです。これなぜかっていうとね、手法上の…手かな、方法上の問題が一つあった。それはね、ぼくが考えたんだけど、新聞記者の取材っちゅうのはね、特に海外取材なんかの場合は、出張取材の場合は記者が動くわけじゃないですか。記者が話聞いてね。記者が動き回って、その結果を書くわけでしょ。それも当然必要だしね。あのねえ、そういうことあり得べしなんだけども。ぼくはね、それではわからないところもあるんじゃないのと。それは、その地元の人たちが動いてるんであって、日常生活24時間いろんなね、思いがあったりしゃべったり食ったりしてるわけで。これは定点観察的なね、取材が必要だと。この人たちの本当の姿を知るためにはね。一緒に生活して、ぼくが動くんじゃなくて相手が動くのをウオッチングする。こういう手法で、やってみようじゃないかっていうのをね。そしたら、これまで見てない日常ってのがわかるでしょ。ぼくは当時、最初に言ったように、隣の国の多様なね、実態っていうのを伝えたいって思ったから、そこでやっぱり日常生活、人々の日常生活のたたずまい、そういうものをまず伝えていかんとと思ったわけよ。それでそういうことになったわけですよ。それで24時間、ぼく子供2人いたんですけども、(居候先の主人と) ほぼ同じ年代でね、同じ家で1カ月間寝泊まりしました。子供が帰ってきたら「今日は何があったの?」とか「休みはどこに行く?」とかね、一緒に生活したの。それを20回分くらいレポートに書いたんですよ。

それが2回目(韓国訪問)ね。共に暮らしてね、やっぱりね、こらアカンと思ったことがあるんだ。それは、当時ぼく、町の塾みたいなところでね、ある在日のおじいちゃんの所で何人かでちょっとイロハくらい勉強してたんですよ。

—韓国語を勉強したのですか？

在日韓国人の老翁が5、6人いてね、週1回ぐらい集まって教えてもらったんですね。それで少し言葉を知ってたわけ。単語つなげて、簡単な意思疎通するくらい。それでまあ大胆にも1カ月、そこの家庭は日本語を全然知らないからね。それで1カ月やってね、やっぱりちょっと俺物足らんわね、コミュニケーションという意味で。これはどっかでちゃんとせんないかんと思って。それで翌78年の3月から留学しました。

当時、ぼくの言葉の能力はね…家庭で一緒に飯食ったり過ごすわけだから…。ある日、何か腹下しちゃってね。そいで朝そこの奥さんに、「ぼくおなかが痛くて腹を下してる」と、「朝ご飯ちょっと合うようにお願いしたい」と言う。「腹下しって何て言ったかなあ」と辞典ひきましたね。下痢ってソルサって言うんだけど、ソルサという言葉を見せて、「私ソルサが始まりました」と。その程度のコミュニケーションが取れるくらいの能力しかなかった。それで何としても言葉を勉強しないとコミュニケーションが十分じゃないと思って、それで語学留学をせんといかんと思った。それでいろいろ探した。当時あんまりなかったんだけど、延世大学校くらいだったんだ。そこに行って帰ってきた連中も少しいたんで、全部会ってヒアリングした。毎日新聞に重村（智計　ジャーナリスト）っていたんですよ。彼は年下なんだけど、僕よりちょっと前、自費で韓国の高麗大学に1年間留学していた。

—早稲田大学教授の重村先生ですね。

早稲田出身だからね。彼が語学留学から帰ってきたと聞いたもんだから、1回会おうと思った。それで韓国における語学留学の実情調査ちゅうのをやりました。それでまたね、会社をだまくらかしたんです（笑）。「現代は、英語とか従来の英独仏、プラス中国、これだけではカバーできない時代になりつつあります。多様な時代。韓国語やアラビア語やロシア語などのような少数言語の重要性というのがあり、とりあえず韓国に留学制度が必要だ」と。共同通信は当時まだ社内に語学留学制度がなかったんですよ。留学してる連中は、全部どこかのファンデーションをもらったとか自費で休職して行くとかね、そんな感じでした。それぞれでみんなやっていました。ぼくは「それではだめだ」と。特殊外国語留学制度の報告書を書いて、変な理屈をつけて、まずやはり韓国に行くのが必要だと。韓国の語学留学のシステムについて話し、「ついてはぼくが最初に行きたいと思ってる」と言いました。そしたら「おお、それはいいことだ」となりました。結果的には、78年の3月に、まあその前にぼくは勝手に手続きしてたんだけど、休職しようと思ったから。そしたらね、「ああ、お前さん、ＯＫだ。これを機に共同通信の社費留学制度をつくろう」と。会社の費用で留学させるっちゅうわけよ。だから給料を出す、ボーナスもちゃんと出す、なおかつ滞在費、毎月７００ドルくらいだったかな、留学費として出すからと。やっと社費留学制度の内規っちゅうのができたのよ。それで、韓国ソウルに出発するという1週間くらい前に、「ちょっとこれ、社費留学制度っていうのはね、こういう風な内容になったんでね、ちょっとこのコピーを持っていきなさい」と。まだそこには手書きで書いてあって、消したり横に書き込んであったり…。

――できたてホヤホヤの書類だったんですね。

そうそう。「こういう風になったんで、これを承知して行ってくれ」って。この社費留学制度っていうのは韓国語だけじゃなく、結果的にはアラビア語もあって、その後、英語とか中国語とかについてもね、全部この制度で会社の費用で出すとなりました。

―社内留学のフロンティアだったのですね。

ぼくがつくったんですよ。ぼくのために（笑）。そういう段取りで1971年の初旅行、78年の1カ月の取材、78年からの語学留学ね。79年3月に戻ってきた。しばらく当時社会部いたんだけど、何カ月かして「外信部へ移らないか」って言われ、79年の7月くらいに移動しました。79年10月26日に朴大統領が暗殺される事件があり、大騒ぎになった。その時ぼくは東京にいたね。大統領が亡くなって、国葬が11月3日にあったんですよ。各国から弔問特使というのが出るのね。日本からは、岸信介元総理が弔問特使で行きました。大統領暗殺の直後だから、ただちに戒厳令でした。外からの記者取材まったくダメだったのね。もともと向こうに一人記者はいたんだけどね。大事件なら応援に行くじゃない、普通は。それが全部できなかったんですよ。その時、岸特使の同行記者だったらいいって言うから、ぼくは同行記者で各社数人行きました。ごく少数で気心が知れた韓国に理解のある記者が、同行記者として一緒に飛行機乗ったんです。岸特使は今の安倍首相の祖父で、韓国と関係が深かったから、亡くなった大統領の思い出などを機内で聞きました。国葬後、すぐ帰るのはもったいないから「もうちょっといさせてくれ」って言ったんですよ。「いいよ」となって、12、1月までいた。2カ月。韓国は朴大統領暗殺事件後、大変な政治的激動時代に入った。そうでしょ、18年間も一種の独裁的政権がなくなったわけだから、次どうなるんだって大騒ぎになっちゃった。後継者は誰がなるか?と政治的混乱ですよ。毎日デモがあった。そういう流れの中で、翌80年1月に戻った。特に80年の春に、歴史的にはソウルの春と称してね、まあアラブの春みたいなもんで、要するに民主化に向けた政治的混乱状況があった。その時に、全斗煥が反政府勢力を力で抑えた。ある種のクーデター的にね。政治家に任せたらけんかしちゃってね、混乱するからダメだということだった。逮捕者も出てね、非常態勢と称して、戒厳令下で政治を安定、社会を安定させるというね。その中で、金大中も逮捕されたもんだから、金大中の故郷の光州で反政府、まあ暴動でしょう、いわゆる光州事件ってのが起こる。それが80年の5月ですよ。その光州事件の報道に関して、日本の記者やメディアは最大の集団ですよね、ここでは。日本の報道は、その時メディアは、だいたいそのデモをしてる方に肩入れした。

ね、そういうことあるでしょ。民主化と称してるわけだから、軍人たちよりも、そのデモしてる人たちの立場の報道をよくするじゃない。そういう日本のメディアの報道は気にくわんというわけですよ、当時の戒厳令下の韓国からするとね。それで5月末にほとんど追放されたんです。共同通信が最初で、朝日、産経と大きいところが、支局追放になったんですよ。5月末以降、ぼくは朴大統領の葬式に行って帰って、東京本社の外信部にいたよ。共同通信は特に通信社だから、通信はいらんとこに人を置いてるからね、「アカン、なくなった、これ大変だ」となった。会社で、「黒田君、君は留学もしてるし親韓派と思われてるから、韓国政府との関係修復にあたってください」と。最初の韓国留学生だしね。それでまあ、3カ月後の80年の9月に、「臨時でビザ出すから行ってもいいよ」ちゅうわけだ。それで来たんですよ、ここ。宿なんかないから、昔あったエンパイヤホテルって小さなホテルにいたんです。その80年の9月からね、ビザを1カ月延長、延長していって、81年の4月かな、正式に支局復活になってね、共同通信ソウル支局が復活しました。親韓的と思われるのはもう1人いました。毎日新聞の重村です。留学帰りということもあって、2人で来たんですよ。

やっぱり、追放されないとこもいくつかありました。日経、東京新聞、NHKはあったんですよ。基本的にはぼくは記者としては、80年9月に1カ月のビザをもらって来たところから、現在に至るということです。

ところがね、共同通信はね、84年の11月に、「もう4年以上たったから交代しろ、帰ってこい」と。サラリーマンだから「帰ってこい」と言われたらしょうがない。その後は、日本と韓国をしょっちゅう行ったり来たりしました。特に、世界的なスポーツの祭典が88年にソウルで開催することが決まった84年ごろから、韓国への関心が、大衆的関心が高まったわけですよ。日本人はスポーツが好きだからね。それがぼくにいわせると、まあ第一次韓国ブームですよ。85年あたりから88年の祭典に向けてね。ぼくは留学していたし、親韓と思われていたし、執筆とか講演とかテレビ出演の仕事がかなりあって、ぼく日本でえらくもうけた。当時いろんな本を書いたんです。『ハングルは難しくない』とか、『ハングルは面白い』とかね。一番売れた本は、『韓国人の発想』で、『ソウル発これが韓国だ』とか、『韓国街物語』ね、これはいろんな韓国の歴史なんかを含めてね、街歩きするのにいい。こういう本をいっぱい書いたんですね。

祭典の前、86年にアジア大会があったんですよ。アジア競技会。こっちの方が韓国にとっては初めての国際イベントで、むしろ重要でした。それに合わせて地下鉄2号線、環状線ができ、見苦しいものを片付ける再開発が進んだ。大通りに売春宿みたいなのはだめだから裏通りに移すとかね。86

年が一つのエポックだったんです。祭典の時もね。共同通信時代、ぼくもこっちに取材に来たんですよ。臨時でね。講演とかいって。それで行ったり来たりして本もいっぱい書いた。取材しなきゃいけないからね。当時、86年から88年までの3年間ね、会社でもらう給料よりも社外収入が多かったです。今から思うと夢みたいな話です。それくらい韓国ブームだったんですよ。

—最初のブームのころでしょうか、国際電話のコマーシャルに韓国人の女の子が出てきたのは新鮮でした。これも実は祭典に向けて日本国内の関心の高まりが影響していたのかもしれませんね。

韓国側の日本向けコマーシャルなんだけど、観光公社だったか大韓航空だったか定かではないんですけど、こういうキャッチフレーズをつくったんです。「はじめてなのに懐かしい」ちゅうんです。これ傑作ね。

—異同感ですね。

にもつながる話ね。これは傑作なんですよ。コマーシャルのメッセージですよ。「はじめてなのに懐かしい」ねえ。祭典に向けて、日本で関心が大いに高まっていったそういう雰囲気でした。これが最初のコリアン、韓流でしょ。その後の韓流ではペ・ヨンジュン、ヨン様だけど、ぼくはね、「あのヨン様は、初めてじゃないよ、あれはヨン様2号だよ。実は第一のヨン様というのは、第一次韓国ブームの時にあったじゃないか、皆さん思い出さないの?」と言ってます。チョ・ヨンピルですよ。チョ・ヨンピル。

—『釜山港へ帰れ』ですか。

これが80年代、祭典に向けたブームですよ。おばちゃんたち、追っかけてましたね。全国公演で満員だ。チョ・ヨンピルじゃないですか、第1号は。これもヨン様じゃないかと。チョ「ヨン」ピルだから、同じヨン様ですよ。漢字は違うんだけどね。忘れちゃいけない。従って、80年代までのね、日本の第一次韓国ブームには、ぼくも相当寄与したんじゃないのと思っています。いまぼくの悪口言ってる奴がいっぱいいるけれどね（笑）。

ぼくは、韓国では極左、いや極右言論人だから。要するに、安倍のスポークスマン的なことを言っているでしょ。産経新聞だから。まあ、そういうことを言う人いるでしょ。

祭典も終わり、一種のブームも一段落ってことですね。どう身を処するかっちゅうことでしょ。45歳になっていたから、共同通信にいたらもう現場はいいから編集の仕事にってことだね。まだぼくは若いと思ってたし、現場でやりたいと思っていた。もう1回韓国勤務したいなと思ってたわけですよ。

――やっぱり現場がお好きなんですか。

若いからねえ。40代だから。韓国、現地に居るってことが面白いでしょ。そしたらね、祭典が終わったら、実はその前からね、産経新聞から来ないかって話があった。「ソウルで仕事させてあげるから来ないか」と。祭典を機に、記者交換の制度が変わってフリーになる。自由化されるから、各社がね、2人、複数で記者を派遣できるようになるとわかってた。それまでは日韓は共産圏並だった。ある種の記者協定的なものがあってね、お互いに15人ずつ、韓国から15人、日本から15人と制限されていた。韓国は忙しいとこだから、記者が2人ぐらい駐在するのはあり得る。大手はだいたい2人ぐらいだった。4、5年たっているから、ぼくも今度は支局長をしたり、街に出歩いたりというね、もう1回行けるかもしれないと思ってたわけよ。ソウルにいた時に上司にね、「どうなの、ぼくまた行こうと思ってるけど可能性あるかな」と聞いた。そしたら「ない。もう世代交代だ」と言う。ぼくは、それは残念だと表向きは失望した顔をしてたんだけど、心の中で、「ああよかった。これでよかった」と、産経に行けると思ってね。そうでしょ、産経から話きてるわけだから。待ってくれと言ってた。それで、もう喜んで11月で辞めて、祭典が終わった翌月、12月に産経に移った。

産経から、「何か条件はないか」っちゅうから、「在留期限なしとしてくれ」と。そこで契約書を書いた。ぼく、新聞社は知らなかった。新聞社と通信社は全然違うんですよ。通信社っていうのは新聞作ってないからね。毎日自分の記事が紙面に出るっていうのがわからないんですよ。どこにあるか、ニュースが。新聞っていうのは、名実とも自分の書いた記事が出る。読者と直接つながる。新聞社のシステムを勉強して、翌89年の1月にまた韓国に来ました。

―以来、産経新聞で89年の4月から、韓国で私たちの窓になってくださっているということですね。

これがぼくの大体の流れですね。皆さんの関心でいえば、当初からぼくはその時々の既存のね、イメージっていうの、やり方とかね、いつもちょっと異議を提示してきた。あまのじゃくだから「ちょっとそこじゃないんじゃないの」と絶えず、ちょっと違うことをお伝えするっていうことを昔からやってきたんですよ。

人と同じことをやったって目立たないじゃない。相当違うことやらないと目立たないから。やっぱり、人を「へえっ」とか「はっ」とか、「ええっ」

と思わせたい。それが新聞記者の快感でしょ。

――黒田さんは関西の方だからサービス精神が旺盛なのでしょうか？

関西ねえ…そういう意味では、まあ商売人みたいなもんだけど。もう一つね、この前日本のテレビの討論番組に出たとき、出演者それぞれにボードに一言書かせたんですね。テーマは日韓関係でね。そういう場面がありましたよ。ぼくはね「韓国はスルメである」って書いたの。

――かんでも、かんでもということですか？

そうそう。「韓国はスルメ。何ですか？」って言われた。「かめばかむほど味が出る。そしてなかなかかみ切れない」と。我々から見ると、韓国はいろんな意味でそういう相手じゃないですか？ね。最近はちょっとねえ、「かみ切れない」というのと印象が違うんだけど…。なかなか飲み込めない、かみ切れない。見てくれは非常に悪いけど、味はあるんじゃないですか。大きな味があると思います。我々と似てる面もあるんでね。かめば、味わいがある。しかもその味わいは、なかなか尽きない味わいだよね。

――「韓国はスルメである」という言葉の中に、最初におっしゃった「韓国は興味が尽きない、いつも刺激を与えてくれるところである」ということが集約されているのですね。韓流の第一次ブームでたくさん本を書かれたり、講演なさったりされたと思いますが、その時と今は考えが変わっていますか、それとも変わらないですか。

今、特にここ何年かは、端的にいえば、日韓関係が悪いことからくる関心でしょ。だから話題が限られてるでしょ。それはあんまり面白くないですよね。第一次コリアンブームの時は初めてだから、それこそこっちは初めてだから懐かしいといって、「ええっ！韓国ってそんな面白いところがあったの」っていう驚きだった。こんな近くに、ある種のエキゾチズムがあったという発見でした。それは、チョ・ヨンピルだったら歌で、映画も食べ物もそうでしょ。観光すると、ある種の新鮮な驚きがあったと思う。第一次韓国ブームはオリンピック前後の多様な発見であり、驚きでしょ、そっちが面白い。

最近の反韓嫌韓は、いわゆる第二次ブーム、第二次韓流ね。ペ・ヨンジュンに始まる90年代以降の、一次に比べたら遥かに広くてね、まあ強力な、日本における韓流を受けた後の副作用としての反韓嫌韓ですよね。だから現時点は、常に韓国のことを知らないから。知らないから厭韓嫌韓になるんじゃなくて、逆でしょ。韓国のことをみんなよく知ってるわけですよ。知ってるからケシカランっちゅうわけですね。今、日本には相当コリアン情報が入ってるわけでしょ。食べ物もそうですよ。その上の嫌韓厭韓だから、まあそういう意味では、厳しいわね。知らんで言ってるんであれば、「無知であんなこと言ってんだ」で済むけどそうじゃない。厭韓嫌韓と言っている人はよく勉強してて、歴史のことなんかぼくよりよく知ってるんじゃないかな。だから第一次韓流ブームの時とは違う。あの時は素朴だったね。今は日本人のコリア観が少しひねくれて、ちょっと複雑になってるんじゃない。

—視聴者の中からテレビで韓国ドラマを放映しすぎだという意見があり、それから始まったと記憶しています。

反韓サイドは、当然一理あると思うよ。というのはやっぱり、あの、第一次のスポーツ祭典前後であったら、韓国のいわば、日常のニュースは日本社会には何も入ってないのね。ぼくらが翻訳して伝えない限り。今は我々が伝えるよりはるかに多くの情報が、韓国ニュースが、日本国バージョンとして日本社会に大量に流入してるわけね、ネットを中心に。それに今接してて、日本もよく知ってるわけ。韓国から伝えられる多くのニュースは反日情報、「日本はケシカラン」っていうのがいっぱい入ってるわけでしょ、そりゃ韓国人が作ってるわけですからね。それで日本の国内で流通してるわけじゃないですか、日常的に。日本ケシカランって話が。毎日のように新聞テレビでやってるでしょ。昔はそのまま日本にいかないから知らなかったでしょ。今、それが日本語で翻訳されて、韓国メディア自体が、ネットでガンガン毎日伝えてるわけでしょう。それを日本人が見て、「何や」と。韓国が毎日24時間365日、日本の悪口を言ってるわけでしょ。「こいつらは何や」ってことでしょ。これが最大ね。それに対してぼくらは、我々住んでる人はね、それだけを見てるわけじゃないし、日常いろんな情報があるし、多くの情報の中の一つとして反日情報もあると。それだけで考えたら、やっぱり過剰に憎んだり、過剰に頭にきたり怒ったりするから、ほかの情報もちょっと入れて取り組んで、あるいは、「ちょっと相対的に考えてちょうだい」とこういう風にぼく今言っています。従って、日本の厭韓嫌韓感情は、偏見ではないですよね。これは事実だから。つまり彼らの得た情報は、嘘偽りの情報が入ってるわけではないからね。韓国のメディアに出てることを、彼らは一生懸命読んでるわけじゃない。だから、何もないとこで言ってるわけじゃないでしょ。いつもこんなに日本の悪口言ってることは事実だと。それで韓国をイメージしてるわけだから、まあ嘘の反応してるわけじゃないでしょ。なんだけれども、それだけで相手をイメージするのはやっぱり一面的であるということ。そういうことじゃないでしょうか。

—日韓関係の改善のためには、これからどんなことができるでしょうか？黒田さんのお立場なら、「実際住んでいると韓国はこういうところだ」ということを発信し続けるということでしょうか？「反日とか嫌韓とかあるけれども、実際は、一部であって全部じゃない」ということを伝えることでしょうか？

まあそれも一つね。それから日本の厭韓嫌韓のね、ネタになってる韓国における日常にぼくらは毎日接してるわけでしょ。長く接すると免疫ができるようになる。多分免疫できて、場合によったらこれは建前かとか、大きな声を出してるだけであって、本気でけんかなんかやる気はないとかわかるわけ。日本でそういう反日情報を受けてる人たちは、すぐわかんないからね、ストレートに受けちゃうから。韓国で毎日反日デモ。日本大使館の前に行ったら毎日やってるわ。そこだけ見たら毎日やってるけど、要するに、それ以外はどこでもやってないわけだから。そういうことがわかって免疫ができる。韓国のメディア、特にメディアの問題だけど、表現が大げさだよね。大げさで主観的でしょ。ぼくの言葉でいうと、「べき論」のメディアです。

—「べき論」のメディアとは？

「こうあるべきだ、こうすべきだ」。そういうのを「べき論」っちゅうんです。

もともとが「べき論」のメディアなんです。何かある情報で自分たちの役目っていうのがあって、人々に「いろんな現象、事態について、これはこうなんだよ、こうあるべきだよ、こうしなきゃいけないよ」ということを教え、諭す、導く。「それが韓国のメディアだ」という風にみんな思ってるわけ。作る人も読む人も。だから報道自体が極めて主観で、悪くいえば煽動的ですよ。それだけ見ていると、日本人は驚くよ。「えっ。あんなところと付き合っていられない、もう国交断絶しましょう」となる。ここに来てる日本の記者だってねえ、今度帰る人がいるんだけど、昨日彼の送別で夜ちょっと一杯やったんだけどねえ、彼2回勤務で合計10年以上韓国にいた。彼が言ってたんですよ。「いやあ私はもう疲れた」と。やっぱりメディアだから日常メディアとの接触が多いでしょ。「ちょっとねえ、私もう韓国からしばらく離れたい」と。病気になった、病気ですよ。一種の心の病。

あのねえ、ぼくはよく引用する話で、こういう事件が実際にあった。日本にねＲＰ、ラジオプレスという通信社があるんですよ。昔から、特に北朝鮮関連のニュースを提供する。主に、北朝鮮の放送を聴いて翻訳する。北朝鮮の資料を翻訳して、日本のメディアに提供する。ここの仕事は、北朝鮮の放送を傍受して、だいたいはミサイル発射とか住民に突然重大発表とかあるわけだから、それをいち早く聴いてお知らせする。重要な仕事でしょ。そこでね、特に夜なんかよくやるんだけど、毎日聴いてね、あの「○×※□◇#△!」（黒田さん　北朝鮮語を話す）とよく出てくるでしょ、お腹出てる人、こういうのをね、毎日聴いてね、しかもだいたいアメリカや日本、韓国を批判するとか、そういうのをやるでしょ、それを毎日毎日ね、そればっかり聴いてた、仕事だから。いなくなったんですよ。精神障害起こして辞めたんですよ。

―病気になってしまったのですね。

もちろん30年前の話だけど、そういうことがあった。従って、韓国にいても毎日ね、テレビとか新聞で、「安倍はケシカラン、悪い奴だ」とか「日本はとんでもない軍国主義だ」とかばっかりやるでしょ。それを毎日読んでるわけじゃない。帰国する後輩も大変で、「病気にかかりました」と言っていた。本社に帰った後、しばらく別の国の担当をしたいと。だから、日本でネットに流れるメディア系の日本語版の主張を聴いていたらね、日本人だって病気になりますよ。あれは厭韓嫌韓病でしょ。本当はこっち側に問題がある。日本で病気になるくらいの実態なんだから、韓国の皆さんちょっと自制したらどう?と思うのよ。自制したら抑えなさいとね。大げさなこと言ったりね。この間も、何か日本が攻めてくるって。日本が竹島独島を取るに来るようなことを言ってるわけでしょ、みんな。もちろん日本じゃそんなこと誰も思ってないのにね、勝手にそんなこと騒いでるわけですよ。独島を警戒宣伝だとか、また独島で日本がとかね。最近もありましたよね。日本の防衛白書で、またあの暴言とかね、また挑発とかって書かれてるの。そんなことばっかり毎日読んだら病気になりますよ。

―黒田さんはどうやって乗り越えていらっしゃるんですか?免疫があるからですか?

そうですよ。締めくくり的にいうと、ぼくはねえ、病気にならないです。それはまあ免疫ができてることが一つと、あとはねえ、ぼく割と引き出しが多いんですよ。引き出しね。韓国と付き合って、方法として、引き出しをたくさん持てば病気にならない。例えば、反日っちゅうのは政治外交という引き出しじゃないですか。ぼくはいろんな本を書いた。その中には、食の本を1冊書いた。韓国の食で1冊書いた。これは食という引き出し、あるいはまあ食文化でもいい。それから、まあいろんな芸能、歌謡曲でもいいし、音楽でもいいし、映画でもいいし、それから自然とかね、ぼくは渓流釣りやりますから、山に行くでしょ。韓国の自然という引き出しもある。引き出しをたくさん持っていればね、時々引き出しを開けば「ホッ」とするわけよね。それはまあ対象だから相対的対応にいるということにつながるんですけどね。だから引き出しを多くしとけば、あんまり感情的にならないってことだね、ぼくらはまあ、こういう仕事にしてるから、特にそういうことは必要だっちゅうことですけどね。

—黒田さんは、韓国で刺激が続く限り発信を続けていかれますか？

刺激が続く限りというよりも、体力が続く限りでしょう(笑)。韓国じゃねえ、体力がいるでしょ。さっきから出てるようにやかましいし、立居振舞が割と大げさで激しいちゅうか。そういうの目撃したり接するっちゅうのは疲れるでしょ。大きな声でしゃべっていると、こっちも大きな声でしゃべらないといけないでしょう。段々ね、年取ると疲れるんですよね。だから体力ですよ、一番。韓国人はだいたい、飲み食いってのが重要でしょ。飲んだり食ったりしながら情報交換とか、そっちが重要でしょ。彼らは本を読んで情報を得ようとしないから。だからそういうのは疲れますよね。大型書店でね、キョウボウ文庫とヨンプン文庫、2つありますよ。昼飯の時に行かれたらいいと思うけど、つまり、サラリーマンがね、本屋にどれほど入ってるかっちゅうことね。いないですよ。

ぼくそれでね、本屋にね、前聞いたことあるんだ。「どういう客が一番多いか」「トシンドヨ（学生）」ですよ。学生客が圧倒的に多い。つまり客の7割が学生。ビジネスマンは本を読まない。読む人もいますけど、日本でよくある風景で、昼飯の時にちょっと書店に寄ってペラペラっと見てみたり、何かあったら買って帰る。書店に対するニーズがあるから、ビジネス街とかビルの地下にだいたい本屋があるじゃないですか。

なぜ韓国のビルの中に本屋がないかっていうと客が来ないから。なぜ来ないかっていうと、昼飯の時にね、韓国人はみんなね、同僚とか知り合いとほとんど一緒に飯食うわけです。一緒に飯食った奴がね、飯食った後にね、喫茶店に行っても、一緒に本屋なんか行かないですよ。本屋に人が入るってことはね、昼飯時、1人だから行くんですよ。日本は1人で飯食う人が多いちゅうことね。ここは、1人で飯食わないから本屋なんか行かないでしょ。みんな一緒、連れだって。それで、コリアンたちは、誰かと一緒に飯食ったりお茶飲んだり酒飲んだりして、コミュニケーションしながら得る情報が大事なの。簡単で重要なんですよ。本を読むって時間かかるじゃないですか。面倒じゃないですか。そういういくつかの要素があってね、本屋にはあまり行かない。

それは一つはライフスタイルのせいね。いつも連れだっていると。本というのは連れだって読めなかったり、連れだって読むものじゃない。韓国の皆さんは、1人が嫌なの。寂しいんです。

―韓国には孤独を愛する文化がないのでしょうか？

孤独は嫌い。要するに寂しがりですよね。まあそういうことですよね。寂しがり屋だから。寝る時もねえ、みんな1人で寝ない。一緒に寝る。夫婦も、じいちゃんばあちゃんになっても一緒だしね。そういう基本的に強い人間関係の中で暮らしてるスタイルですよね。まあいい意味でも悪い意味でも。

—黒田勝弘さんから若者へ

・行ってみなければ、見てみなければ、やってみなければ、わからない！

・自分がつぶれないように、自分の中にいろんな引き出しを持とう！

・食わず嫌いをせず、何でも食べてみなさい！面白いことが見つかるかも！

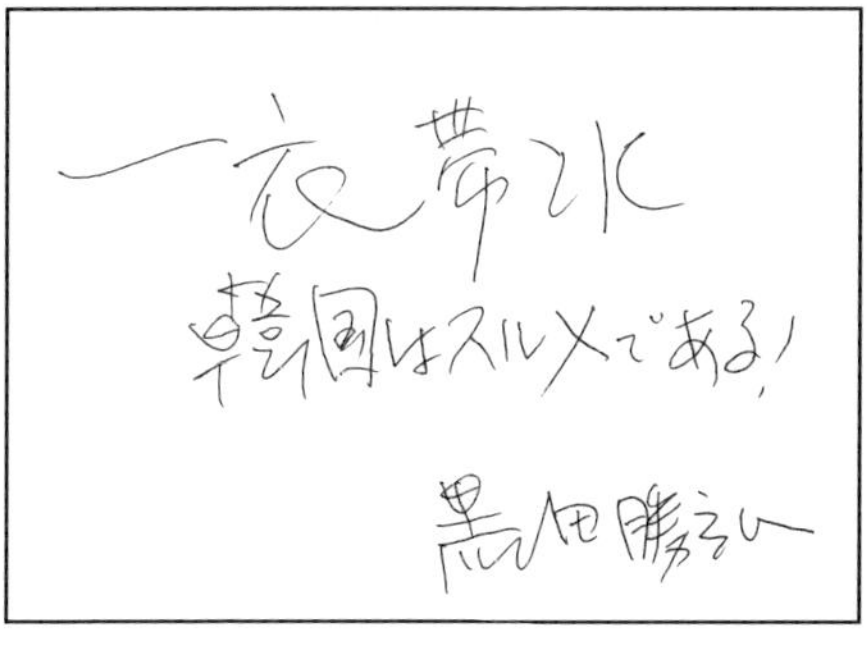

実業家

重田　光康さん

幼いころより、働くことや闘牛の世話を通じ、信じることの大切さを実感してきた重田さん。現在に至るまでの道のり、アメリカでビジネスをすることについてお話いただきます。インタビューは２０１４年12月に東京・御茶ノ水で行いました。

重田　光康（しげた　みつやす）
1965年　鹿児島県大島郡天城町で誕生
1976年　闘牛を与えられ育てる
　　　　父と死別
1983年　鹿児島工業高校建設科コース卒業
1987年　東和大学土木科卒業
1988年　渡米
　　　　米国不動産試験に合格。
　　　　全米空手大会で優勝
1992年　サンフランシスコに飲食店
　　　　「新撰組」をオープン
　　　　高い志を持つ人間育成の道場の場として、食に関することだけではなく、礼儀などを厳しく指導
2016年　現在、従業員400名（日本人は40名ほど）の社長（局長）
　　　　アメリカ・ヨーロッパ・日本に支店
　　　　米国ロサンゼルス在

まごころを信じて

―幼い頃の思い出は何ですか？

徳之島の闘牛です。牛が僕のペットでした。毎日世話をして、(闘牛の試合で）勝つことにステータス（自分の立ち位置）を感じていました。闘牛の世話が一番自分の生きた教育になったと思います。毎日世話をしなければならない。世話した牛を勝たせたい。牛の世話をずっとやり通すことによって、自分の思い、人に対する思い、愛、教育と言うとおこがましいですが、時間とともに自分の中に染み込んでいったと思います。もちろん世話しているその時は意識していませんでしたが、いろんな意味で今のベースになっています。

―何歳ぐらいから牛の世話をされていたのですか？

牛を与えられたのは、小学2年生ぐらいからです。生き物ですから、雨の日も風の日も365日世話をしました。ご存知かもしれませんが、牛主が小さいころから飼っていた牛に殺される事件がありました。それくらい闘牛の世話というのは大人でも大変です。1メートルそこらの子、僕と兄貴なんですけれども、2人で牛の世話をしました。

牛小屋の掃除。そして牛を日に干して鍛えるわけですよ。首をあげるトレーニングです。家が学校の前だったので、休み時間になると家に走って、牛の世話ができる環境でした。世話をしていると、どんなにどう猛な牛でも、我々の言うことを聞くようになるんです。

牛の世話をした経験が、わが社にある「育成道場」という教育にも生きています。会社では、いろんな子、元気でやんちゃな子たちを預かります。一筋縄ではいきません。1回言ってわかる子たちではない。100回言って1わかればよい。

経営者であれば、「お金をもらっているなら、従業員は仕事をやって当たり前」と考えるでしょう。僕は従業員を自分の子供だと思っています。人間関係の中で親子の関係が一番です。自分も子供を持って、子供に対する思いがよくわかります。この子にこうなってほしいっていう気持ちが100％です。子供から1％も返してほしいなんて思っていません。その思いが究極の愛だと思うんです。従業員も僕の大切な家族ですから、こうなってほしいっていう思いだけですね。仕事を通じて、どれだけそれに近づけられるかというのが自分の理念なのです。それが自分の会社の「育成道場」です。自分の理念のルーツをたどっていくと、牛とのつながりにあるのかなと思います。

もちろん人間の場合はもっといろんなことがあります。牛と違って言葉を使いますから。例えば、ある子が仕事をうまくできなくても、その子が悪いんじゃなく、その子をつくってきた環境が、そうさせていることもありますよね。わざと悪いことをやる子はいないと思うんです。ただ気づかない、感じないからこそ違うことをすると思うんですよ。そういう環境をつくってきたのは我々大人です。だから自分たちの責任の下、できる範囲の中で教育したいというのが根底にあります。話がずれましたが、根源にあるのは牛と生活したことです。

家が土建業で、親は「働かざる者食うべからず」という方針でした。学校が終わったら、親の手伝いをよくしました。現場で、掃除、鉄板の枠の掃除の手伝いを幼稚園からしていました。親が建設業の経営者というと、お坊ちゃんというイメージを持たれますが、親は「現場に来なさい」と私たち兄弟を連れて行きました。日曜日は朝から現場に行き、家に帰ったら牛の世話をして、遊んだ記憶がないです（笑）。

――小さいお子さんがどんな仕事をしていたのですか？

現場に行ったら、「あれを取ってきなさい」とか「これを持って行きなさい」と言われ、従いました。そして掃除です。鉄板の枠、ブロックとか、壁とか塀を作る時に使うのですが、それを外した後に掃除する。小さいなりに仕事がありました。

小学5年生の時に親父が死んだものですから、嫌になることもありました。「何で俺が」って思うこともありました。でも「やっぱり俺は親父の子供」という気持ちが自分の中にありました。親父がどういう人間だったかということを周りから聞きました。「お前の親父はすごかったよ」と親父を昔からよく知っている人が話してくれました。おふくろに、「なぜ再婚しなかったの」と聞くと、「親父以外は男じゃないよ」と言いました。立派だったのか、それとも豪快だったのか、人がやらないことを先にやっていた人でした。自分の中には親父像というものがあり、それを超えたいっていうのもありました。おふくろもすごかったです。親父が亡くなった時、借金がたくさんありました。夜中に起きると、おふくろが障子ガラスの向こうで泣いている姿を何度も見ました。親父に向かって、仏壇に向かって、語っているわけですよ。しゃべらない親父に。その姿を見て、「ああ、おふくろを泣かしちゃいけない。親父を笑いものにしちゃいけないなあ」と、子供ながらに思ったのは事実です。

――高校生から鹿児島市内にいらした。

そうですね。中学までは、田舎の学校ですから成績も1番だったんです。ずっとガキ大将できているんで、鹿児島に行くならば、頭で1番を取るのはできないから、腕力でけんかで1番になろうと思っていました。まあレベルの低い話ですが。

—大学で博多に出られたのですね。

はい。高校大学で土木を専攻しました。博多で、アルバイトしたのが「屯所」という焼鳥屋さんで、今の仕事につながっています。博多の焼き鳥の種類の多さにびっくりしました。食べてみて、こんなおいしいものあるのかって感動しました。

—その時は焼鳥屋さんをやろうとは考えてなかったですか。

全然考えていませんでした。焼き鳥屋でアルバイトしたのは、お金が入るという理由からだけです。それしかなかったです。大学の時は焼鳥屋で、その後は中洲のクラブ。あとは建築の派遣です。今でいう派遣業ですね。友だちを現場に連れて行って、送り込んでいました。

—卒業後はすぐ徳之島に帰る予定だったのですか？

当初は、土木を7年勉強して来ましたから、実家に帰ったらその道しかない。高校大学は自分の思った通りにできたので、「自分は何でもできるな」と勘違いしていました。仲間が多かったですから、「仲間がおったら何でもできるな」と。その一方で「自分一人だと何ができるだろうか」と疑問に思ったんです。「誰も知らないところで。信用も何もない、言葉も通じないところでどうしたらいいだろう」と試したくなったのです。

—アメリカを選んだ理由はなぜですか？

アメリカが経済力ナンバー1だからです。そこしか知らない。ロスとニューヨークしか知らなかったんです。シンプルですよ。で、ロスに、そこで、精神的にコテンパンにやっつけられましたね。今までと違って、ガツンってやられました。全く相手にされませんからね。今日の飯が食えない。金もない。

―アメリカでは何をなさっていたのですか？

最初は、語学学校の学生でした。半年ぐらいで帰る予定だったですね。そのつもりで。「半年おったら十分だ」と聞いていました。学生時代はずっと勉強したんですよ。朝から晩まで勉強した。でも全然通じない。全く自分の身にならない。ベースがないからですね。毎朝弁当配達のアルバイトをし、その後掃除のアルバイトをして、食いつないでいたんです。おふくろからも送金してもらいました。「俺は何もつかんでいないな。このまま帰っても笑われるな。じゃあここでビジネスをしよう」と思いました。何を選択していいかわからない。信用も何もない。空手はやってました。

―アメリカで空手を始めたのですか？

はい。基礎はできてるわけですから、早い段階で先輩連中を超していってるんです。1年たった時には黒帯はめてたんです。普通は黒帯ってのは数年かかるんです。まあベースができてましたから。

「何をするか」となった時、最初に、「街をつくりたいなあ。アメリカで日本人街をつくりたいなあ」と漠然と思っていました。もちろん、「リトル東京」がありますが、漠然と「新しい街をつくったらどうなんだろう」と。街づくりは土木と関連があります。自分がやってるベースを基準に考えたんです。街をつくりたいなと。それで、不動産に目を向けた。すでに黒帯を手にしていた空手を使ってどうにかできないかと考えました。不動産と空手にフォーカスをあてて、必ず絶対やるんだと決意しました。

もともと自分は工業系ですから英語なんてできないです。専門用語ということもあり、法律もあり、全くチンプンカンプンなんですよ。数行訳すのに、3時間ぐらいかかるんですね。ぶ厚い本のまず1ページ目ですよ。1ページ。これは無理だろうと思ったんです。自分の性格上、前のように、「こうするから」って道場の仲間とか周りの人間に言っちゃった、先に。

―ひくわけにはいかなかったということですね。

「言ったらやらんないかん」ですから。見た瞬間に、「あっ無理だな」と思ったんです。大変なことを言ってしまった。でも言った以上やらなあかん。専門の辞書を借りて、その辞書を読んででも全くわからんので、また普通の辞書に戻る。この三角関係をずっと繰り返していくうちに、最初は1ページが3時間かかっていたのが2時間に、2時間が1時間に、1時間が30分にというふうに、だんだん流れもわかってきたんです。そうすると、可能性が数%から10%、20%と徐々に上がっていくじゃないですか。それを自分で感じました。空手もそうですが、朝行って稽古をする。睡眠時間は3時間ぐらいでした。寝られる時に寝るしかないので、合間合間で寝ていました。そういうことをやっていって、1年後に試合と試験があり合格しました。25歳から30歳のころです。その時が一番人生で集中しましたね。それがあるから、今がある。何かがあったとしても怖くないです。

―若い人たちはこうなったらいいなと思っても、なかなか挑戦できないことが多いです。何が必要でしょうか?

条件は、皆一緒だと思うんですよ。自分で限界をつくってしまうんだと思うんですね。可能性はあるんだと自分を信じることです。一つ一つ積み重ねると必ず何かが残ってるはずです。その何かから可能性はもっと広がります。自分が通ってきたところを広げていく作業を僕はしてきたと思います。目標を見るとあまりにも大きかったものですから、途中に小さなポイントをつくっていました。あそこまで行けばちょっと休める。そういうポイントを僕はつくっていましたね。いきなり目標まで登れませんから。無理をするから崩れるということもあるでしょう。自分の力に応じた、今の力に応じたレベルのポイントをつくりながら、それをこなしていった。「ここまできたんだから、じゃあいけるよ。前に行くしかないんだ。倒れるなら前で倒れよう。何かつかめるだろう。諦めた時は自分がなくなるな」と。僕の持論です。

中には後悔という言葉を聞くことがあります。やろうと思ったことをやらない。途中で投げ出して逃げる。「後でこうしてからやっておけばよかった」と、よく聞きおったです。理由を尋ねると、「いやねえ、あの時はこうだったのよ、ああだったのよ」と言います。そういう言い訳は小さい頃から嫌いだったです。耳ざわりだったんです。

――自分はそうしたくない？

というだけですね。シンプルです。やってから説明したいなっていう。そうじゃないと、何も変わらないなっていう思いですね。自分は頭いいわけじゃない、できるわけじゃない。思いの強さをどんだけ持っているかでしょう。好きな言葉は、親からよく言われた言葉ですが、「信用金蔵、武士は食わねど高楊枝、なせば成る」です。「なせば成る、なさねば成らぬ何事も成らぬは人のなさぬなりけり（上杉鷹山）」という言葉です。この

3つは、おふくろがよく言っていました。

おふくろは親からそう教育されてきたのでしょう。じいちゃんは、徳之島です。「人になめられたらいけないよ」と言っていました。なめられない生き方とは、「信用が一番だよ」と。「人は信用があれば金蔵も建てられる。金蔵を持っていると一緒なんだよ。信用金蔵だから絶対だますなよ、人に嘘つくなよ」と。

――信頼ということを小さい頃から大切にされていたのですね。

そうですね。信頼が一番だと思っています。若くして亡くなった親父の生きざまをおふくろから「こうだったよ、ああだったよ」と聞いてきました。場面場面でそれが出てくるんですね。

例えば、ラーメンのスープができないということがありました。できなくて、できなくて、ごまかすこともできたかもしれない。その時にふと、「あっ信用金蔵だよ」という言葉が浮かびました。ごまかして嘘をつく、人に嘘をついても、人はわからんかもしれないけど、自分はわかっている。そしてそれが必ずずっと響いてくるな。だから歯を食いしばって、今チャレンジだからやろう。生きざまを教えてくれました。

――「まごころ」も大切にしていらっしゃる。

これはやっぱり自分の中で、意味が一緒だと思うんですよ。誠は誠実、一生懸命に生きる。それが旗印だったからですね。ですから「まごころ」と。理念というのではなく、最初はスローガンとして「世界一の気合とまごころの込もった店づくり」をしたいと思いました。預かった子供(従業員)が気を使えるようになったり、挨拶ができるようになったりした。毎日見てたものが、不思議にその日だけ、自分の中ではじけるような、霧が晴れてくるような、同じ作業が新しく見えることがあるんです。スカーンと見えて、「ああっ、俺がしたかったのはこれだったんだ」と気づいたんですよ。そういう場面がいくつも出てきて、僕の中にあります。

—具体的にはどのようなことですか?

例えば、やり通した時に、売上がスッと上がる。同じ作業ですよ。同じことをしているのに、売上がバーンと上がった。自分が調子こいた時には落ちた。何だか、上から誰かが見ているんじゃないかと思うことがあったりしましたね。

空手もそうです。奇跡的なことが、普通はできないと思うことが、フッとできてしまう感じがありました。1回戦から歯も折られて、骨も折れ、そういう状況の中、普通は無理なのに、ジャッジの判定で有利になったことがありました。試合中、大会委員長が、「そのジャッジは違う」と言って延長戦になり、僕が勝ちました。奇跡が起こりました。

いつも周りの子たちに言うのは、「一生懸命やってくれれば、同じことの繰り返しだけど、いつか引っ張られるよ」ということです。それはバランスが合った時に起こります。偽物、三日坊主じゃなく、心のバランスとやっていることが、例えば感謝とか謙虚とかいうことと調和する時に、何か目に見えない力でね、吸い上げられるっていうことがあります。

—毎日同じことをやっているのだけれど、ある日突然何かをつかむということですね。

やっている時に、たぶん、試されているんだと思うんですね。まあ神様がおられるとすれば、自分の目の前に2つ「どこいくの君は？」と聞いているんです。「難儀と楽な道があるよね。どっちが楽？」とよく若い子たちに聞くんです。「こっちです」と答えたら、「じゃあ難儀に行きなさい。難儀に行くと、感ずるから。そうすれば引っ張られるよ」と言います。2つ、必ず大きく2つに分かれると思うんです。その時に「難儀な道を行きなさい、それがあなたの必要なことだよ。後でわかるから。点がつながっていく時に、難しい点が今あるでしょ。これは、次につながるためのスタートだよ。だから逆に楽しみなさい。楽しんでいきなさい。その時に、引っ張られることがありますよ」という話を僕はするんです。

自分は難儀な道を行こうと決めています。今も、経営的にいうと、まあ非常に厳しい現状にあるんです。というのも、オバマケアの医療問題もあります。また、今までの条件と変わってきています。コストうんぬんに合わせると、ミニマムカバレッジも上がります。スタッフは350人ぐらいいますから、時給を上げたりすると、それだけ費用がかかります。アメリカは訴訟の国です。ちょっとのけがで訴えてきます。労災のコストも、コストだけでボーンと上がるんです。コストだけで、試算すると1年間で1億1千万上がります。経営上1億1千万上がるということは、4億ぐらい売上がないと、その1億1千万ペイしないわけです。「じゃあ（商品単価を）1ドル上げましょうか」というのは簡単なんです。誰でも言えることです。僕は「上げない」と言ったんです。どうするか。今までもそういうことは経験あるんですけども、この22年間やってきて、メインの物をほぼ上げてないんです。「（値段を）上げる前にやることがあるよね。例えば、ペーパーナプキン1枚を、高い物はお客さん喜ぶかもしれないけど、ナプキンを使いに来てるわけじゃない。烏龍茶をタダで出しても、烏龍茶を飲みに来てるわけじゃない。じゃあ飲みたい人だけ、それを買っていただこう」。そういう、僕は烏龍茶方式っていうんですけども、自分でよかれと思ったものを、お客さんがそこまで喜んでるわけでもないから、出し続けることによってこれは負担がかかるならば、逆に言うと、「変えてもいいとこは変えていいんじゃないか。変えちゃいけないとこは変えない努力をしよう」と。そういうやりかたでやってきました。今回も、「メインの物は（価格を）変えない。苦しくなるかもしれないけれど、もう1回全部やり直す。今までのものを、知識を、知識と今までやってきたことをね、もう一度やり直せ。例えば、ポーションはいいかなとか、盛り付け方はいいかなとか、全部挙げなさい」と指示する。そういう全てのもとになる卸会社があるんですけど、そこと相談してどうなのかっていうとこまで全部やる。

「努力をしなさい」と言います。声に出すと思いが自然と大きくなるんです。難儀すればした分だけ思いに入ってきます。

幹部連中、店長には「威張り賃を払いなさい。人まずあなたたちは偉いわけでも何でもないよ。人はみんな一緒だから。フェアになるためには、上の人間がまず一番動きなさい」と伝えます。

「これが新撰組の幟旗だよ。僕がいついなくなったとしても、リーダーは下の子が飯が食えるようにするのが務めである。いい時にね、いい時とかいる時にいいことをさせるんじゃなくて、逆にいい時こそ苦しくなった時そのことをイメージしなければ人間は強くならないし、起こってからじゃ倒れて崩れてしまうから。今これはチャンスなんだから。まず試されてるからね。いい機会だから」今までそうしなさいと言っても、その場面がこないとなかなか人間はしませんよ。もうこれはハッキリ見えましたから。生きるか死ぬかですよね、死活問題です。

（商品の値段を）上げないって決めました。そしたらどうするかってことを考えますね。逆算してみる。苦しみますよね。苦しみからやっぱりいろんなことが生まれてくるんですね。それがうちの幟旗であると。じゃあ上げないと決めて、いろんなこと見直す。ポーションの問題も全部です。それを今やってる途中なんですよ。なぜそれができるかっていうと、今まで起こってきた奇跡が僕を支えてるんですよ。

必要なことを、僕に直接教えてくれる師匠はいなかったけれども、「われ以外みな師」じゃないけれども、いろんなことが僕の財産になってます。

いろんなジンクスがありますが、破らないと何も生まれない。人がつくった問題は人が変えていかない限り何も生まれてこない。自分の使命感みたいなのがあるんです。勝手ですけど。例えばこの店は風水が悪い。今までずっとつぶれてきたとか、ここはチャイニーズの街で日本人が成功したことないとかいわれることがありました。そういうことを聞くとチャレンジしたくなるんです。「誰が決めたの？」と。僕は反骨精神がメラメラッとくるんです。そういうことに従うのも嫌だし、屈したくない。

スタッフは家族、身体張って命張って守ります。皆今のところ何とかついてきてくれています（笑）。アメリカは、従業員に冷たい、割り切ってますからね。僕はアメリカ的でも何でもないです。要は田舎もんです。徳之島っていうものが自分のベースにありますね。助け合いです。だから、皆（勤務期間が）長いです。

―スタッフの方々は、日本人だけでなくアメリカ人、西海岸だとメキシコの方々もいると思いますが。

もちろんそうです。その子たちにいっぱい助けられてます。ですから、我々の生きざまが彼らに対してね、国を越えて友情にもなるでしょうし。彼らだけのために祭りもします。みんな家族呼んでね。1日、10名の店長幹部クラスが、彼らの家族をみんな呼んでゲームをしたりして。（従業員への）感謝ですよね。感謝だから当たり前です。みんなにプレゼントです。できる限り内外ともに感謝の気持ちを示したい。基本は感謝の思いとお互いが尊重尊敬しあうことによってね、ピースフルになると思いますよ。政治は大事ですけども、根底に、ベースに、人と人の関係が大事ですね。「日本人って素晴らしいよね」思ってくれるだけで変わるじゃないですか。そういうことが僕の務めだと思うんです。それが徐々に広がっていく、おかげさまで22年やらせていただいています。皆さんから、ありがたい声をいただいているんですね。スタッフに対して、感情的になることは基本的にないです。叱ることはあります。

―叱るということは信頼関係がないとできません。

はい。闘牛の話に戻すと、牛の世話をしたこと、どう猛な生き物がわかってくれたという経験が基本にあると思います。だから言い続けるんですよ。何十回でも何百回でも。「俺はあなたに負けないよ。なぜならば思いがあるから。わかるまで、わかるまで向き合うから。あんたがわかるまで俺は絶対に離さないよ。どう思う。どう考えるね」と。

アメリカ人スタッフでもわかりますよ。わかります。僕はいまだに英語もまともにしゃべれないだけども…。

―わかるんですね。伝わるということですね。

英語ができなくても、伝えたいって気持ちが出てしまう。逆にそれは僕の武器なんです。伝えたいという気持ちは、お客さんに対しても同じです。言葉がわかったら表面で流しますが、目と目で（コミュニケート）すると、「この人はこういうことを言ってるんだろうなあ」とわかります。たぶん相手がそう感じていると思います。スタッフは僕の生きざまを見ています。他人だったら、なぜ他人がここまでこういうことを言うんだろうかって、まあ日本人も含めて、現地スタッフには伝わっていると思います。人間関係の中で、親子の愛が一番究極の愛であり、血がつながってなくても親子以上の関係というのはあると思います。僕はその一人でありたい。

―それを仕事の中で伝えていらっしゃる。

そうそう。金の問題は後ですよ。それを「お前にこんだけ（給料を）出してるから（仕事をして）当たり前だろ」と言われたら、聞く耳をもたなくなりますよね。

スタッフと僕は親子の関係だと思っています。それが僕の教育方針の根っこにあると思います。牛と同じですよね。愛情は必ず伝わると自分の中で感じてます。「この子に100％こうなってほしい」という思いです。どんだけ100になれるかっていう、その思いが、伝える源っていうんですかね。相手にしたら、「なぜここまで、自分にこんなに教えてくれるんだろう」と疑問に思うと思うんです。普通、人間であれば。疑問に思うことが興味になるじゃないですか。興味があると聞きたくなりますよね。そして関係が信頼というものの、尊敬というものになっていくと思うんです。僕はそれが人だと思うんです。特別なものはないです。思いの強さですよ。できないっていうことは、知識や能力の不足じゃない。「できないってことは執念の欠如である」(やるべきことが決まったならば執念をもってとことんまで押しつめよ。問題は能力の限界ではなく、執念の欠如である。土光敏夫)という言葉がものすごく好きなんです。

人は生かされてるから。生かされて、いろんな人に世話かけましたよね。その人たちに恩返しをしたいですよね。恩返しをしたいけども直接恩返しをしても、その人たちは自分より先輩だから喜びませんよ。川の流れのように下に伝えていくのが、思いの伝道をするのが、ぼくの恩返しだと思ってます。

スタッフには幸せになってほしいですね。これが究極です。自分が幸せだから。自分が感じてるような幸福感を伝えたいですね。人それぞれの幸せ感があると思いますけど、何をベースにするかといったら、僕は自分のことしかベースにできません。自分の経験に基づいて、引っ張られたり、諦めなかったり、仲間を大事にしてきたことがすべてベースです。自分が計算したら相手も計算する。どんだけピュアになれるかという当たり前のことです。

―重田さんにとっての「まごころ」ですね。

僕にとってですね。やっぱり難儀してそこで培ったもの。難儀、いろんなことをチャレンジしてきて得たもの、自分のフィルターを通ってきたものを表すとホスピタリティーです。相手に喜んでほしい。その思いは、難儀しないと何も生まれて、絞れてこないんですよ。絞れたものっていうのは、真実ですから、そのものを感じてほしい。それが伝える力になった時に相手が喜んでくれる。それがまた、自分の中に泉のように自然と湧いてくるわけです。それが自分の喜びである。こう育っていくのが一番自分の喜びだなって気づいたのが、オープンして3年後だったんですね、ちょうど。それが人間育成道場となりました。「世界一の気合と誠が込もった店づくり」を目指して、プラス「職場を通じて社会貢献しよう」と思ったのです。豊かな人間育成道場がちょうど3年後にできたんです。

それはもちろん「新撰組」内だけの理念です。ボランティアはこれまでずっとやってきています。売名行為でも何でもなく、餅つき、朝から一緒に餅をついて食べに来てもらったり、日本の文化を紹介してきました。祭りをやって売上金とか全額寄付しました。以前は収益金の利益の部分を寄付してきました。祭りをすると店を2日間閉めます。365日の売り上げで自分の店は成り立ってるわけです。2日間閉めるってことは売上が入ってこない、コストは出ていきます。非常に危険な状態ですね、店閉めると。規模が大きくなればなるほど、祭りは赤字なんですね。以前僕は「利益が出たら寄付します」とやってきた。それは自分に嘘ついてるじゃないかと思ったのです。利益は出るはずないけども、建前でなんかかっこつけてるわけです。赤字の中からやってるんですけども、それが何か自分の中でスッキリしなかった。

2年前にやった20周年の祭りの時は、(利益ではなく)売り上げすべてを寄付しました。もちろん設営にもやっぱり大金を使います。店を2日間閉めます。死活問題ですよね。だからそこでみんなに、「ボーナスが出なくなるかもしれないけど、こういう思いで俺たちはやる。売上金は、今までは補足になったけど、全額、我々の同志の人たちが困ってる。それを外国からね、エールを送っていこうじゃないか」と言いました。東日本4県、茨城含む4県に送らせてもらいました。若い子たちにボーナスが出なくなるって言ったら、「なぜそこまでやる必要があるんですか」と聞くわけですよ。もちろんそうですよね。「困ってる人間が、おまえの兄弟が困ってたらどうなんだ、したくなるだろ。俺たち何とか飯食えるじゃないか。アメリカからカリフォルニアからエールを送ろう。またみんなそこで目に見えないパワーが出てくるんだよ。一緒にこの苦しみを少しでも味わってね、みんながまた頑張ればいいんだ。お金は稼げるけども、このタイミングは今しかない」と話をしました。一人ずつと向き合っていくわけですよ。そしたらみんなが「やりましょう！」ってなった時に、僕はその時に、「できる」と思いました。これが一人でも反対したら絶対ならんと思ったから、全員納得して、「よしやろう」となって、大成功だったんですよ。その代わり、苦しいですよ、しばらくは。もうお金回らないですから。でもそれが、みんなまた大きくステップアップしますからね。目に見えないプライドが、もっというと誇りが。「こんなことできたんだよ。俺たちは」と。手作りの祭りですからね。7千、8千人くらいお客さん来るわけですよ。日本の誇れる神輿やら舞踊やらなんやら見せて、みんなで店を出して。そういうことをやってきたんですよ。それをしたことによって、目に見えない無形の財産っていうんですかね、得たと思います。

日本っていいなって思うし、日本人って素晴らしいなってね。触れることですから。そういうことを体験していくと、経験値がこう上がっていくと、やっぱり変わってきますよ。目先のものだけじゃなく、もちろん目先も大事だけども、全体を見ながらこれをこうしてみると見えないけど、こうしてみるとどんな形かわかるじゃないですか。そういうことも伝えなくちゃいけないですよね。そういうことを伝えたいと、バランスが大事ですから。

――素晴らしいですね。

全然すごくないですよ。まあ自分の嫁さんが牧師の娘で難儀してですね、やっぱり。僕は今まで強い立場しかわからなかったです。自分がガキ大将でずっときて、やりたいことをやってきました。

―奥さまの影響ですね。

嫁さんは、僕にないものを、こういう見方もあるということを教えてくれたんです。そこが一番大きく変わったところですね。そして、弱い人の立場で考えることが、バランスを取ることがね、でき始めた。

―奥さまとはどちらで出会ったのですか？

アメリカで出会いました。ちっちゃい時に、「幼稚園の先生と結婚する」って決めてました。そう思ってたんです。嫁さんは幼稚園を辞めて、アメリカの語学学校に留学していました。初めて会ったとき、偶然同じ赤い服を着ていて、お互いに気になってきてという感じでした。振り返ってみると、偶然というより、必然だったんですよ。

嫁さんは留学後、帰りました。3年ぐらい離れてましたね。生活が苦しかった僕にアルバイトで稼いだお金を送ってくれていました。

僕が店をやるとなった時、その親もすごかった。結婚の約束もしてないのに、嫁さんは手伝いに来てくれた。日本から仕事を辞めて、来てくれた。「自分が育てた大事な娘だから、娘が選んだ男は間違いない」と彼女の親は言って出してくれたんですよ。だから絶対裏切れない。

―ご家族皆さんロサンゼルス（米国カリフォルニア州）にいらっしゃるのですか？海外での子育てはいかがですか？

息子3人、嫁さんロスにいます。僕は非常によかったと思います。よかった。もちろん英語の環境ですが、わが家のルールは家の中では日本語オンリーです。読み書きもすべて両方ともできます。日本人として育ててますから、靴を並べるといったしつけも徹底してやっている。子供の友だちも家に来る時は皆そうさせるんです。これは俺のルールだから、黒人も白人もみんな、家に来た人間は、必ず挨拶、そして靴をしっかりそろえる。そうしなければ、誰も入れない。その代わり、家の中ではやりたいことはやらせてあげます。何十人も連れてくるんですよ。飯食わさないかんですからね。

息子たちが、世の中のために少しでも役に立ってほしいなと思います。怠けたり、やるべきことをやらなかったら徹底して叱ります。「お前の人生だけど、パパはお前たちを導く責任と義務がある。そこだけはわかれよ。後は自分の人生だから自分で選べ。伝えるべきものは伝えるから」と言ってます。

―お子さまたちの反抗期はどうでしたか？

ないですねー。父親が恐いのでしょう。恐いんじゃないですか（笑）。

反抗的な態度をとろうとすると、何でしょうねえ、やっぱり、「親から面倒みてもらってる間にやっぱり筋が通らんだろう、お前」と話をします。ひどく悪いことをした時は、もう殴りますからね。もちろんですよ。

―重田さんから若い人へメッセージをお願いいたします。

いつも言うのは、「自分の身の周りに起きたことだから、誰もおまえに首引っ張って強制的にさせてるわけじゃない。自分の身の周りで起きて、自分で決めたこと、決めたことは、絶対に何か意味があるから意味をつかまえてほしい」ということです。意味とか意義とか。次はこれをしたらどういう喜びが出てくるのかなあとか、誰かが喜んでくれるかなあとか、そういうことを思い出してやってほしい。そこにまた励みが出ますよね。

信頼、信用ということを言い続けてる。ずっと言い続けます。またかというような顔をしてる子もいっぱいいます。構いませんが。なぜならば思いがあるから。こうなってほしいから。縁があってるから。縁があってきてるわけですから。

昔の言葉にもあるように、やっぱり縁があってここにきて、縁があってこうして世界中何十億人といる中でね、こうして会うの。だからこそ僕は、自分がねそういう思いでここに来た以上は俺の色に染まってもらう、また出た時はそこの色に染まりなさいって。

──そのように日々思って生きていらっしゃるということですね。

はい。ワンマンかもしれませんけど、そういう風に聞こえるかもしれませんけど、それが一番早いんです。バカになるって言葉をよく言いますけど、バカになるって難しいですよ。それをずっと言い続けて。「なぜお前ここに来てんだ?」って。「できないから来てんだろう」って。「できてないんだから」と。「だからここで、悔しかったらはい上がるしかねえな」と。そして、「本当にありがとう」って気持ちにだんだんなってくるんですよ。変わってきます。生きた教育ができる。なぜならば、同じ状況じゃないじゃないですか。常に変わりますすね、客商売だから。それを経験していくと、そういう意味では、客商売というのは教育するのには、人と人ですから非常にいい環境かなと僕は思ってます。こっちが伝えたことが、そのまま体験できるじゃないですか。笑顔だったり気づきだったり。わかりやすいですよね。ものを作っていると、そう簡単にないと思いますけど。人と触れてる分だけ環境的にはいいかもしれませんね。言葉がうまくないからアレですけども。魂だけで生きとります。50～60歳は専念し、60歳からは徳之島に恩返し、それが（自分の人生の）集大成と考えています。

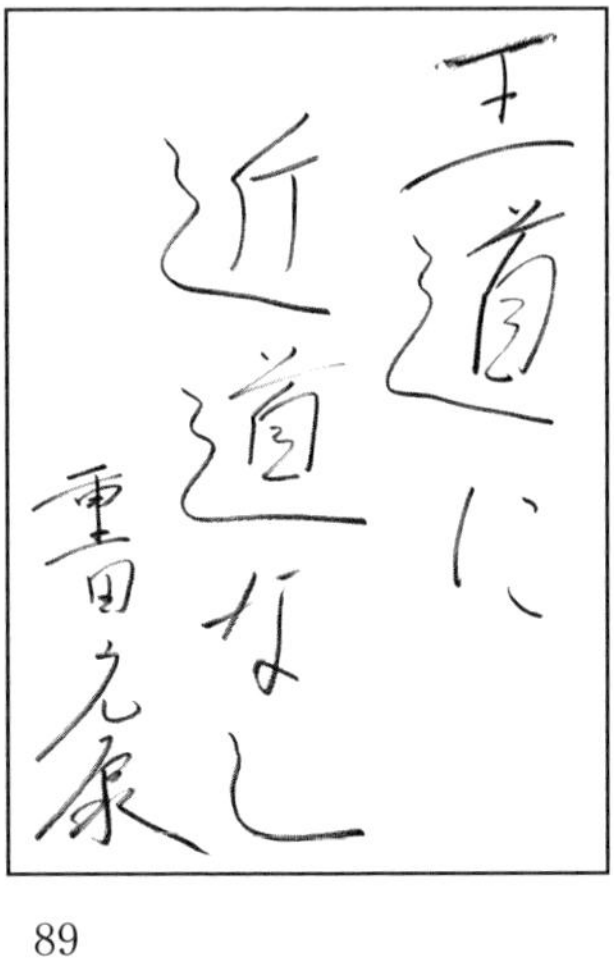

作曲家・編曲家・音楽プロデューサー

吉俣　良さん

聴く者の心をとらえて離さない、あの美しい旋律はどこから？老舗旅館のご長男として生まれ育ち、商学部を卒業した吉俣さんがなぜ作曲家として活躍されているのか、吉俣ワールドの源泉をお話いただきます。インタビューは東京のスタジオで、２０１５年１月に行いました。

© Keita Haginiwa 2017

吉俣　良（よしまた　りょう）
1959年　鹿児島市で誕生
1978年　鹿児島県立中央高校卒業
1982年　横浜市立大学商学部卒業
1982年　美空ひばりのバックバンドでプロデビュー
1996年　『おいしい関係』でサントラデビュー
2003年　連続テレビ小説『こころ』を手掛ける
2008年　大河ドラマ『篤姫』を手掛ける
2011年　2回目の大河ドラマ『江～姫たちの戦国～』を手掛ける
2017年　韓国単独公演（世宗文化会館）を行う
代表作：映画「冷静と情熱のあいだ」「阪急電車 片道15分の奇跡」
ドラマ「空から降る一億の星」「Dr.コトー診療所」韓国ドラマ「青い海の伝説」

有言実行

―生まれてから思い出せる一番古い記憶は何ですか？

古い記憶？何だろう？幼稚園かな？何だろう？城南小1年生のとき、家にピアノが届いたことかな、それとも…アー。幼稚園のとき、（実家の温泉旅館の）お帳場から1万円泥棒して、近所の友だちを誘ってタクシーに乗って、遊園地まで行きました。その頃、今の仙巌園の上が遊園地だったんです。帰ったら、ぼこぼこにされた（笑）。父が鍼灸の資格があり、お灸をすえられた。いつもはかばってくれるばあちゃんが僕の手を押さえていたのはショックでした。

50年前の1万円ですからね。それが一番古い記憶かな？3、4人くらいで遊び倒しても、お金がすごく余ったのを覚えています。

今はもうないけれど、当時甲突町あたりは、温泉旅館街でした。昔の赤線の後、旅館に切り替わったそうです。僕が生まれた時にはもうなかったので、そういう記憶はありませんが。

―ご兄弟は4人ですか？

はい。僕は一番上です。しっかりしてたんですよ。小学5年生か6年生の時かな、家族旅行で父が「1泊延ばそう」と言ったんです。小学生なのに、「僕が行ってくる」と観光や旅館の交渉に行きましたからね。「お前は本当にませてたよな」と父によく言われた。妹連れて、長崎、佐世保の父の実家まで2人で行ったこともあった。鳥栖で乗換があるからやっぱり不安じゃないですか。でも親は「お前だったら大丈夫じゃないか」と2人で行きました。すごいしっかりした子でしたね。

―小学1年生の時に、ピアノと出会ったのですね。

はい。小6までピアノをやっていました。中学は吹奏楽部に入って、「太陽国体」でいきなり小太鼓をたたくことになったんです。誰も（小太鼓のたたき方を）教えてくれなかった。途方に暮れていると、自衛隊の方が基本練習を教えてくれたんです。「教えてください」ってお願いしました。譜面は読めたから、リズムを練習した。自衛隊の人が教えてくれるから、練習が楽しみでした。残念ながらその方の名前は覚えていないです。

中学はピアノが弾けたので、ちやほやされた。文化祭なんかで。その頃ニニロッソがはやっていた。ポップスピアノが弾けたから、ピアノで英雄気取りのませがきで結構やんちゃしていましたよ。中学生がしないようなこと、例えば、ボウリングをする。カウンターに座ってすし屋のおっちゃんと語る。行きつけの喫茶店がある。日曜日はミニゴルフをする。そんなませた子だった。鹿児島だから、もちろん見かけは坊主、中学生は中学生にしか見られなかった。それでも「僕らは最先端だよな」と信じて疑わなかった（笑）。

―当時の中学校はどうでしたか？

すごく悪かったです。甲突川の河畔で隣の甲東中学校と、中学生が何十人かでけんかした。「鹿児島の真昼の決闘」って、南日本新聞に載りました。一番ガラの悪い中学でした。学校の中でガラス割ったり暴れたりするヤツはいないんです。妙に統率が取れているというか…仲がいいんです。同じ中学だから。ただ、ほかの中学の奴らに会ったりするとけんか売るんです。

―その頃のヒーローは誰でしたか？

誰だったんだろう？……ああ、ユーミン（荒井・松任谷由美・歌手、シンガーソングライター）だ！ユーミンにめっちゃはまってたんだ。中学1年生の時に、赤い鳥にはまって、ユーミン、ハイファイセットって…僕のヒーローですね。赤い鳥のコンサート見に行って、ボーカルの後藤泰代さんに握手してもらって、手洗わなかったですもん（笑）。音楽はずっと好きでしたね。ピアノを趣味で弾いてたってのもあって、ポップスをやっていた。ビートルズの『レットイットビー』を弾いたりしていくうちに、ユーミンに出会った。ユーミンの曲は、絶対音感あっても、コードが特殊で思いつかないんですよ。「あれっ、ここからどこにいくんだっけ？」ふっと思いつかない。ユーミンを「すごい！この人」と思いました。だいたい1回ぐらい聴くと弾けるんですけど、ユーミンの曲は、『卒業写真』とかどこに行きつくのかわかんないんです。メロディーが普通に流れてるように聞こえるのに、コードが浮かばないんです。そういう衝撃は、すごくユーミンにはありました。

吹奏楽にのめり込んで、特に高校でものすごい必死にやっていました。県で一番の高校でした。

九州大会行ったらもう、箸にも棒にも引っかからなかった。沖縄（首里高校）と福岡（嘉穂高校）が圧倒的に強かったです。沖縄は外国の楽器を全員が持っていた。僕が小学6年生の時に復帰、だから復帰後3、4年ですか。沖縄の学校の楽器が高嶺の花…僕らはヤマハとかニッカンなのに、バックとか、クランポンとか、三十数万円くらいはするクラリネット普通に持っていた。「沖縄の高校生はすごいなぁ」と、全国大会で金賞とる程、沖縄の強さは圧倒的でした。

高校生の頃は吹奏楽一辺倒でしたね。譜面の解釈を自分なりにしてたり、部長だから、譜面をものすごく細かくチェックする。それがもう、まさしく、自分の生きた勉強ですね。スコアなんか勉強したこともないけど、なぜこうやってスコア書けるかって言ったら、あの時の知恵ですね。「順番も何で知ってるの?」と聞かれたら、「吹奏楽がそうだったから」と、そういう感じです。高校時代に必死でやったことが、今の僕に役立ってるんです。

―その時は音楽家になるとは…

いや全く思ってないです。僕の高校の1個上の先輩がルーマニアで常任指揮者(尾崎晋也さん)でしょう。ピアノで、南日本コンクール5連覇している先輩もいた。とにかく別世界なんです。その人たちは週に1回東京へレッスンに行くんです。それが音大受けるレベルということだから、もう僕なんて全く発想すらなかった。音楽で食べるって発想も全くなかったですね。公務員か教師になろうって…。

―素晴らしい先生に出会ったのですね。

そうそう。中学校の時に大好きな数学の先生がいた。僕ね、数学が好きでしたね。高校でも数学の成績よかった。文系なのにトップでしたもん。その数学の先生は、授業になるとものすごく厳しくて怖いんだけど、授業以外では、すごく楽しくじゃれ合う、僕たちと遊んでくれる先生だった。

教師っていいなあっていうのがどっかにあって、その数学の先生のようになりたいなあと思って、筑波を受けたんです。その先生が東京教育大学(筑波大学)出身だった。筑波と横浜国大と横浜市立、3校受けました。

筑波だけ落ちて、横国(横浜国立大学)と横市(横浜市立大学)が受かったんです。

横浜市立大学の商学部に入学したけれど、大学にはほとんど行ってなかったです。カーリーヘアで3年からプロの活動をしていたので、ほとんど大学には行っていない。ゼミにも1度行ったっきり。大学時代の人間関係は薄い。プロの人たちと、ほとんど東京にいた。4年生のとき、赤坂でバンドをやっていた。教授は「じゃあ、お前卒論出せばいいや」ということだった。大学に何かを提出に行った時に、教授は「お前就職本当にしないのか？したくなったら、協力するよ」「今は就職は考えていないです」と答えていた。

将来は教師になるか公務員と思っていました。教師は全員先生として、もちろん目上の人は大事にはするけど、それぞれに、僕は理科の先生であなた数学、あなた英語となると、上下関係がない。全員が「先生」って呼び合うでしょう。それを見て、あああこういう職業っていいなぁと思った。

旅館はサービス業で常に人に頭を下げている。僕は旅館の息子だったから、父とお袋の姿を見て、子供ながらに、客商売は大変だと思っていました。だから4年間東京をたっぷり楽しんで鹿児島に帰って、教師か公務員になろうと思っていました。鹿児島県庁か市役所を受けようと思っていました。県庁の職員になりたいと思い、3年の時に面接までいきました。

東京に暮らすって選択肢はなかったです。東京は遊びに行くとこだと思ってましたから。ここ（東京）で生活するよりは、鹿児島で暮らしてる方がいいと思っていました。

―鹿児島の若者はそのように考えることが多いように思います。

楽だからじゃないですか。鹿児島で暮らしてた人間が東京来ると、いっぱいギャップを感じるわけじゃないですか。エンターテインメントも多いし、遊ぶ選択肢もとっても多いから、いいんだけど疲れる。お金ないと面白くない。生活大変そうだと大学生の時思いました。家賃も高いから、ここで暮らすのって生活大変だろうなぁと、就職してまでここにいなくていいやと思い、遊んだ。4年間鹿児島でできないいろんな経験をするには最高の場所だけど、卒業後もここで暮らそうという気はゼロでしたね。全くのゼロ。

大学4年生のころ先輩が、「おまえ楽器と車欲しいんだったら美空ひばりのオーディションあるぞ。1年ぐらいで買えるぞ」と言った。当時(1982年)ですよ。「えっ受ける!受ける!」って、合格して、1年ちょっといてお金貯めて、楽器と車を買って辞めたんです。その時点で、バンドでのデビューも決まってたんで、24、25まではいけるかなあ、あと3年ぐらいはいけるかなあって、そういう気持ちを持ちながら26で諦めました。

© Keita Haginiwa 2017

―美空ひばりさんはどんな方でしたか?

僕がいる頃はね、あんまり会話をしたことなかった。別格という存在だった。ひばりさんとバックバンドは隔離、ホテルも違う。ひばりさんはすごく気遣いされる方で、鹿児島公演では、僕をお客さんみんなの前で紹介してくれた。一緒に歌ったんですよ。そのテープは今も残ってます。ひばりさんはとにかく耳がいいんです。「ええっ」っていう音を聞き取る。「えっ何の音がした今?変な音がした。ノイズがした」と、歌ってる最中に言ったんです。僕が音変えた時に、「吉俣勝手に音変えた」と。「こんな音、聞こえてるんだ?」と驚きました。ひばりさんの仕事は、僕ミスタッチゼロですよ。1年ちょっとの間1回もなかった。あまり難しい譜面ではなかったというのもあるけれど、ミスったらわかっちゃう。二十数人で演奏してたら、ちょっとくらい間違っても…と思うでしょう。でもひばりさんにはわかる。音符読めない分、感性が、感覚がすごい。ひばりさんはそういう意味で何か恐いっていうイメージが強かった。本格的にプロになって1年目です。それまでは大学生がプロと一緒に音楽をやってるって気持ちだった。ところがひばりさんに付いたのが、ちょうど新卒の4月からだった。そうすると、社会人としてプロのバンドに入って1年目みたいな感覚で、見るもの全て珍しかった。

ちょうど1年半です。その後、リボルバーっていうロックバンドにキーボード担当で入って、レコードデビューした。それでフリーになって、事務所からいろんな仕事をもらうようになっていった。ただのミュージシャンとして。美空ひばりさんを辞めると、仕事が来るわけですよ。演歌の人から。美空ひばりさんのキーボードという信用で。レギュラーでは、新沼健二さん、島倉千代子さんの2つがきて、都はるみさんもやりました。テレビの仕事やラジオの公開録画も入るようになっていきました。事務所から「こういう仕事があるけどやる?」と電話があり、「ああやります、やります」と仕事を埋めていったんです。

―演歌の仕事をなさっていた。

もうね、そこから脱するのに2年ぐらいかかりましたよ。年も若いし、ロックバンドに集中したかった。ところが実際、僕は演歌の仕事をしていました。お金を稼がなきゃいけないから。お金を稼がなきゃいけない手段で、バンド、ロックバンドやって生活できないから、それを維持するためには、やるしかない。自分に言い聞かせて。2年ぐらいたって、ある事務所のオーディション受けに行ったら落ちた。レギュラーバンドとしては落ちたけど、キーボードとしては使えると言われ、エキストラでね、いろんなことをさせてもらえるようになったんです。アイドルの仕事とかテレビの仕事とか、少しずつ入るようになってきて、だんだん信用がついてきて、シフトしていったんです。小泉今日子さんも中山美穂さんもやったし、アイドル系の仕事が来るようになったんです。「セイントフォーの音楽監督もやってほしい、コンサートツアーの音楽のアレンジとキーボード」つまり音楽監督＋プレイヤーとして雇われるようになるわけです。そしたらお金も稼げるし、どんどん楽しくなっていった。演歌の仕事がなくっても食えるようになってきて、完全にシフトできたのが25、26。その頃ですよ。決断ができたのは。それがもしずっと演歌から抜け出してなかったら辞めてましたね、多分。最後の公務員試験を受けてました。

僕は、器用だった。ミュージシャンとして。何でもソツなくこなす。特徴はないけれど、ロックもほどほどできる、ポップスもできる、ジャズもちょっとやれるとなるとどんな仕事でもこなせるわけです。譜面も読める。そうすると、ほどほどの仕事がこなせるから、空いてる日に仕事をバンバン入れられるわけですよ。お金は稼げたんです。友だちから「お前ロックやりたかったんじゃねえのかよ」って言われたのは、31か32の時です。そこで頭きて「仕事なくなっていいや」と全部の仕事を降りた。そしたらロックの仕事が来たんですよ。そこからロックミュージシャン、レコーディングアレンジャーとかロック系の人と仕事が増えてきたんですよ。ポップス、ロック、スタジオ系の仕事。それまではサポートバンドの仕事ばかりだったのに、それを辞めたことによって、レコーディングに呼ばれるようになった。急にロックの人間が周りに集まりはじめた。そこからはそれで生きてきた。

―ご自分がラッキーだと思われますか？

いやもう、ラッキーっていうのは、僕のためにあります。本当に！だってラッキー以外の何ものでもないと思います。プロになろうと思わないでなって、この年までやっている。37ぐらいの時に、当時の担当ディレクターが、「何かやってみたいことある？」と聞いた。「サントラかなぁ」とかって言ったら、サントラの仕事もすぐきた。やり始めたら、5年で朝ドラ、10年で大河とすべて順風満帆です。何一つ間違ってないんですよね。あの時○○していればとなると、こうなってない。ひばりさんのバックやってなければ、今はないです。すべて必然的に、今のラッキーを勝ち取るためにあったんだろうなと思います。

―その場その場で選択したことが正しかったということですね。

そうです。やっぱりね、目標を常に持ってたからですよ。手の届きそうな目標を定めるわけですよ。最初のうちは年収にしたんですよ。まず1千万。1千万稼ぎたい、ミュージシャンとして。次は、ツアーで音楽監督までやったら、レコーディングのアレンジやりたいと。「レコーディングのアレンジってどうやってやるんだろう」と思いながら、コネもないけれど、頑張っていたら、レコーディングのアレンジをとなる。「レコーディングのプレイヤーになりたい、レコーディングの仕事をいっぱいやりたい」と思ったら来はじめた。「レコーディングのアレンジもやりたいな」と周りに話したら来はじめた。「レコーディングのプロデュースとかやったら、次は、サントラだ。サントラをやり始めたら、そこで足跡を残したい」と思う。「朝ドラやりたい」となる。必ず次に、この一歩から、ここにいて、手の届きそうな届かなそうなところを目指す。目標を高くし過ぎると多分挫折するから、「頑張ればいけるんじゃないか」というところを、いろんな人に公言するんですよ。「1千万絶対稼ぐからね」と周りに言うんです。引き寄せるというか、バカにされてもいいから、なるだけ多くの人に言った方がいい。「お前ができるわけない」と言われても、「いえ、何とかなると思います」と自信に根拠は要らないと思っていました。

―そのために努力をなさった？

努力…？あのね、努力してるって感じじゃないんですよ。できるようになるにはどうしたらいいだろうって考える。CDを聴くとか何するとかっていうのは、他人から見たら努力って思うかもしれない。僕は、これができるようになるには、コレとコレをしなきゃいけないんだと思ってやる。だから辛くないんですよね。身体動かして100キロ走んなきゃいけないとかいうような自分を追い込んでる感じじゃない。例えば、「こういうピアノが弾きたいな」と、それを一生懸命弾き込んで、「あっ違うな、アレ？」と、それは苦しい作業じゃない。自分では努力してる気はないです。周りは「まぁ努力してますもんね」って言うけど、「努力してるか？こういうの努力っていうのか？」とは思ってます。やれば、頑張ればできるようになると思うと、必死でやるじゃないですか。確かに必死でやってるのが、すごい努力してるように見える人もいれば、そう見えない人もいると思う。

―やることはやっているということですね。

「こういうことができるようになったなぁ」って実感としてあるじゃないですか。何もしなかったらできないけど、「これをやればできるようになるんだ」と常に思ってきた。僕は自分が年だと思わないですもん。どこ行ってもまだ年下だから、ミュージシャンやってる間に年を考えたことはないかもしれない。

―いつもワクワクしていたいということですか？

そうです。ワクワクしないと、ねえ。こういうことはできないと思います。外国の場合は、期待を過剰に持つといけない。実は去年移住しようとして誤った判断をしたんです。それはね、「逃げてんだな」と自分で気づいたんです。移り住んで向こうで生活して、たまに日本に帰ってきて仕事するというのは、「ただアメリカに住みたいってだけじゃないのか」と思ったわけです。だから目標が定まってから行こうと思ってます。日本に居ながらにして外国に飛び出せる方法を模索する方が早いと思った。例えば、ニューヨークの人と3年計画で舞台つくろうって話が持ち上がって（2011年、ニューヨーク公演『KUTSUKAKE TOKIJIRO』の音楽を手掛け、全17公演プレイヤーとしても参加）、韓国の人と組んで何かやるとか（2017年には韓国ソウル世宗文化会館でオーケストラ公演を行い、好評を博した）、具体的に「よしっ！今のタイミングだ」ということがあったら行こうかなって思ってます。世界に出るためには何を今自分は日本でやればいいのかっていうことをすごく考えてます。だからいろんな人に、「海外で仕事したい、誰か紹介して」と模索してます。自分が出るためには、どういう人と知り合ったらいいか…今まで実際人に出会って、言って、ここまできてるわけだから。

―いつもチャンスをつかもうとしていたということですね。

そうです。常に新しい景色を見たい。そのためには何すればいいのかとか、どういう人と知り合えばいいのかとか、どう努力すればいいのかとか、考えて生きてきたから。守りに入ってるのは嫌かなぁ。同じお金を稼ぐでも、頭下げて稼ぎたくないとは思ってる。

―それが吉俣さんの原点なのですね。

かもしれないですね。頭下げるってことは昔からできないです。ないんですよ、音楽の場合は。音楽が評価されるから、頭をいくら下げても、こびても、仕事は来ないですよ。「あいついい奴だなあ、仕事を依頼するか」という人には会ったことないです。「あいつ本当生意気だけどいい曲書くんだよなぁ、いいアレンジすんだよな」ってのが大事なんです。

―そこなんですね。

そこなんです。こびても仕事は来ないです。「何かあったらよろしくお願いします」って言ったところで、来た試しがない。仕事は常に「ああ、僕の実力はここでこう評価されたんだな」と。自分のプレーで、自分のアレンジで、自分のプロデュースで勝負しよう。他人のためにはよろしくと頭下げられますよ。プロデュースして「この子いいから頼みます」というのはあります。自分のことは絶対嫌。自分のためによろしくお願いしますとは言わない。挨拶で、よろしくお願いしますとは言いますよ。でもこびない。「あなたみたいにこびない人は会ったことはない。珍しいですよね、そこまで突っ張って」とよく言われた。「嫌ならいいよ。僕の音楽ダメなら、別にいいよ」っていう姿勢が、そういうにおいをプンプン醸し出しているのでしょう。

―ご自分に自信があるからですね。

いや、これしかできないから。僕以上でも僕以下でもない。というのはいつも意識してますから。等身大の自分が今どこで勝負できるのかってばっかり考えてるかもしれないです。じゃないと多分、背伸びしたって、いい曲は出てこないし、いいプレーはない。もちろん手を抜いたりすれば、それ以下にはなることはあるでしょう。仕事は自分以上でも自分以下でもなく、自分に今できることを誠心誠意やる。レベルが上がってきてる。だからいい仕事がどんどん増えてくるわけじゃないですか。と思いますよ。運もあります。大河ドラマなんて、僕運いいなと思いますよ。『篤姫』の音楽を担当すると、地元の人が、「スゴイ鹿児島出身の人が書いた」と喜ぶんですよ、やっぱり。「大河ドラマはすごいなぁ」と思ってた。その後、『江』やったでしょ。滋賀県の人、そんなに僕のことを歓待しなかったですよ。僕は大河ドラマをやった人はみんなそう扱われると思ってたんですよ(笑)。鹿児島とは違いました。「あっ地元だったんだ『篤姫』は!あんなにすごく称えられたのは、僕が鹿児島出身だったからだ」と初めてわかったんです。

―音楽をやっている人、やりたい人というのはたくさんいますが…

そうです。大変ですよ。特に今大変。なぜ僕らは大変じゃないかっていうと、ミュージシャン人口が異常に少なかったんです。だから需要と供給のバランスが崩れてたんです。需要がかなりあるのに供給側が少なかったんです。だから仕事はいくらでもあったんです。キーボードなんてそんなにいないから、僕らの時代に、シンセサイザーっていうのが出始めで、キーボーディストが少ないんですよ。お金もかかるし。キーボードを持ってるだけで仕事が来たりする。「お前ナンントカナントカって楽器持ってるだろ」「持ってます」「あっ、じゃあやってくれよ」とか言われるんです。本当に需要が多かったんです。だから、トップのミュージシャンにレコーディングミュージシャンとかいるじゃないですか。レコーディングミュージシャンは当時、ほとんどツアーとかやらないんです。そんな暇ないから。だからテレビの仕事とか、サポートとかは、スタジオミュージシャンではない人がやって、そこから頑張ってはい上がって、スタジオの世界行って、スタジオの仕事するっていうのが、すみ分けられてたんです。それはミュージシャン人口が少ないから。ところが今、ミュージシャン人口がすごい多いでしょ。20代からトップ65歳ぐらいまで、現役でバリバリやってますからね。僕、55歳でもバリバリやってますからね、現役で。当時だって一番現役バリバリのミュージシャンが34、35ですもん。今65ぐらいから20ぐらいまで、5のジェネレーションに、それぞれミュージシャンがいるから、ものすごい供給過多なんですよ。だからもう、結構仕事がないです、みんな。振り分けられるから。音楽業界が縮小してるのに、当時に比べるとミュージシャンの人口だけは増えてる。そうすると、仕事がやっぱりなかなか来ないから、スタジオやりながらツアーやってるとか普通です。昔だったら絶対、スタジオやってる人がテレビで演奏するなんてほとんどなかった。もう今は関係ない。スタジオの人はスタジオも、オリジナルのレコーディングもやるけど、人のバックの演奏したりとかツアー出たりとか。ミュージシャンは大変ですよ。僕なんかはプロになって、さっき言ったみたいに鍛えられて、いいレベルの人とやったらどんどんうまくなっていく。今は、若い人はめちゃくちゃうまい人じゃないと、まず仕事はないです、一切。鍛えてくれるミュージシャンが、「おまえ若いなぁ僕らのバンドに入れ」なんてことはない。ちょっとやそっと弾けたぐらいじゃ仕事はない。

――若い人にとっては大変な時代ですね。

大変な時代だと思いますよ。そりゃ上も大変ですけどね。若くて安かったらそっち使うじゃないですか。音楽業界全部が縮小してるんです。この業界は「豆腐屋産業」といわれてた。総売り上げが2、3兆円で豆腐屋さんと同じだったんです。今は全部の市場で5千億いってるかくらいです。

――お子さんが音楽に進みたいと言ったら?

「大変だよ。やりたいなら、やれば」と言います。甥が役者になりたいとやって来た時にそう言いました。親は僕に止めてほしかったんでしょうが、止めないです。ただ、苦労は言いますよ。僕の周りでどんだけ苦労してる人がいるか、あの年でこんな生活を送っていると、知っていることを全部言いますよ。「こんな人もいれば、あんな人もいる。それでもやるか?やりたきゃやれば」と。当時、僕の付き人が、テレビ局に受かった。「テレビ局をやめてミュージシャン一本でいこうと思ってます」と彼が言った時に、「あの時テレビ局にいっとけばよかったかなって思う、ちょっとでも思うんだったら、もう今すぐテレビ局いけ。10年たってミュージシャンやって生活できなくても、テレビ局で仕事するよりも僕は絶対音楽やってる方がいいですと思うんだったら音楽業界いた方がいい。そしたら頑張るから」彼は今ちゃんとテレビ局員として偉くなってます(笑)。何かその、2つの選択肢があればいいけれど、選択肢がなく相談されると…。「役者だって、例えば何とかが決まってんだけど、夢捨てきれないんですけど」というなら選択肢を示せる。それしかなかったら、「リスクはあるけど、やりたかったらやれば、ただ、僕の周りはこうだけどね。それはミュージシャンでもそうだけど。うまくいけばもうかるけど。うまくいかない。ほんの一握りなんだよ、成功するのは」と言います。年に1人、2人出りゃいいかって世界ですからね。こうなってくると、やっぱり、音楽で食べることの難しさとかは、僕らの時代の何十倍も難しくなってる。やりたかったら止めないです。自分でわからない限りは。だから役者さんとかいつまでも辞めないんです。ミュージシャンも。辞めないっていうか、辞めない人が多いのは、つまり、体力の限界がないから。役者さんは50歳で売れる人がいるわけ。あとミュージシャンの場合、つぶしがきく。例えばバンドやってても、うまければ、人のサポートして生活できる。だから音楽とか役者とか、文化の仕事って、やりたいし、辞められない。劇団員に多いんです。普段はアルバイトして、年1回公演でノルマがあって、チケット売って自分の芝居見てもらう。それが快感で、また1年頑張れる。役者は役者じゃないですか。難しいですよ。人の人生ね、止められない……「自分もいつかあぁなりたい」といいことばっかり思って、やるじゃないですか、人って。「成功するのはごく一部で、ほとんどは生活できない。それでも目指すんだったらなればいい」。CDデビューしてる子たちをプロデュースする時は逆ですね。「憧れているアーティストに対して、今日からはライバル、尊敬してもいいけど、憧れちゃダメ」というのは、僕らの商売はあるかもしれないですね。

——若者は「車はめんどくさい。電車があればいい。モノもいらない」と、その結果、経済も縮小しています。

若者は必死になってそう考えるんですよ。すごい思うんですけど、目的が、凡庸な目的が持てなくなってる。例えば、僕らがちっちゃい頃は、勉強すればいいとこ入って一生安泰って言葉があったんですよ。そういう神話。山一証券がつぶれ、一部上場企業も倒産するとなった。僕の友だちで教師になってる人は、「もうあれからだよ。生徒に「もう何の目標もないヤツは勉強していい会社に入れ」と言っても、「どうせいい会社に入ったってつぶれるかもしれない。将来安泰だろうって誰が保証できるんですか」みたいなことを言い出すのはあれからだと言います。あり得ないことが起こった。昔は銀行が、地方銀行つぶれたら日本の経済おかしくなるって言われた時代だったのに、何かもう、いい企業だろうがダメになったらすぐダメになる。ましてやM&Aでどんどん合併してなくなったでしょう。企業の中では、リストラリストラでしょう。目標のない子供たちに目標をもたせるの難しいでしょう?目標がある子はいいんです。何が好きかわからない、何したいかわからない。大変だと思いますね。

—吉俣さんは客観的にものを見て、非常に冷静に判断されていらっしゃる。

小さい頃からかもしれないですね。客観的に見ていた。子供ながらに、親の姿を見ながら、「こういう商売は嫌だなぁ」と思っていた。だから自分たちは自分たちで楽しんでいた。「これやったらもてるだろうなあ」と、ピアノを続けた動機もそこですからね。音楽室でピアノを弾いたり、常に一番面白い方法を探していた。

ちっちゃい頃から僕は大人の世界を見てきた。女中さんの部屋に行くと、女中さんが片膝立てて、花札やっていた。うちのじいちゃんに買ってもらったアコーディオンで、（旅館で）島の宴会とかあると、演奏してお金をもらった。酔っぱらったおじさんたちが、「ほらっ」とお金くれた。大人の世界は子供ながらに楽しかったですね。
だから自分は学校に行くと、「僕は大人びてるんだ」と思っていた。「土曜寿司の会」やったり、サウナ行ったりしていた。たまたま近所に同じような発想を持ってる子がいたんですよ。その子と意気投合して行動していた。

——今だったらどうでしょうか？

ないですよ。意気投合する…。「こういうことしたらどう思う？ どう？ 行ってみようぜ！」ということはないですね。

旅館ってアウトローな人たちがいっぱいいたんですよ。女中さんとか訳ありの人が住み込みで働いていた。番頭さんと女中さんが、結婚して離婚して、同じ旅館で働いているわけです。住み込みの女中さんが子供を育てていた。そういうことを見ていたから、子供ながらに、結婚離婚ということもわかっていた。

——ませる理由がいっぱいあったということですね。

そうそう。そうです。大人の中に…あっそうか。今初めて気づいたけど、ませた理由それだ。多分。一番上というのもあるけど。僕はね、大人の世界にいるのが好きだったから。下はそんなにませていないのは、女中さんの部屋に入り浸ったりしていなかった。僕だけがそういうことを、「楽しいなぁ」と思っていた。運転手のおじちゃんと一緒にどっか行ったこともあったな。

——かわいらしかったのでしょうね。

でしょうね。かわいがられるような子だったんでしょう。感覚もませていた。だから客観的に自分を見ることができたのかもしれないです。

――若い人にメッセージをお願いします。

やる子はもうやってるんですよ。ちっちゃい子に言うのは簡単なんです。僕は中学や高校の子供たちに講演会でよく言うんです。「絶対なりたいものが一個あるだろう？必ず。でも、自分の中で否定してるだろう？例えば、歌手になりたいとか、モデルになりたいとか、役者になりたいとか、科学者になりたいとか、どこかで思ってるだろう？言わないだけだろ？いいか、言うと叶うからな！とにかく今から教室帰ったら、全員ぶちまけろ！仲のいいヤツに、「本当はこう思ってた」と言ってみ！「私は容姿に自信がないから歌手になれない」と、「自分で自分を否定しちゃダメ！とにかく言いなさい」」。その後、感想文に「あの後みんな教室で言いあいました。やっぱ言ってよかった！」と返ってきます。

僕の座右の銘は有言実行なんです。「言うと叶う。言霊になる」って信じてるんで、とりあえず言うんですよ。

大河ドラマだって、もう2003年か04年のころには言ってました。インタビューでも、「次は何？」と聞かれたら「大河です」と応える。相手はけげんそうな顔してますもんね。そりゃそうですよ。だって大河ドラマなんて、僕以前は大学の教授とか音大出身とか、すごい人ばっかりやってるんです。僕を機に、東京芸大が1人もいなくなっちゃったんです。それまでは芸大とかジュリアードとかパリ音楽院とか出身ですよ。現代音楽の武満徹さんは音大出身じゃない。2、3人じゃないですか、特別な例として。言うと、来るものじゃないですか。だからいろんな人に言うんですよ。「あれもやりたい。○○やりたい」って言うと、なぜか出てくるんですよ。「外国で何かやりたい」って言ったら、今回ニューヨークで知り合った人が、お金集めてくれて、「舞台つくりましょう」って言ってみたりとか。何かね、言うって大事なんですよ。それを実感してる。恥ずかしいのは当たり前、でも自分の思いは言った方がいい。「できるわけないとずっと言われてたから無理だよ」と言われても、「いや無理じゃない。やった方がいいよ」って言う。

「自分の考えてることを否定するのは自分ではしない方がいい」と必ず言ってる。一番わかりやすいのだと、歌手になりたい、役者になりたいと思ってるけど、「こんな夢実現できないかな」と、だいたいみんな自分で否定してるんです。漫画家になりたいのに、「下手だから漫画家になりたい」と言わない。でも意外と、画が下手でも漫画家になれたりするわけです。それは、全ては、「おもい」だと思うんですよ。「おもい」ってのは、人に語ると、プレッシャーにもなるから、バカにされてもいいから、とにかく他人に語ろう！ということは、絶対伝えたいと思うんですよ。どんな子も自分の「おもい」を言ってない可能性があるから。

「言霊」は、僕がリアルに経験してるんですよ。自分の言ったことがすべて叶っている。それをずっと経験してきた。音楽大学も出ないで、N響にスコアまで書いてるってことは多分奇跡です。それはきっと神様が、音楽の神様っていうのが選んでくれたんだとしか解釈できないと僕は思っています。だから曲がかけなくなることはあんまり怖くないです。ここまできてることが不思議な自分にしてみると、音楽の神様が言ったことは受け入れると自分でホントに思ってます。だからしがみつくこともしない。「ダメだな、オレできないや」と自分でわかったら、必然的に音楽をやめると思う。縋らないと思うんですよ。多分それは確固たるものができてるからですよ。今の自分に対して、根拠なき自信があった。できそうな気がすると根拠もないのに自信だけはあったんです。アメリカデビューとか、賞とるとか、グラミーとかアカデミー賞とか、何かできそうな気がする、なんか1個ぐらいはって思っちゃうんですよ。思うことってすごく大事で、そのためには何をしたらいいかってことを、やっぱり考えるようになる。それも人に言うからなんですよ。悶々と考えててもダメだから、他人に言うと、10人ぐらいに言うと、1人ぐらい、「そういえば○○さん知ってるよ」と言われることがあるんです。2、3人くらいにしか言わないと、そういう話はこないです。ネットのない時代は誰かに聞く。「誰か知らない?」と言うと、「あぁ知ってるよ」「ちょっとじゃあ聞いてみてよ」と話がつながっていく。ちょっとしたことなんですけど、言うと、そういう引っ掛かりが来たりする。だから多くの人に語るってことは絶対やった方がいい。

若いうちにやっていた方がいいこと…僕は中・高生に「目標のない子は勉強しろ」と言ったんです。「目標のある子はもう勉強しなくていいよ」と言うと、先生たちがすごーく嫌な顔してた(笑)。「目標のある子は、その目標を叶えるために何すればいいかを考えろ。何の目標もない子は勉強しろ。とにかくちょっとでも成績上げて、ちょっとでもいい大学入って、とりあえずそこで考えろ。そこから考えて目標がなかったら、また考えればいいから」ってよく言うんです。目標のある子は、もうそんなに勉強しなくていい。たいして変わらない。例えば、歌手になるんだったら、「そのために今何すればいいだろう」と考えて、ボイストレーニングに行くのもよし。本気でやるんだったら、受験勉強なんかしなくていい。

18歳以上だと、大学生なら、もうリアルな話になってくる。なかなか目標を見つけられないで大学に行っているとなると、やっぱりそれが目標になっちゃいますよね。公務員になる、上級目指そうとか、いい会社入りたいとか…そうなる。そういう学生と直接話したら変わるんでしょうけどね。「何?本当は何思ってんだ?何になりたいと思ってるんだ?」と言ったら、言わないだけで、絶対何かあると思うんですよ。思っていても、「いや無理だな」と、自己否定する。自己否定するんじゃなくて、誰かにその話をしてみるってのは、たぶん打開策の一つかもしれないです。先生でもいいし、友だちでもいい。言うと、そこからちょっと開けてくるってことがあるから、無理だと最初から自分を否定しない方がいい。成功した人の話を聞くと大体そうです。

あとね、「とりあえずやってみる」というのがあります。僕、本苦手なんですよ。本読むの苦手なの。でも「友だちが面白いぞ」と言ったら、一応買って、読んだりするんです。面白かったら読むんです。映画もそうです。一応は見るんです。それだけはする。とりあえずやってみる。友だちがどんなにいいって言っても、面白くなかったら、すぐやめる。ダメ。僕には向いてない。

とりあえずやってみて、ダメならすぐやめる。無駄な時間を使わない。「あっこれ僕好きじゃない」なら、好きじゃないでいい。

全然わからなければ、そう素直に言う。わからないことはわからない。面白くないものは面白くない。好きなものは好き。はっきりする。まあ僕らの商売だからかな、周りには合わせない人ばっかりで「嫌いだもんオレ」と平気で言う。「いやいやそんな身もふたもないこと言わないで」と言いたくなりますが(笑)…。こういう商売やってるからでしょうが、嫌なものは嫌、好きなものは好きってはっきり言える。周りには、合わせるという人少ないですね。

自分がやってることは、そうですね、常に何でもトライしてみる、何でも見てみる。僕の仕事って引き出しの数だと思ってますから。

—多い方がいい？

引き出しは、多い方がいい。東京にいて『Dr.コトー診療所』がなぜできるかというと、何回も沖縄の景色とか見てるからです。それはミュージシャンやってたおかげなんです。年間200カ所くらいツアーを、20年ぐらいやってたわけだから、三千カ所ぐらい行ってるわけですよ。まぁ同じのもかぶってますけど。引き出しの中開けると、「冬のあの雪深い北海道の話か！北見のマイナス24度ってすごかったよな」と思い出せる。それは音楽でも、シャンソンの人とやったこともあるし、ラテンの人とやったこともある、演歌もあるし、引き出しは全部持ってる。後は、僕がいかに音楽につなげるかだけです。若い時どれだけ自分で経験するかって大事です。僕は仕事で経験できることもあったけど、それができない子は、やっぱりいろんなことを試してみた方がいい。自分の引き出しの数は多ければ多いほどいいので、興味のあることは何でもやってみる、見てみる、触ってみる。

—興味がなくても、とりあえずやってみるということが大切ということですね。

そう。誰かに何か「やろう」と言われたら、多分「やれ」と言われてるんです。全く興味ないことなら、スルーするじゃないですか。きっとそれは1個のチャンスを逃してる気がする。実際ちょっとでも見て、ダメだと思ったら、自分でちゃんとわかる。もしかしたら結構はまるかもしれないのに。そこに自分がやっていることのヒントがあるかもしれないのに…と思います。「音楽のアドバイスを？」と言われたら、「引き出しづくり」と答えます。何でもいいんです。

後で何か役に立つ。この仕事が来たからここに行こうと思って行くと、意外と見落とすことが多いんですよ。例えば、今度北海道の山の話だから北海道の山に行くと、役に立つことを探すわけですよ。そうすると、結構うわべだけで、一番大事なものを見落としたりするんですよ。見ないで帰ってきちゃうことがある。でも、何の目的もなく、ただ北海道のそこ行くと、全部を楽しもうとするじゃないですか。そうすると、何かいいものを吸収できたりする。そういう経験は自分でもよくある。引き出し開けた時にわかるんです。パッと開けた時に、「結構いいとこ見てるな、オレ」と思う時もあれば、全然見てなかったりとか、見たけど見ていなかったりとかある。もちろん行ってよかったという安心感も必要です。だから行った方が絶対いい。

――吉俣さんは如才ない方にお見受けします。

全然知らない方々にまでにっこり笑って、「あぁどうもー」と。しなくていいんですけど、その場の空気がよどむのが嫌なの。だからそれ、商売柄かもしれないですね。

ただし、レコーディングの現場だけは、イラっとしたらイラっとする。そこで必要以上に笑いもしない。仕事なので。そんなとこで自分をつくってもしようがない。音楽をやってる現場だけは違います。そこでいい人演じることはしない。初めてのスタジオに行くと、調子に乗っている人とかいるわけですよ。「よろしくねっ」と言われると、すごい緩い雰囲気になるので、わざと「オイっ！お前」と別の誰かを思いっきり怒鳴ったりする。マネジャーのミスを思いっきり怒る。そうすると空気がピリっとするから、意図的にやったりします。大人げなく直接怒ったりもしますけどね。レコーディングの現場は、僕の人生に最大限影響があるから、自分を出しています。

僕らの仕事はいいものをつくること。そしてスタッフが僕の仕事をつくってくれてるから、僕の命はスタッフだと思ってる。これは本当に思ってますね。例えば、ドラマなら1つのものを創り出すのに役者がいて監督がいて、小道具さんとか美術さんとかさまざまなスタッフが必要です。いろんな人がいて、その人たちが集まってはじめて作品ができるわけじゃないですか。リアルに僕その人たちと立場一緒だと思ってる。その一部のピースに僕がいて、その同じようなピースに、大道具さんも小道具さんも美術さんも衣裳さんもみんないるという発想なんです。でもほかのスタッフさんは、役者とか監督とか、どっちかっていうと線を引く。僕に対しても「あぁ先生エライですね」って感じなんですよ。

ひとつ欠けても何もできない。僕は大道具さんの代わりもできないし、小道具さんの代わりもできないってわかってるから、フラットに接していきます。珍しいって言われるけれど。

NHKの理論では、「なぜNHKは脚本・音楽と書いてあるか」というと、「ゼロから1を創り出すのは、この2人しかいない」と言うんです。原作のある脚本は別ですよ。オリジナル脚本の人は、ゼロから1を創り出してる。「ドラマの中で脚本家と音楽家、この2人しかいないんですよ。あとは1を10にしてるんですよ」と言うわけ。「何もないとこに、音楽のメロディーを足すって、0が1なんですよ。あとはみんな1なんですよ。その本を基準に、どう演じればいいか、どう道具をつくればいいか、どうカット割すればいいかを全員が考えるのは、0から1を創り上げた、1の脚本を基にみんな動いてます」。だからNHKは立ち位置が脚本、音楽なんです。

レコーディングをするとき、僕はアレンジをして曲を創り上げていく。僕にとってはすごくミュージシャンが大事なんですよ。自分がミュージシャンだったからわかる。僕のジャッジ一つ、僕の言い方一つで、よくなる、いいものをくれるんです。僕はベースのプロでもないし、ギターのプロでもないんですよ。「こんなギターを弾いてください。こんなベースを弾いてください」と頼むわけですよ。関係がいいと「良ちゃん、これこういうのもあるよ」って弾いてくれるわけですよ。それ、かっこいいわけ、プロが考えてるから。だから僕は、「手柄僕でーす!」って、もらうと笑えるじゃないですか。「手柄僕になっちゃいますけど、いいですか?そっちの方が全然かっこいいです」「じゃあそうやって弾くわ」って言ってくれる。

—人間関係は大事ですね。

すごく大事なんです。この仕事は、スタッフの誰一人もおろそかにできないです。「吉俣良」って音楽をつくりだし、音楽の評価があるのは、その周りのスタッフのおかげなんですよ。

—よいコミュニケーションのためにどんなことを心がけていますか?

とにかく、いっぱい話す。どうでもいいことを話すんです。音楽の話とかじゃなくて、関係ない話を。「昨日どうでした?」とか、「この前の○○は?」とか。スタジオを借りるにもお金がかかるから、レコーディングを2時間で録らなきゃいけない。2時間超えるとお金とられちゃうんだけど、最初の30分は僕にとっては大事ですから。だから1時間半ぐらいで録るって気持ちでやってるんですよ。コミュニケートとった上で仕事すると、やっぱり和むんですよ。「じゃそろそろやりますか」といった時の、雰囲気が違う。「おはようございまーす」と挨拶だけして、みんな向こうにセッティングして、「時間なんでよろしくお願いしまーす」ってなると、やっぱり全然違いますもん。

——機械じゃないからですね。

そう、機械じゃないですよ。やっぱり人間性なんですよ。とにかく「周りのミュージシャンを大事にしろ」とマネジャーにも口をすっぱくして言うんです。あの人たちが僕の音楽をつくってくれて、僕の評価になる。それはドラマのスタッフもそう。誰とでも仲よくなるし、誰とでも行ったらしゃべる。

面白いんですよ。もともと好奇心めっちゃくちゃ旺盛なんで、広く浅く知ることが大好きなんですよ。いろんな人が何やってるかを知りたいんです。例えば、「どうしてこのコップをここに2つ置いたの？そこじゃダメなの？」と小道具さんに聞きたいんですよ。「いや違うんですよ、2人で今ここでしゃべってるから、ここにないといけないんですよ」という答えを聞きたいんです。「例えば神経質な人だとこっちかもしれないじゃないですか」ということまで考えてたりするんですよ。

——すべて、考えてなさっている。

そう。この前、ある小道具さんの話を聞いたんです。あるドラマのオフィスのシーンでは、机の全ての引き出しに物が入ってるんです。ネットもつながっている。プリンターもつながっている。実際必要ないんですよ。引き出しなんて開けない。暇な時間に、「ネットつながるんでネットでもやっていいですよ。あっもしプリントアウトしたいのがあったら、プリンターも動きますから」と声をかけると、役者は本当のオフィスでやってるような気になってくる。そんなセットだと、役者のテンションが上がるんですって。「完璧にやる小道具さんいるんだよねえ」と聞き、すごいと思った。

―プロですね。

そういうことなんです。ＮＨＫの大河ドラマ『江』の音楽を担当した時、監督、カメラマンやスタッフとロケハン行ったんですよ。栈橋を見てる。美術さんが見ているところがすごいんですよ。「何やってんの？」「いや栈橋ってこうなってるんですよねぇ」「映らないよね、栈橋」「これをね、再現してやると、ちょっとね自分たちの気持ちが変わるんです」。映らないところにもこだわるんですよ。面白いでしょう。「あぁやっぱりこの人たちがいて成り立っているんだなぁ」と思うんです。

―職人ですね。

そう。こういう人たちがいて、ドラマって成り立っていると思うからリスペクトできる。そうじゃない人もいっぱいいるから。自分がミュージシャンだった時代に、リスペクトできない人とも出会ってきた。そういうときは、自分がどんなにテンション低かったか一番自分がわかってる。自分がその立場にいたことはあるからなおさらなんですけど、その人たちの気持ちがわかる。僕が気持ちよくさせてもらった感じで、やるってことにすごく気を遣うんですね。

―引き出しですね。

そうそう。いろんな引き出しがあっていいと思う。引き出しに経験をいっぱい詰めていたら、社会に出てから、きっと役に立つ。そしてどんな引き出しがあるかはどう生きるかってこと。1回しかない人生だから、いろんな人と話して、コミュニケーションいっぱいとっといた方がいいと思います。

—吉俣さんから若者へ

•自分が本当にやりたいことは人に言う！
•自分で否定して簡単に諦めるな！
•わからないことはわからないと言える勇気を持とう！
•自分に興味がないことでもチャンスと思ってとりあえずやってみよう！
•自分だけの引き出し(経験)をたくさん持とう！
•仲間を大切にしよう！

＊このインタビュー後の吉俣さんのお仕事について

復興支演舞台「イシノマキにいた時間」のテーマ曲である「添歩み（そゆみ）」（隣で寄り添って、歩いてる風景）を無償で提供。
オフィシャルＨＰ：https://www.ishinomakitime.com/
ブログ：https://pbv.or.jp/blog/?p=6439

東日本大震災が発生した年から、復興を祈って毎年鹿児島でチャリティーライブを行う。
２０１８年第８回目 https://ameblo.jp/yoshimataryo/entry-12359699257.html
２０１３年～シマ唄・朝崎郁恵さんをより多くの方に知ってもらうために JZBrat（東京・渋谷）でライブを行う。

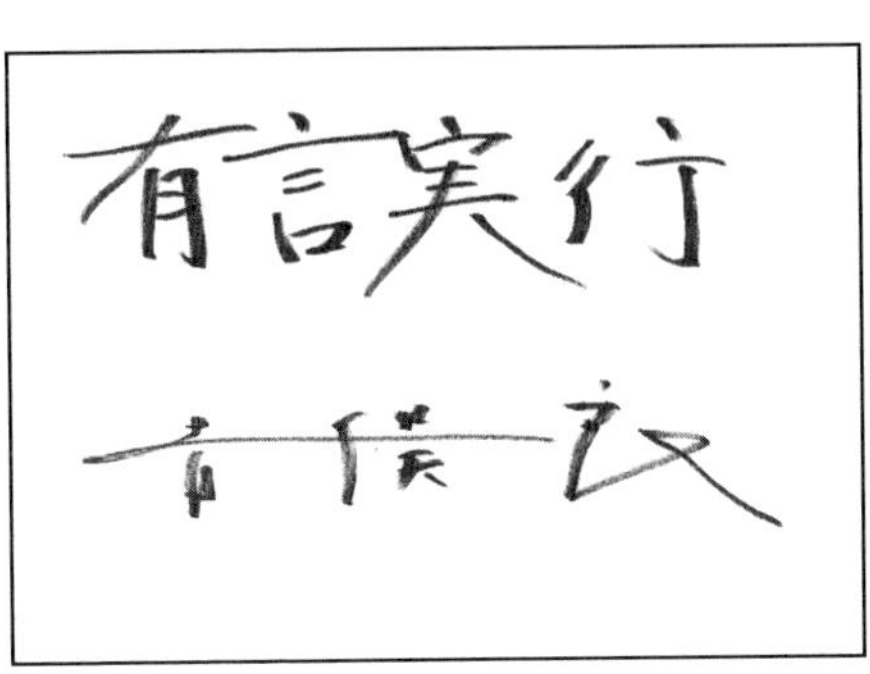

農家
沖永良部で世界一おいしいジャガイモを作る

伊村　達児さん

電通マンがモノ作りに目覚めて、農業の道へ。なぜ世界一おいしいジャガイモを作るようになったのかお話いただきます。インタビューは2015年1月に東京羽田空港で行いました。

伊村　達児（いむら　たつじ）

1968年　鹿児島県沖永良部島で誕生
1987年　都城東高等学校卒業
1993年　一橋大学卒業
1993年　株式会社電通入社
2010年　伊村農園でジャガイモ作り
2011年　琉球大学大学院農学研究科入学
2013年　鹿児島大学大学院連合農学研究科入学

一生懸命

―ご出身の沖永良部は大人も子供も皆、顔見しりで、お知り合いということになりますか？

当時は、5つの部落から子供たちも集まってきていました。自分の部落の人間は知っていましたが、ほかの部落は知らない。遠いところでは3キロ離れたところから通っていました。ですから、幼稚園も小学校も、基本的には誰も知らないところから始まりました。

―それでは幼稚園に通ったのが、初めての他者との遭遇ということですね。島はお子さんが多いですか？

沖永良部は子供多いですね。

小学校は大城でした。自分はボスではないですが、けんかをしました。学校では皆仲がよいのに、正門を一歩出ると、学校が終わるとけんかが始まるのです。毎日ですよ（笑）。隣の字というのは仲が悪いんです。別れる時にけんかです。自分の子供のころの経験としてけんかがあります。縄張りでしょうね。

―小学生時代はヤンチャ坊主だったのですか？

（笑）子供のころから身体が大きかったので、負け知らずでした。ヤンチャ坊主というよりは、成績優秀な子供でした(笑)。子供時代というのは、勉強ができるとかできないとか全く関係ないですね。走るのが早いとか、力が強いとか、そういうことに価値があった。

中学時代は先輩が恐かったですね。バレー部に所属していました。朝7時から夜8時まで学校にいました。

高校は島を離れました。沖永良部では、中学を卒業したら進学のため、(島を)出る子が多いです。約3分の1が島を出ます。ほとんどが職業訓練に特化したところに進みます。

自分は宮崎へ行きました。寮生活です。泣きはしないけれど、ホームシックにはなりました。年に3回は帰りました。船で。1日かかるんですよ。もう乗れないですね。自分は特待生として入学しましたが、地元では悪名高い学校でした。本当に悪い高校だった（笑）。（成績）上位者だけが大学に進学していました。当時兄もすでに島を出ていたので、仕送りが大変だったという家庭事情もあります。5人兄弟の2番目で、弟が2人います。一番下の弟は、事故で亡くなりました。

―5人兄弟なんて、お母さまは大変だったでしょう？

両親は（子供に対して）ほったらかしでした。母がよく言っていた言葉は「畑手伝え」で、父の教えは「人の目を見て話せ」でした。自然の中で育ってきました。よく兄弟げんかをし、友人ともけんかしました。

身体が大きかったので、目立っていたのでしょう。待ち伏せされることが多かったのです。ただ、けんかにならなかったですね。だからにらみ合いということになるのですが、恐くなって向こうが逃げていくというパターンです。弱い子がいて、その子たちの味方だったということもあります。

―大学は東京ですね。

はい。実は、二浪しました。一浪で通ると思ったから、一橋(大学)1校しか受けなかったんです。(予備校の）事務の人に「ほかも受験するように」と言われたけれど、受けなかった(笑)。その結果、落ちて二浪しました。その2年間で一生分勉強しました。

自分は理数系が得意で、高校生のころは、数学の教師になりたかった。先生の教え方が下手で、自分で勉強していたんです。もともとレベルの低い高校で、いい先生いなかったですね。よい先生、尊敬できる教師との出会いは駿台（予備校）でした。秋山仁、長岡亮介…スゴクよかった。勉強といえば、予備校が一番楽しかった。受験で失敗して、予備校の試験に受かった。文一コース、アルファで、全国から超一流の子たちが来ていた。授業がよかった。授業のテープは今でも持っています。よい授業でした。大学レベルの数学を習いました。進学した一橋の社会学は数学の配点が高いので、理数が得意の人間が多かったです。

本もたくさん読みました。倫理の参考書で、経済学者の都留重人が書いたものを読みいいなと思い、一橋大学への入学を決めました。入ってみると、都留先生がいると思っていたのにいなかった。

—すでに退官されていたのですね。大学時代はいかがでしたか？

大学では遊んでいました。応援団に所属し、毎日酒ばかり飲んでいました。「伊村が卒業できたのは奇跡」と言われていました。テストはぎりぎりで通っていました。

当時1、2年は小平の一橋学園で、3、4年は国立でした。そのころ、文部省が小平分校を国立に統合しようとしていました。小平は体育会が活動する拠点であり、広々としていた国立の校舎が(統合することで)半分になってしまうということで、統合反対の署名活動をしました。アメフトのキャプテンと反対運動をし、1週間で2001名分の署名を集めた。1992年でしたね、学生は4千人ですから、半分です。それを持って学長のところへ行った。大学の中では問題児でした（笑）。

―応援団の思い出は何ですか？

酒。今はあまり飲まないですが。体育会はツワモノが多く、飲み屋でけんかをして、出入り禁止になったこともあります。

―卒業後は？

どうしようか？と考えました。自分には銀行は合わないだろうなとか、自分は建設会社に向いているかなとか…希望はキリンビールにいきたかったのですが、どういうわけか面接の前の日に必ず飲み会があり、受けられなかったです。

青田刈りで、5月には電通に決まり、入社しました。先輩から来いと言われたんです。当時は電通って何の会社か知らなかった（笑）。大阪勤務でした。

―サラリーマン生活はいかがでしたか？

厳しかったけれど、面白かった。10年間、関西電力の担当で、いろいろやりました。一生懸命やった。関電は関西では一番大きい会社です。関西経済界のドンですね。関電はもともと広告をやっていなかったのですが、広告をするようになりました。もちろん自分一人の力ではないですが。関電が（広告する）メリットを感じられ、番組を作成し、イメージアップを図りました。その後、テレビ局（TBS）そしてパナソニックを担当しました。30、40人の部署を取りまとめていました。

電通での仕事で身に付けたものというのは、人間観察です。建前のある人かどうか、話したらわかる。それが仕事だったということもあります。電話1本、メール1つでどんな人間か、本音を語っているかがわかります。自分は建前なしです(笑)。このままです。建前の人ってわかるんですよ。

—なぜ電通を辞めようと思ったのですか？

このまま電通に残っても面白くないと思ったんです。東京や海外支社に行って仕事をしたかった。上司に気に入られ、その芽をつぶされた。皮肉にも、かわいがられた故にずっと大阪勤務でした。自分のやりたいことができないというのが会社員の宿命です。

パナソニックを担当しているとき、やっぱりモノ作りっていいなと思いました。自分も何か作りたいなと。モノ作りは自分に合っていると思いました。と同時に、代理店の限界を感じました。厳しい業界だったが、自分のやりたいと思ったことはやりきった。その時、残りの人生これでいいのか？という思いが湧いてきました。

また、自分にとって魅力的な人は偉くなれない。上にはいけないということもありました。

—伊村さんにとって魅力的な人とはどんな方ですか？

自分の意志を貫き通す人間。賛否両論あるだろうが、自分が入社したてのころ、朝来たら、夕方まで何していているかわからないすごい人がいました。そういう人にも給料払っていた。そういう人がいてもいい。いろんな人がいてもいいと思っています。今はそういう人がいない。古きよき時代ですね。変わってきたと思います。中で働いているると、やはりストレスがたまりますね。よい時代を見ていたから。それは電通だけでなく、世の中が、社会全体がそうなってきていると思いますね。

辞めるころ、電通の看板を背負って仕事していました。しかし自分はもっと大きいぞと、電通にはまらない自分の存在に気付き、だんだん窮屈になってました。

—沖永良部に帰ることを決めたのですね。

決断してから実行に移すまで、1年くらい猶予期間がありました。会社は本気にしなかったですね。沖永良部、田舎の生活も都会の生活も経験しました。自分自身どちらも違和感がないですが、それぞれ一長一短あると思います。どっちも大丈夫。こだわっていないし、しがみつかない。今まで自分のやりたいことをやってきました。だから沖永良部に帰って農業をやる、モノ作りをする、好きなことをやっていくという自信がありました。

—その自信はどこからきたのですか？それまでのサラリーマン生活に終止符を打って、全く異なる仕事、農業を始めるということに不安はなかったのですか？

全く根拠のない自信です。何とかなると思っていました。親が農業をしていて基盤があったということが大きいです。電通を辞めるのはもったいないが、沖永良部へ帰ることを両親は手放しで喜びました。農業を手伝っているのは、兄弟の中で自分だけです。だから父の代で終わるところだったんです。

—帰京して、ジャガイモ作りを始めたのですね。お父さまがなさっていたのですか？

父は牛を育てています。自分はジャガイモとマンゴーを作っています。食べ物を作りたかったということがあります。自分が食べておいしいものを作りたい。

沖永良部は土がいい。サンゴ礁が風化して、栄養分ほとんどないやせた土地です。作物が大きくならないけれど、味が凝縮します。ジャガイモ作りには、やせた土地の方がいい。沖永良部は海が近いので潮風が吹く。台風で潮が降ってくる。ミネラル分が畑にまかれる。潮のせいで車がさびる程です。海の近くは、(ジャガイモ作りに)おいしい要素であふれているんです。自分のジャガイモは小粒です。作り方によって大きくするのはできますが、味にこだわって、直販でやっていきたいと思っているので、おいしさが凝縮した小さいジャガイモです。パートを雇ってやっています。96歳のおばあちゃんもいます。

ジャガイモの相場は、キロ350円くらいです。卸は80円です。手をかけても、かけなくても同じ値段なんです。搾取というか、流通に経費がかかります。しかしエンドユーザーは同じ額を払う。

だから自分は直販を目指しています。口コミが多いですが、販路を見つけて、おいしいジャガイモを直接消費者に届けたいと思っています。以前お世話になった方々が応援してくれています。俳優の高橋英樹さんも応援してくれています。丹精込めて作ったものを安売りしたくないと思っています。たとえ送料をかけても食べたいと思ってもらえるように、桐箱入りの高級ジャガイモを1箱5千円で販売しています。高くても売れます。お客さんからもっと高くしてほしいという要望さえあります。おいしかったら、また買ってくれる。まずかったら、もう買ってくれない。反応が直にあります。「おいしい」という声が聞けていい。自分の作ったジャガイモを食べて、お礼の手紙や贈り物がくるんですよ。「おいしかった」という言葉とともに、お酒や地元のお茶などのプレゼントが届きます。うれしいですね。今、150名くらいの顧客の7割は知り合いですが、500名に増やしたいと思っています。

―伊村さんは再び大学で学ばれていますが。

琉球大学に通っています。農業を始めてから、勉強をしたくなったのです。沖縄、それしか選択肢がなかったです。大学院から通い、修士2年を終え、今博士課程の2年目です。琉球大学には博士課程がないので、鹿児島大学での取得になります。鹿大にも年に2、3回行きます。博士号を取ったら、農業に専念したいと思っています。（大学で学ぶことは）人脈づくりに非常に役立っています。

アパートを借り、沖縄に住んでいたこともありましたが、今は沖縄まで船で通っています。6時間かかります。昨日も沖縄で論文発表でした。農業経済を専攻しています。ジャガイモの流通、国内でどう売られているか？ということを勉強しています。ジャガイモを作っているので、自分の仕事のためになります。今回も時間を見つけて、東京の大田市場に調査に行きたかったのですが、時間的に無理で諦めました。

研究者には、どうやって流通しているかを教えてくれます。しかし作り手には教えてくれない。今学生であることのメリットは大きいです。

今後の夢は、沖縄に販路の拠点を置き、いずれは沖縄経由アジアで、香港、中国などの富裕層をターゲットに売りたいと思っています。

ある程度規模を大きくしていかないと農業は厳しいですね。結構赤字を出しています。自分には子供がいないので、もうちょっと規模を大きくして、後継者も育てていきたいと思っています。

——伊村さんが、今20代だったら、どうしますか？

自由に生きたいです。こんな社会に住みたくないな。僕だったら、きっと落ちこぼれになっていると思う。

——若者に応援メッセージをお願いします。

まず若者には「こんな社会にしてごめんなさい」と謝りたいです。この社会を悪くしたのは今の40代、50代です。若者が契約社員やアルバイトという雇用形態でしか就労できないという労働の問題、就職できないという形で若者にしわよせが起こっています。「働くこと」というのは、一つの生きがいです。企業が利益優先で人件費削減のため、働く場がないというのは本当にかわいそうだと思う。働く場があることがいかに大切か……。

日本人は器用で、モノ作りに長けてきた。働くというのは、モノを作ることであったと思う。若い人たちには何でもよいから、これまでの経験を生かし、質の高いモノを作って豊かになる。そこで頑張ってほしいと思う。

アベノミクスが本当によかったか、日本の豊かさとは何か考えてほしい。株でもうけて豊かになるというのとは違う。これから日本が豊かになるのは、やはり製造業に活路があるのではないかと自分は思います。

福島での東電の事故は人災だと思います。関電ならあんな事故を起こしていない。以前事故を起こしてからすべてガラス張り、何でもオープンにしてきた。１００年前に津波があった。ここに津波がくるということは間違いがなかった。それなのに何の対策もない。それはやはり人災だと思う。

原子力の問題はどうしようもない。なくすのにこれから１００年はかかるでしょう。それをしっかり明らかにすべきです。「原発をやめるなら、電気代は倍にします」と明言すべきです。経済大国をいったん棚上げして、その場しのぎの解決でなく、違う方向でやっていこうという方針をはっきりすべきでしょう。大きな目で見るべき問題です。

けんかするということは仕方がない。我々は体験としてあるのに、全く学んでいない。中国や韓国の問題は、アメリカが悪いと思っています。日本は敗戦国です。いろんな意味で。今でも。沖縄は占領地だったのです。返還を主張するなら、沖縄はお金を受け取ってはいけない。本当に独立してやっていくために、基地がだめならお金はもらうな。それとこれは関係ないというのは、建前の話ですから。仕方ないですが、沖縄も頼っているんです。今経済的に見ると、沖縄は観光で潤っています。修学旅行で、韓国や中国に行かなくなってきたからです。ホテルがすごく予約しづらくなっています。

—伊村さんはご自分の好きなことをなさってきたのがわかりますが、何が好きかわからない若者が相談に来たら、何と助言されますか？

「酒を飲め」と。つまり本音で語り合え、コミュニケーションを取れということを言いますね。社会に出るといろんな人と出会います。本音で話すことがいかに大事か。1人でちびちび飲んでも仕方がないですよ。いろんなところを旅していろんなものを見てほしい。沖永良部だけでは仕事が成り立たないですが、東京だけでも仕事が成り立たないですから。今は。

昔の学生は飲んだくれとか、めちゃくちゃなことをする人間とか、たくさんいました。はめを外してもよかった。引かれるかもしれないけれど…（笑）。

今の大学生を見ていると、何だか自由さがないように見えます。考えさせないようにしている。

住みにくくなってきましたね。ネット社会にも問題があります。ネットって恐いですよね。100人いたら100人の見方があるのですから。

自分のところに、毎年学生が来るんですよ。全国各地から。この2月にも慶應や明治の学生が来ることになっています。10月からも何人か来ます。農作業をしに来るんです。東京から。アルバイト代は安いですよ。沖永良部まで来るのですから、かえって交通費の方が高い。金もうけが目的ではない。女学生が多く、男はあまりいない。住むところは、母親の実家を改装して造りました。道場みたいなものです。企業に就職する前のインターシップで、農業体験することによって、就職に有利になるようです。2、3週間農作業をして、くたくたになって帰って行きます。

今の若者は酒飲まないですね。怒られる経験がないから、怒られて泣く子もいる。怒ることもありますよ。地元の子で親父に仕事が遅いと怒られて辞めたのがいました。なぜ辞める？そんなことで辞めるなよって思って、ビックリしました。驚いたのは、メールで辞めると言ってきたことです。悪い事こそ相手の目を見て伝えるべきでしょう。「アー、シャーねーな」と思いました。

携帯電話捨てた方がいいと本気で思っています。

先日、応援部のOB会でお金集めていて、声も聞かずメールでお願いされ、「それだけか？そうじゃないだろう」とがっかりしました。文句を言うのも嫌やと思いました。ショックでしたね。

日本国憲法で携帯は通話だけと決めてほしいです（笑）。やはりあると使ってしまいますから。携帯もFacebookもパチンコも人生の無駄遣いだと思う。

人生で大切なことはすべて応援部で学んできました。1年生から4年生までの間経験したこと全てが生きています。組織で動くというのがどういうことか、人とのやりとりはどうすべきか、体育会のルールは確かに厳しかったですが、嫌だと思っても、身を投じるとわかることがあります。自分は携帯メールはやめました。SNSはしない。ツイッターはありますが。ただ皆facebookで連絡してくるんですね。

若者は携帯捨てた方がよい。携帯がなければ生きていけないというのは、おかしいですよ。ずっと見られないようにするといいと思う。人と会うのが恐いとか電話が恐いとか、そうかもしれないけれど、そういうのを恐れていてはやばいですよ。

伊村農園ホームページ
http://imuratatsuji.sakura.ne.jp/

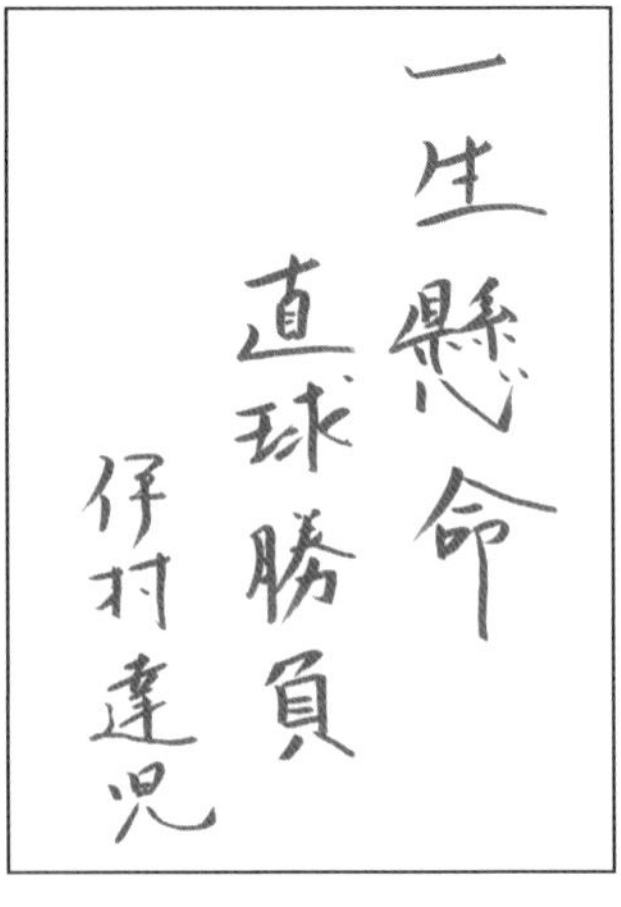

指揮者

下野　竜也さん

練習上手で、オーケストラ奏者に「頑張って演奏しよう」と思わせるような人徳が全身からにじみ出す下野さんの指揮。異色の音楽家への道のり、音楽への熱い思いをお話いただきます。インタビューは東京上野学園で２０１４年11月に行いました。

下野　竜也（しもの　たつや）

1969年　鹿児島市で誕生
1982年　鹿児島市立田上小学校卒業
1985年　鹿児島市立武中学校卒業
1988年　鹿児島県立甲南高等学校卒業
1992年　鹿児島大学教育学部音楽科卒業
1993 ～ 96年　桐朋学園大学音楽学部附属指揮教室にて学ぶ
1996年　キジアーナ音楽院（イタリア・シエナ）指揮のディプロマを取得
1999 ～ 2001年　ウイーン国立演劇音楽大学（文化庁派遣芸術家在外研究員）
2000年　東京国際音楽コンクール（指揮）優勝
2001年　フランス　ブザンソン国際青年指揮者コンクール優勝
2006年　読売日本交響楽団「正指揮者」就任
2007年　上野学園大学音楽文化学部教授
2011年　広島ウインドオーケストラ音楽監督（現職）
2013 ～ 17年　読売日本交響楽団首席客演指揮者
2017年　京都市立芸術大学教授（現職）
広島交響楽団音楽総監督（現職）
京都市交響楽団常任首席客演指揮者（現職）

失敗してもいい。どんどん挑戦しなさい！

——一番古い記憶は何ですか？

酒屋の風景です。お酒がいっぱい並んでいて、いろんな人が来て、家に上がっている。父がカブ（バイク）で配達をしていた…断片的な記憶です。後で父に確認するとそれは恐らく僕が2、3歳のころだったそうですが。

父は株式会社上野城に勤めていました。当時、あそこ（鹿児島市田上にある城郭）は結婚式場でした。その会社でいろんなことをやっていたうちの一つが酒屋で、両親は店を任されていました。住居兼店舗で、僕たち家族は店に住んでいました。昔の酒屋ですから、駄菓子屋のような感じだったと思います。酒屋はもうありません。

——何か特別記憶に残っているという体験はありますか？

保育園に通っていた頃だから、3、4歳でしょうか。ある日、大雨が降って、雷が鳴ったことがありました。皆は怖がったのだけれど、自分は怖くなくて軒先まで行って、雷をずっと見ていました。僕は雷を見ることが好きだった。大声を出して、雷と張り合っていました。すると先生は僕の耳を引っ張って、部屋の中に連れて行き、叱った。そんなことを覚えています。

今でも雨が降って、雷が鳴るとわくわくするんです。変でしょう！霊とか、言霊とか、超常現象って信じています。UFOとか幽霊とか、自分は見ないけれど、超自然的なものはあるだろうなと思っています。

——どんなお子さんでしたか？

落ち着きのない子でした。よく怒られていました。通知表によく落ち着きがないと書かれていました。小学生時代、落ち着きなかったです。今も落ち着いてない（笑）！こんな仕事していますから。大人になって、落ち着いていないといけないとわかっているだけです、今は（笑）。家ではいい子ちゃんで、静かにしていました。決して裕福ではなかったけれど、母は教育ママで、テストの点数が悪いとしょっちゅう叱られていました。

―ご家族は皆さん鹿児島に住んでいらっしゃるのですか？

はい。父と弟と2人で鹿児島市内に住んでいます。母は9年前に亡くなりました。弟が父の介護をしています。学年で1つ違う弟です。軽度の障害で特殊学級に入っていましたが、今は社会人として郷里の父を支えてくれています。兄弟仲がいいです。弟の存在は大きいですね。子供のころから、ずっと。

現在私は東京に住んでいます。ビオラ奏者の妻との間に、2歳になる子供がいます。やっとできたんです。彼を見ていると、人間の進化を見ているように感じます。彼は全てに興味を持っている。全てに一生懸命。（子供は自分とは）別人格だと思って育てています。息子には好きなこと極めていってほしいです。多少やんちゃでも人の心を思いやる子になってほしいです。

―下野さんご自身はどう育てられたのですか？

自分は両親から何か具体的に言葉にされたことはないです。ただよく言っていたのは、「自分に恩を返す必要はない。自分の子供に返せ」ということです。僕が「ありがとう」というと「親だから当たり前」という言葉が父親から返ってきました。母親はとにかく厳しかった。「挨拶をちゃんとしなさい」とか「勉強をしなさい」とか「人に優しく」とか、厳しくしつけられました。

弟の存在が大きいと思います。子供のころから。周りの分析ですが、自分が我慢することが多かったと。その影響は大きいですね。僕は我慢し続けると、爆発します。怒ると恐いですよ（笑）。

時々、障害のある方々のためのコンサートに関わることがありますが、大切にしたいと思っています。音楽を通して、何かできればと思います。

——いつから音楽に興味を持ったのですか？

小学生の時です。特に、楽器を習っていたわけではありません。保育園でオルガン教室があり、声をかけられたけれど、「僕はそんなのやらない、行かない」と言っていました。その時は全然興味がなかった。

小学3年の時、音楽の先生が授業で、トランペットを持ってきて、触らせてくれました。そしてトランペットの曲として有名なフランツ・フォン・スッペの「軽騎兵」序曲を弾いてくださった。本物のトランペットはビジュアル的にスゴク格好よく見えた。子供にとっては高価なおもちゃですよ。実際に触って、「ワー！」って興奮しました。

本物の楽器を見たことは、もちろんそれまでもあったけれど、興味が全然なかった。実物に触れたことが大きかったです。それから『オーケストラがやって来た』というテレビ番組を見始め、小学校の吹奏楽部って格好いいなと思うようになりました。

田上小学校の吹奏楽部は、合奏隊と言っていましたが、4年生の3学期からエントリーできることになっていました。入りたい、弾きたいという思いが強かったです。先生がご自分のトランペットを貸してくれました。もちろんちゃんと吹けないけれど、プカプカしていました。

母と十字屋（楽器、レコード等の専門店）に、演歌のテープだったと思いますが、買い物に一緒に行ったことがあります。その店の2階に楽器コーナーがありました。そこで、山形屋（百貨店）のおもちゃ売り場でおもちゃを見るのと同じくらい興奮して、トランペットをじっと見つめていました。そんな僕の姿を見て、母は3万円くらい(当時それが一番安かったのですが）のものを買ってくれました。高いおもちゃですよ。それはわが家では大変なことでした。3万円もあったら、もっと何かほかのことに使えるわけですから。

合奏隊に入部すると、その時すでに吹けました。ある程度肺活量があればいいくらいですし、熱心に練習をやっていたので、結構できました。先輩も教えてくれました。小学4年生から、体育館で練習しました。そればっかりやっていました。友だちと遊ぶよりはトランペット触っていた方が幸せでした。

小学6年生になると、MBCユースオーケストラ(民間放送局で結成された青少年オーケストラ）のオーディションを受け合格し、毎週土曜日通うようになりました。苦痛ではなく、一番の楽しみでした。小学校高学年から、上は高校3年生くらいまでが所属しています。中学からは吹奏楽部に入り、まさに音楽漬けの日々でした。

ユースオーケストラに入ってから、指揮者に興味を持つようになりました。指揮をするのは先生ですが、先生によって言うことが違うことに気付きました。「同じ曲なのに違う。指揮者によって全く違う」と。

初めて買ったレコードは、イタリア人の指揮者のものでした。次にカラヤン指揮の同じ曲のものを買いました。同じ曲なのに違う。同じ曲と思えないほど違う。同じオーケストラなのに、指揮者によって違うということから、さらに興味を持ちだしました。自分はこういうことをやってみたいなと思うようになりました。それで写譜、楽譜を写すようになりました。

―子供のころ、音楽以外ではどんなことに興味がありましたか？

多分にもれず、草野球の一歩手前というか、皆でボールを追いかけて、わいわいやったり、山の中を走り回ったりといったところです。

小学3年生の時、百科事典を買ってもらって、「あ」から順番に、動物とか植物とか読みあさりました。成績がよかったわけではないけれど、百科事典を読むのが好きでした。習い事といえば、そろばん教室には通っていました。

教科で言うと、歴史、日本史が好きで、そういう類の本を読んでいました。すごく好きでした。好きなことだけたくさんやっていました。覚えなくてもいいのに、徳川将軍の名前を全部覚えたり、足利将軍の名前をすべて覚えたりと、時系列でまとめて覚えるということもやっていました。

将来は医師になるか、社会の先生になりたいと考えていました。音楽家になるなんて夢にも思わなかったです（笑）。

―それではいつ音楽への進路を決めたのですか？

高校生の時ですね。いよいよ進路を考えなければならなくなった時、教育学部へいって音楽の教師になりたいなと。音楽のプロになることは全く考えていませんでした。当時は音楽の専門を勉強していたわけではなかったので、現実的に無理でした。経済的な余裕もありませんでした。しかし、悲観的には全く考えていなかった。自分にできることをする、鹿児島でできること、それが鹿児島大学教育学部音楽科への進学でした。

――音楽の教師を目指していたのですね。どんな学生生活でしたか？

とにかく落ち着きがなかったですね（笑）。振り返ってみると…小学生のころ、ほっぺをびんた（頬をたたかれた）されたのを覚えています。たまたま前にいたから殴られた。皆の代表で。何と理不尽な！と思いました（笑）。中学時代も落ち着きがないということで、よく棒でたたかれました。宿題やっていかなかったら、ゴツンと。体育の時間に女子を見ていたら、ゴツンと。青春真っ盛りで、後ろに女子がいるのに興味ないわけがないでしょう（笑）。

甲南高校は厳しく、徹底管理教育でした。それをやゆして、全然勉強していなかった（笑）。自慢にならないけれど、ビリから数えた方が早く、留年しなかった程度の成績でした。歴史はよかった。でも数学、英語はひどいもので、何と200点満点の8点しか取れなかったこともあります。恥ずかしいけれど、本当ですよ！開き直っていました（笑）。共通一次世代ですが、浪人せずに大学に合格する最低限の勉強しかしませんでした。吹奏楽関係の先輩が家庭教師になって、勉強を教えてくれました。MBCユースのOBは、今でも仲がよく、付き合いがあります。みやまコンセール（霧島国際音楽ホール）の増森健一郎さんも先輩です。

高校生まではただただ楽しいだけの音楽でしたが、大学に入ってからの音楽は全く違いました。僕はお調子者で、井の中の蛙だったのです。トランペットもそこそこ弾けて、音楽のこともそこそこ知っていた。鼻が高くなっていたんです。それでも皆仲よくしてくれていた。

ところが大学へ入ってみると、高校までと次元が全く違う。ジュニア（MBCユースオーケストラのメンバー）は温室育ちで、大学のオーケストラの先輩たちというのは、もっとおたくっぽい人の集まりでした。先輩から強烈な音楽の洗礼を受け、鼻をへし折られました。先輩たちは自分の知らないことを非常によく知っていた。「マーラーって…」などと言いながら、それを肴に酒を飲んでいる。（学生のオーケストラは）狭い器の中で、やいやい言っているだけですが、真剣でした。（演奏が）うまいわけではないが、音楽に対する愛情がものすごく強い。非常によく物を知っていたので、（私は）ばっさりやられました。

大学の（クラブの）ヒエラルキー（階級制度）ははっきりしていた。1年生は1年生。大学4年生は1年生にとっては遥かに大人に見えた。この初めての経験に心地よさを感じました。

自分の人生の中で、ターニングポイントはいろいろあると思う。小学3年生の時にトランペットを触ったこと、小学校の吹奏楽部に入ったこと…中でも大学に入学し、大学のオーケストラに入ったことは自分にとってのレボリューションであったと思う。これが今の自分の職業につながっている。音楽という広くて深い世界の中に入っていったこと、そして学生時代に、プロの指揮者に出会ったこと、指揮者の堤俊作さんとの出会いが大きかったです。

—音楽の教師になりたいという夢から一転、指揮者への道へ歩み始めたのですね。

次第に、プロの指揮者になりたいという気持ちが強くなっていきました。本物に近づきたいと。「どうしたら指揮者になれるかな?」と考えるようになりました。音楽に没頭する日々でした。大学時代も楽器はトランペットをやっていました。

チャンスをいただき、J.S.B.（Jovial Systematic Bards'Band　鹿児島で活動している一般の吹奏楽団）の指揮をしました。ラッキーでした。自分より年上の演奏家と接する機会を持てたからです。ここで修業できたことは自分の強みです。今でも僕は若い指揮者にかわりはないですが。プロの指揮者でも対人関係がうまくいかないと、指揮者としてやっていけないんです。だから実地訓練をやらせてもらったと思っています。

——指揮者は人間関係をうまくつくれないとできない仕事ということですね。下野さんが人間関係で気をつけていることは何ですか？

けじめをつけるということです。例えば、学生時代、大学のオーケストラで指揮者を離れたら、自分は後輩に戻ります。

音楽の良し悪しはつまるところ、それぞれの趣味によると思います。（音楽の）解釈は人によっていろいろある。ABCというそれぞれの解釈、喧喧囂囂やります。そういう面白さがあります。（自分が指揮を務めている時）もしも指揮者である自分の解釈が嫌だといわれたら、「ああそうですか、じゃあやめましょう」とか「（先輩のいうように）その通りやってみましょう」と自分が弾いて、その場を収める時もありました。しかし「やっぱりこうだからこうやってみましょう」と自分の意見を通す時もありました。指揮者というのはある意味で「嫌だ」という人をどう納得させていくかという仕事になります。それを（指揮者という立場ゆえ）18、19、20歳の時に現実的に直面したわけです。

指揮者となると、「フォルテと書いてあるけれど、バランスがあるからもっと弱くして」と先輩に言わなければならないこともあります。自分には経験値がない。その時の自分にできるのは理論武装しかないわけです。十中八九、思う通りにできたわけではなく、うまくいかないこともあったけれど、大学2年生の時に全国大会に行けた。コンクールで結果が出た。目に見える形で結果が出た。結果ってやはり大きいですね。（指揮者として部員と）信頼関係を築くことができました。大学以外で認められたわけです。学生指揮者として、先輩からいじめられて…（笑）もちろん悪い意味じゃなくて、そういう経験がよかったと思います。「あれがあったからよかった」ということばかりですね。

―年下の指揮者としてオーケストラをまとめ上げなければならなかった。ご苦労も多かったということですね。なぜつぶれなかったのでしょうか？

好きなことをやらせてもらっているからでしょうね。自分が好きなことをやっているのが一番の原動力です。好きなことやっているのだから、これぐらいと思えるわけです。指揮をしたかったから、リスクも伴って当たり前です。それにメンバーの中には（私の）応援団もいました。いつも孤軍奮闘していたわけではないし、友だちもいました。自分に厳しいことや嫌なことをいう人もいたけれど、尻をたたいてくれる人もいました。ある先輩が「下野は自分にとって嫌な奴、うるさいことを言う奴とも付き合うからいいんだよ」と言いました。言われるうちが花だと思っています。

―20歳くらいの時にそう思えたのですね。どうしてそのように考えられたのですか？

（自分に意見する人の話の中に）正しいと思えることがあったし、思い返すことができることがあった。頭にもくるけれど、そうだ（正しい）と思えたからです。例えば、ある先輩から、「何をしちゃいけないか、わきまえなさい」と言われました。わきまえるということ、けじめをつけるということですが、小さいころから（オーケストラに入っていたので）、いろんな年の人といたから、自然に身についたということもあると思います。普通は親戚以外で、そんなに幅広い年齢の人と付き合えないですよね。オーケストラというのは、社会の縮図といえます。その中で、もまれたのがよかったと思います。鹿児島の郷中教育は、オーケストラの中で生きているといえます。それは、けじめがつけられたこと、凹むという貴重な経験の中で鍛えられたことです。先輩の厳しい言葉の中に正しさがあるからこそと思います。学生時代のオーケストラの皆が、今でも昔と同じように接してくれます。

人間関係がうまくできないと指揮者になれないのです。私はオーケストラというコミュニティーを通じて、人間関係が身についたと思います。小さいころから、英才教育だけ、もまれていない人というのは最初につまずきが大きいですね。指揮者の中には、もちろん超天才型の人もいる。自分の場合は、振り返ってみるとよかった。鹿児島大学に行ったのもよかった。（指揮者の）エリートコースじゃなくてよかった。そうでなかったら、多分今のあり様はなかったと思います。

―下野さんは鹿大卒業後、指揮者への道を着実に歩まれていったのですが、大学を卒業後、プロの指揮者として活動するまでの費用はどのように工面したのでしょうか？学生の中にも、留学や大学院進学を考え、せっかく試験が受かっても、お金のことを考え断念することがあります。またそういう将来への不安な気持ちをどのように乗り越えていったのですか？

金銭的な面が一番の問題でした。鹿大を卒業して上京する条件として、

自活することでした。バイトをしながらと楽観視していましたが、師事している先生の鞄持ちをしながら勉強する生活は不規則で、バイトをすることは非常に困難でした。1年間は、先生から頂いたアシスタント指揮の謝礼で何とかしのぎましたが、難しかったです。購入しなければならない楽譜は高価ですし、年中図書館に通いコピーする日々でした。

しかし、不規則でできるバイト、コンサート会場でチラシを配るコンサートサービスという会社を見つけ、アマチュアオーケストラを指揮しながら、このバイトで何とか生活していました。このバイトをしながら、いつもバイト仲間が、「いつか君のチラシが配られるといいねぇ」と言ってくれたのが、モチベーションとなりました。

その後、大阪フィルにアシスタントとして就職できましたので、給料を頂きました。それから文化庁の在外派遣研修員に採用して頂き、その資金で留学が可能となりました。

金銭的な面で諦める方も、周りには多かったと思います。でも、自分は、「なぜお金持ちの家に生まれなかったのかなぁ」と恨みごとを言うのが嫌でしたし、大好きな親に失礼だなと思ったので何とか頑張ったのだと思います。

でも、自力で全てできたとは思いません。どうしてもという時は、やはり親に泣きついたり、友人にお金を借りたりしてギリギリでした。

今でも指揮者になりたいという人が来たら、お金の話はダイレクトに聞くようにします。ないからダメとは言いません。どうやって生活するか、工面するか具体的に話をしてから、その努力をする覚悟があるかを確認します。

もともと金銭的に困っていない人も居ますが、苦労した方が楽しいと思えるように発想できる方がいいと思います。

――指揮を教える上で、気をつけていることは何かありますか？

基本は、レッスンを通して教えることができます。しかし対人、対プロということに関していえば、それは教えられるものではないのです。いつも何でもシミュレーションやって想定しても限界があります。ですから、実際に指揮をするというような機会をつくるようにしています。対人なので、実践するにこしたことはありません。「ああいう言い方なら伝わらない、弱腰じゃない？」と指摘することはできますが、やはりうまくいったかどうかは本人が実は一番わかることですから。非常にデリケートな部分であると思います。

最近は、ストレート（に指揮者になるの）じゃない人もだいぶ増えています。指揮者になりたいという夢があるから仕事を辞めて、音楽を勉強する人も多くなってきています。指揮者は、指揮者である前に音楽家、表現者でなければなりません。楽器が弾けないといけないんです。音楽に合わせて、タクトを振るだけでは意味がない。それなら、まるで踊れないダンサーみたいなものになります。これは洋の東西を問わず、重要な部分だと思います。

指揮者としてオーケストラを率いていくのに注意すべきところは、相手の立場、気持ちをわかろうとすることです。解釈など、意見が相いれない場合は、存分にやりあえばいい。ただし、相手のことをよく考えていくことが大切です。言いたいことも言えず、うやむやにすることはよくありません。自分が気付きたくないことも言われますので、もちろん（受け止められる）強さが必要です。僕ごときが言うのは気がひけますが、「相手の話を聞くこと」が大切だと思います。指揮者というのは、とかく一方通行になりやすいですから。（オーケストラの中に）指揮者は1人、演奏者が100人いれば、解釈は100通りあるのです。指揮者は1人ですから、どうしても命令形になってしまいます。指示する方向にあたって、その部分で相手がどう感じるかという想像力も必要になってきます。

オーケストラの中で、お互いに何でも言いやすい雰囲気づくり、自然なコミュニケーションができる環境づくりが必要です。何でもトップダウンだと言えなくなってしまいますから。信頼関係が成り立つような環境づくりを心掛けています。「(信頼関係を)つくるぞー!」という気持ちがないとできないものだと思っています。

例えば、あるプロ野球のチームで、選手の経験もない人間が監督になるとしたら、皆が「おいおい」と思うでしょう。それをやらなければならないのが指揮者の仕事なんです。オーケストラの中でも、相手をどれだけ尊敬できるかということです。ですから、ある種のけじめがなければならないと思います。(指揮者は)彼らが納得するロジックや斬新なアイデア持っていなければならない。そしてベテランの意見を聞く度量も必要です。「なるほどそういうことですね。それではそうしましょう」と。しかし(団員のいうことを)何でも聞いていたら、指揮者がいる必要はないということになります。難しいですね。自分の置かれている環境は変わるかもしれないけれど、オーケストラによっては、怒号が飛び交うようなこともあります。

—音楽に興味を持ち始めてから、全く同じ曲が、指揮者によって違ったものになるという経験をされ、それが今のお仕事の原点になっているようですが、下野さんはどんなふうに音楽をつくりたいですか。そのためにどんなことをなさっていますか?

第一に、まっさらな気持ちで楽譜と向き合います。過去の名演の録音物などにとらわれないで、自分で演奏し、音を拾います。（音楽を）自分の体に入れる中で、具体的に色づけしていきます。音楽は音楽でしか語れないといいますが、やはり感情がこみ上げてくるのは、否定できません。

例えば、この曲を作曲した時のベートーベンの状況はどうだったか？とイメージしてみます。その時、作曲家が何を思い、作曲家にどんなことが起こっていたか？自分なりにくみ取っていきます。ほかの曲のときはどうだったか。伏線がないか考えてみます。それは小説家が自分のほかの小説で使い回しをするのとある意味同じです。「こういう気持ちなのか？」と想像しつつ、それをナビにして、熟成させていきます。音楽家は人それぞれ違うけれど、自分の中で音を鳴らします。そして人の解答からいいとこ取りもします。

演奏会が決まったら、それに向けて準備します。○○を弾くと曲があらかじめ決まっていることもありますが、自分で曲を選ぶこともあります。そして、楽曲と向き合います。初めてやる曲もあります。以前やったことがある曲にしても、見間違いがあることもあります。毎回新しい発見があります。1回たりとも同じ曲にはならないのです。

指揮者の仕事というのは、楽曲を自分の中に落とし込む作業が8、9割で、最後の1割がオーケストラの前で指揮棒を振ることです。楽譜を通して、話をしているのです。実はこの仕事は、見えない部分が大きいです。

ある尊敬するオーケストラプレイヤーが、「僕らは（指揮者の）表面的な指揮を見るのじゃなくて、その人の後ろに控えている勉強、経験値を見ている。すぐ目の前にあるものではなく、そのバックグラウンドを見ている」と話してくれました。それを聞いて、鳥肌が立ちました。身震いするほど緊張を覚え、なるほどなって思いました。コンサートはその前にあり、結果はコンサートの2、3時間に凝縮するのです。

クラシックの場合、すでに亡くなっていますから、作曲家には会えません。だからこそ、作曲家の背景、何を持っていたのか?本を読み、学び、地道にそういうものをつかみとっていきます。それが大事だと今もそう思っています。今は10年前に勉強したことが生きている。そして今経験していることが10年後の僕を助けてくれる。今は昔の自分に助けられ、今は未来の自分を助けると思ってやってます。

昔（自分で）書き込みをしたスコアを見ると、「(当時は）そう思っていたのか?」と。「なぜそう思っていたのか」とそのプロセスを思い出してみて、「嫌でもこっちだ」と書き込みを見ながら、昔の自分と会話することもあります。（演奏を）何回やってもゴールが見えないのです。勝ったとか負けたという話ではありません。


組織をまとめるにはバランスが大切です。言葉で伝える、具体的に伝えるということは直接的な指示だけではだめなのです。相手にも考えや意思があります。相手に任せる、信頼する。そういうことも含めてのバランスが不可欠です。

信頼関係を築くには、時間が必要です。しかし指揮者といった職業の場合、短時間で信頼関係をつくらなければならないこともあります。どうするか?まず自分は査定される側であるということです。自分の音楽性や指揮の技術、言っていることが的確かどうかということが（オーケストラ演奏家の）信頼を勝ち得るポイントになります。「こいつはすごい」と思わせなければなりません。そして、人の気持ちや人格を大切にしているかということです。演奏家に「この指揮者は自分を人間として見ている」と伝わらなければなりません。モノ扱いしていると信頼関係はつくれませんから。

1回のリハーサル、そしてコンサート。2、3…と続いていくと、多くの言葉を語らずともわかります。ゲストとして指揮をする場合とオーナー指揮者との違いはどうしてもあります。

― 海外のオーケストラ、演奏家とお仕事をすることも多いと思いますが、海外で仕事をする上でのご苦労、注意していること、また外国人との付き合い方等々、下野流があるのではないかと思います。

礼儀をきちんとわきまえてというのが前提ですが、日本人の謙遜の美徳は初対面では何の役にもたちません。議論とけんかは違います。日本人はこの点の境界線が引けないと思います。あと年齢での言い回しの違いがないので、慣れないと難しいですが、この点も郷に入れば郷に従えですね。わかり合えれば日本人の謙遜の美徳が美徳となると思います。

海外に行くと、色んな面で自分の故国を意識すると思います。日本の歴史などをきちんと勉強して、そして訪問する国の歴史などはある程度把握しておくべきです。

また、日本人は無頓着な人が意外に多いですが、他国の国旗、国歌などには、自分の主義などは置いておいて敬意を持って接することです。右や左というようなステレオタイプな話ではありません。

―若い人への応援メッセージをお願いします。

自分も教師として、日々いろんな学生と接しています。学生を見ながら、育った家庭環境が大きいと感じます。そして学生と接する時間の中で、その人（接する学生）の後ろに他人が入れない、教師が立ち入れない、繊細な、目には見えない、表面だけで判断していけないものがあると、そう思って生きています。それは指揮という仕事を含めて。

　自分は好きなことが見つかり没頭できたので、幸せだと思っています。好きになるっていうのは、ものに執着すること。学生の中には、もちろん音楽が好きで好きでという人もいるけれど、流れで音大に来た人もいる。学生生活の中で（自分を）探そうという子もいると思う。ただし、好きなことだけやっていても生きていけない。好きなことをやっても辛いことが多い。極めれば辛いことばかり…そういうものだと思う。

　今、汗をかかない（苦労しない）人が多くなっている気がします。バーチャル化し過ぎでしょう。ご飯も安易に出てくる。簡単に人を傷つけたり、殺したり…善悪が判断できない、そういう世の中、現実です。かといって後戻りできない。その中でどうするか…ウーン、難しいな…。

「失敗して当たり前。少々君が失敗しても誰も困らない」という先輩からの言葉にずい分楽になったのを覚えています。だから自分が言えることは、「どんどん失敗しなさい」ということです。「ポジティブシンキングで、まずはやってみろ！」と。宝くじも買わなきゃ当たらないのと同じように、やらないうちにグジャグジャいうなと言いたいです。

　必ず朝は来る。長くて辛い夜かもしれないけれど…そう思うと頑張れるじゃないですか。今は何

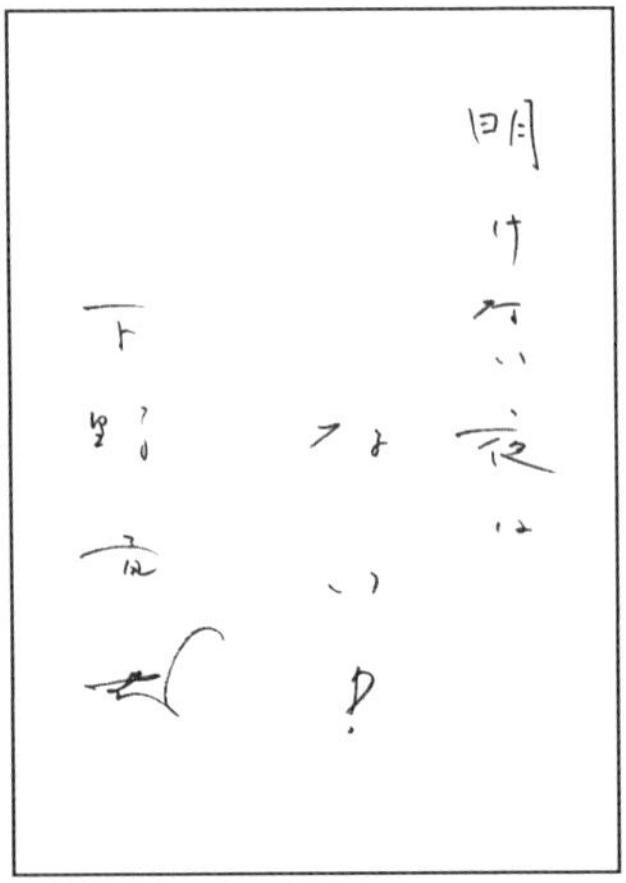

だかやる前にグジャグジャいう人が多すぎるような気がします。批評家は必要ですが、みんなが批評家になっているように思えます。

落ち込め！落ち込む時はどんどん落ち込め。とことん落ち込め。それ以上いけないところまで、どん底までいって、はい上がれ！

教育家
学校法人 前田学園理事長
鹿屋中央高等学校校長

前田　均さん

紙鍵盤でピアノの猛練習をして東京芸大へ。米国留学を経て、鹿屋中央高等学校へ。教育を通して若人と接する毎日から、どんなことをお考えか、またご自身のご専門である音楽について、ふるさと鹿屋への思い、鹿屋という土地だからこそ問うことに意義がある「生きる義務」ついてお話いただきます。インタビューは鹿児島大学で行いました。

前田　均（まえだ　ひとし）
1955年　鹿屋市で誕生
1973年　大分県立芸術短期大学付属緑ケ丘高等学校音楽科卒業
1977年　東京藝術大学音楽学部器楽科打楽器専攻卒業
1980年　Philadelphia College of The Performing Arts（フィラデルフィア舞台芸術大学）大学院在籍
フィラデルフィア管弦楽団等で打楽器奏者
1986年　学校法人前田学園鹿屋中央高等学校英語教師
1991年　学校法人前田学園理事長
1993年　鹿屋中央高等学校校長を兼務
学校法人前田学園理事長・鹿屋中央高等学校校長
南日本音楽コンクール審査員
かのやオーケストラ芸術監督
鹿児島県私立中学高等学校協会副会長・校長会会長
全国私立中学高等学校連合会評議員
鹿児島県高等学校野球連盟副会長

Nowhere? Now Here!
（ノーウェヤー？ナウ　ヒヤー！）
やりたいことがどこにもないって？
さあ、今ここで始めよう！

―一番古い記憶は何ですか？

強烈に残っているのは、空を飛んでいる夢です。崖をパッと旋回する夢、これが一番脳に残っています。物心ついたころから、小学生のころ、中学生、高校生と…今でも時々見ることがあります。なぜなのか？夢判断をしたこともありますが、わかりません。高所恐怖症ですが（笑）。

―ご自身が鳥になっているような感じですか？

そうなんですかね。反面、もう落ちそうになるので、必死になって寝汗をかいて目が覚めたりするようなこともあります。

―今でも空を飛んでいる夢を見ることがありますか？

たまにあります。何か現世を取り違えたのでしょう（笑）。太鼓持ちですから。

―お生まれはどちらですか？

鹿屋の寿というところです。地元校区の小・中学校を卒業しました。私の祖父（母の父）が、鹿屋高等経理学校（現鹿屋中央高校）を経営し、簿記などを教えながら、お茶を製造していました。祖父はその各種学校で教えていました。もともと母は都城で、父は鹿屋です。中学まで両親と鹿屋で暮らし、高校は親元を離れ、大分の別府にある音楽・美術専門高校に進学しました。

―どんなお子さんでしたか？

どうだったんですかね。証人である父も母もすでにいませんので、美化しすぎるといけない（笑）。普通の子だったたと思います。ちょっと性格が悪かったかもしれません（笑）。

けんかは嫌いでした。争いが非常に嫌いです。殴り合いのけんかなんてしたことないんです。けんかしたら負けるのが嫌なのかもしれない。一人っ子で、満足して育ったからかもしれません。おやつでけんかしたこともないですし、いつもお下がりを着ていた5、6番手でもありません。

―小さいころから音楽をなさっていたのですか？

全くやっていません。小学3年生の時に、父が「何か楽器やってみないか」と突然言い、なぜか「三味線」と答えました（笑）。

―どなたかが近くでやっていらした？

全くないんですよ。どこかで三味線を見たり聴いたりしていたんだろうと思います。父の言葉がしゃれていましたね。「三味線はそんなに格好よくないからギターをしなさい」と言ったんです。しかし、半年ももちませんでした。練習が嫌ということではありません。当時は、独楽とかカルタとかビー玉で、20、30人でよく家の裏の道路で遊んだりしていました。その時に、ギターの練習とかピアノを習うっていうのは、ダメ男の代名詞でした。おわかりになりますか？男の子たちがいる中で「今からピアノのレッスン」なんか言おうものなら、鹿児島弁で「おなごのケッサレたような」

（ナヨナヨした、男の片隅にもおけないような）と。そんな女ったらしい奴とは一緒に遊んでもらえない。それが嫌で、結局小学校高学年でやめてしまいました。

――小学3年生で音楽に出会われた。

ええ。運動会などで演奏する鼓笛隊に入りました。縦笛とかベルリラとかありますが、ドラムメジャーを担当しました。

「ドラムメジャーをしなさい」と言った先生が、小学校から中学校に移っておられたんです。

中学にアコーディオンバンドっていうのがあったんですね。アコーディオンがソプラノ、アルト、テノール、バスとわかれていて、エレクトーンもあり面白いんですけど。チェロ2台、コントラバス、トランペットとかもあった。器楽合奏があったんです。そこに入りました。それが音楽との出会いになりますかね。

なぜか太鼓担当でした。パーカッションです。パーカッションってすごく目立ちます。待っている時間もすごく長い。だから、ずっと見てないといけない。そして出番は強烈。

――ご自分の性格に合っていらした。

合っていると思います。非常に忍耐強く何かをするという面もありながら、目立つ。頭では、「そんな目立ちたがり屋になるな」と言っているんですが、実は目立ちたがり屋なんだと思います。オーケストラの中には、2万も3万も音符を弾いている人もいますが、太鼓っていうのは一番上で、一発「ドーン」とやっても「シャーン」とやっても、1発のシンバルが同じ給料ですもんね（笑）。極端な話ですけど。

―オーケストラには太鼓、シンバルは欠かせない楽器です。アコーディオンバンドがきっかけで、高校は音楽専門に進まれたのですか？

ずっと地元の鹿屋高校に行くものだと思っていましたから、そのほかのことは頭にありませんでした。11月の文化祭の時に、たまたまそのリードバンドにいたということもあり、「指揮しなさい」と先生に言われてやりました。その先生が「音楽を勉強したら」と、ただ思いつきでおっしゃったのでしょう。バイエルのバの字も知らない、ピアノも弾いたことなかったのですが、「そうですか」と返事しました。インターネットもない当時、自分なりに図書館で調べてみますと、九州には2校しか音楽科のある高校がなかったんです。その一つが大分県立芸術短期大学付属高校でした。音楽専門の高校の試験で何をするのか何もわからなかったです。ソルフェージュがどういうものかとか、「聴音って何のこと？」とか、楽典みたいなものがありました。音楽の基礎ですね。また、受験するなら、ピアノを何か1曲弾かなければなりませんでした。

―音楽の試験があったのですね。

ありました。芸術短期大学の県立付属高校でしたので。実技試験を通らないと学科試験は受けられない。「何をしたらいいか」は、11月の時点で、調べた時点ではわからないわけです。例えば、聴音の2声の書き取りとか、新曲視唱とか…「何のこっちゃ？」という話でした。11月から1月にかけて、ピアノは練習しないといけないということになりました。

家にピアノもありませんでした。バイエルの教本についている紙の鍵盤を机に貼って練習しました。「ドシラ」とやっていたら、2週間後に父が中古のピアノを買ってくれました。夜にも練習できるように、ピアノの上も下も全部外して、（音が漏れないように）毛布を入れて、もう1回ふたをして、夜中の2時半まで毎晩練習しました。学校から帰ってきてからずっと。もう、バカの一つ覚えです。チェルニーの2番は今でも覚えています（前田さんメロディーを口ずさむ）。

バイエルも30番ぐらいしか紙鍵盤でしかやったことがないのです。楽典は、まだ高校の段階ではたいしたものではありませんでした。少し音楽史的なところ、大分ですから「滝廉太郎はどんな作曲家か」など簡単なものでした。実技の打楽器、小太鼓の試験はありました。たまたま鹿児島に太鼓を少し勉強された方がいらっしゃいまして、習いました。

入学後はバイエルからやり直しました。専門の学校だったので、もう一からです。その時は私も必死でした。入学して、たまたまＮＨＫ交響楽団の演奏会が大分であった時に、「うわっ、格好いいな、あの先生につきたい」と思った先生が教えてらっしゃる所が東京芸大だった。どんな学校かも知らないのに、「そこに行くんだ」と思い始めて、受けて、芸大に入りました。最初に聴音とかソルフェージュ、プレースメントがあるわけです。2声、4声までは何とかいけるんです。新曲視唱とか視奏とか、もうとんでもないところに来たなと思いました。そのうち先生が、ガシャーンガシャーン、全部打ってきます、瞬時に。音符をグワーッ。もう2千年練習しても私は追い付けないと思いました。同級生の中には、おじいさん、おばあさんから著名な音楽家の孫とかがいました。江藤俊哉（バイオリニスト）先生の子供やいろんな音楽家の子弟がいました。そういう方々はお腹の中にいるときから聴いている。3歳ぐらいからバイオリンを弾いていた。音感はパーフェクトピッチを持っている。

それが素晴らしい芸術家の基本原則ではないと思うんですが、やっぱり試験をされると、「えっ？えっ！」って驚きました。隣の子は世の中の音すべてわかるわけです。チャリーンって音がしても、「ああこういう感じ」と全部音符で入ってくるといいます。ある著名な指揮者が、帝国ホテルにお泊りになって、「どうもあのエアコンの音が中途半端だ。四分の一おかしい。とにかく止めてくれ。ナーバスになる」とおっしゃったという話です。それがラとかシだったらよかったんでしょうけど、ラとシの四分の一音ずれたやつとか、そういう音程で嫌なんでしょうね。我々には、少なくとも私にはそういう風には聞こえないですが。

――芸大卒業後フリーで活動されていたのは、音楽で食べていこうと考えていたということですか？

少しは。まあなかなか大変です。オーケストラに空きがないと入れませんから。今、子供たちに話しておきたいのは、「大学を選ぶという時に、そのことを目的にしてほしくない」ということです。入ってから何をするかの方が、実は非常に重要な気がしてならないです。自分は失敗したと思っています。

高校3年間、朝7時から夜の10時まで練習するわけです。「とにかく芸大に行きたい。行ったら遊んでやるぞ」と思っていたわけです。そこが、やっぱり間違いでしたね。入ってから次の目標がなかった、目標を立てきらなかったといいますか、入ることが目的になっていました。(大学入学が)目標じゃなきゃいけなかったと思うんです。入って何をするかじゃなくて、入ればオッケー！入っちゃえば、こんな毎日練習なしで遊べるぞと思っていました。浪人も経験せず、首尾よく入れたので、それはよかったんです。しかし、その後が…。そういう後悔もありまして、またフィラデルフィアで始めた（米国留学）というのもあると思います。自分の気持ちの中で、「もう1回本当にやりたかったことをやってみよう」ということだと思います。

——下宿生活はいかがでしたか？

うれしかったです。非常に新鮮でしたので、今でも覚えています。住まいは昔でいう下宿みたいな間借りをし、食事は学校の近くで3食提供してくれるところがあり、そこで食べました。3食で月5千円でした。寮に入っている子とか、下宿している子とか、そういう子が、やっぱり17、18人いました。朝、1品おかずがあって、ご飯だけはおかわりができる。朝から丼飯でワイワイ食べていましたよ。やっぱり新鮮だったんだろうと思います。私兄弟がいませんので、母はまだその時はいましたけど、朝食の時は1人でした。お弁当を持って学校に行って、夕方お弁当箱を持って帰って夕食を食べて、また学校に帰って練習という日々でした。「（大学に）入って遊びたい」というのがあったので、非常に禁欲的に練習はしましたが、動機が不純ですよね。

——大学生活はいかがでしたか？

ひっちゃかめっちゃかですね。遊びました。芸大の学生は個性的だと思います。付属高校からくる子たちというのは、実技は問題ないわけです。中には生徒指導で一浪した子とか、とんでもないことやらかして卒業できなかったとか、いい意味でちょっと外れているとか、見た目もちょっと違うという学生もいました。小・中学校も含めて、周りにはいなかったタイプですね。例えば、家に帰ると本がズラーっと並んでいる。専門はトロンボーンなのにピアノを弾かせれば弾く。小説書いているのもいました。そういう人たちがいるんですよ。ものすごく耳目がよく、話をしてくれた、私が思う天才肌の子が、ソルフェージュの時に何か訳のわからない横文字の、分厚い本をいつも読んでるんですね。何を読んでいたかわかりませんが、イタリア語の原書だったそうです。「はい、A君、今からちょっと4声の書き取りをするから。ここに五線譜あるから書き取りして」と先生がいうと、チョーク2本持って、左で2つ右で2つ、瞬時にパッパっと書きました。彼は、結局東大にいき、精神を病んだと風の便りで聞きました。

やっぱり大学には、いろんな子がいますね。そういう意味では、もう「人間の動物園」です。

―それではどんな方に会っても驚いたりはしないですか？

それはありますね。あると思うんです。芸術系というくくりがそうなのかは別としても、そういう人というのは、やっぱり楽しそうに見えるんですよ。本当は非常に苦しいんだろうと思います、いろいろな意味で。自分に持っていないものを持っている。非常にチャーミングに思いましたね。そういう方々が。まあアメリカにいた時もそうでしたけど。そばから見ると、私の方が門外漢っていうか、外れているのかもしれないですが。

大学時代、もちろん練習はするんですけども、田舎の出身ですので東京の人々を見ていました。私は人を見るのが大好きなんですよ。動物園の猿山だったら1日見ていられるほどです。人間観察っていうとおこがましいんですが、疲れた時はどこに行っても人をずっと見ています。「ああ2度とこの人とは会わないのかなあ」と思いつつ、そういう人に何百万人と会ってきているわけです。こうして今も縁あって話をしていますけど、何もなければそこで、歩道で会っただけの人だったかもしれない。

——芸大に入りたい方はすごく多い、入れない方もすごく多いと思います。

『最後の秘境藝大・天才たちのカオスな日常』(二宮 敦人・新潮社)という本があります。ものすごく面白いです。ご一読をお勧めします。著者の奥さまが芸大の美術の専攻で、いろいろな人にインタビューをしています。その本を見ると、みんながみんなそうじゃないんですが(笑)、高校の数学の先生みたいな感じの人もいます。キチっと、紳士みたいな先輩もいます。天才みたいな人もいます。よくわからないところです。芸大にいったからといって卒業生みんながみんな音楽家になるかっていうと全くそうじゃない。なかなか厳しい。

——音楽家になったとしてもそれで食べいくのは大変だと聞きます。

超一流の、例えばエリザベート音楽コンクールで3位までに入ると、日本も含めて世界中で演奏家として活躍できる。「超一流、外国人が褒めてくれないと、日本人演奏家は食べられない」といいます。もともとクラシック音楽っていうのは、日本の音楽ではありませんので厳しい世界です。

——学生時代、何かアルバイトはなさいましたか?

音楽のバイトが結構ありました。クラシックで、ピックアップオーケストラっていうのがあります。例えば、15~20人、30人ぐらいかな、地方都市の小・中学校の音楽教室、芸術鑑賞会をやるんです。ピックアップでフリーでやっている人たちを集めて演奏します。

―オーケストラの要員として演奏するのですね。

そうです。クラッシックではないものもかなり多かったです。宝塚はだいぶ稼がせていただきました。ピットに入ってやりますので、1カ月フルで入ると何十万になります。1日2公演ありましたから。

印象的だったのは美空ひばりのバックバンドでしたね。帝国劇場で、まあ1カ月やるんですけど。もともとやっている人が、1カ月間ずっとできなかったりするので、何回か演奏に行きました。毎日満員で、大盛況です。美空ひばりはとにかく「歌うまいなあ」と思いました。あんなにうまく歌える人はそうはいないと思います。我々（演奏者）はピットではなくて、後ろのひな壇に上がります。ピットじゃないので、よく見えるわけです。太鼓は一番上ですので、余計よく見えました。彼女がジャズ系の時は洋装で、衣裳を変えて歌うんですけども。いやあ、すごいなと思いますよ、やっぱり。

思いやりのある方で、かつ強いところもお持ちでしたね。周りが「ああ、ひばりさん」って簡単に言えそうにない雰囲気もありました。我々は畏れ多い人のバックバンドの一人というだけの存在でした。彼女の楽屋入りは、いつも最後の方でパッと入って神棚にパンパンと手を合わせて行かれるんです。

一番強烈な思い出は、リンゴ追分を歌う時、必ずサクラが「ひばりちゃん」というところがあるわけです。1階の方から。それは、40回公演全部そうだったんですが、サクラで盛り上げるわけです。ある時「悲しい酒」を歌った時に、静かに歌っている時に、「ひばりちゃん」って変な声が2階から聞こえたんです。顔色変えずに全部最後まで歌いまして、休憩で衣裳を変えて出てこられた時、「先ほど2階に、少しお酒を召して気分を害したお客さまがいらっしゃいましたので、すぐお帰りいただきました」と皆の前で言うんですよ。「女王ひばりさん登場！」って感じでした。思い出されるのは、彼女はなぜか「ひとり酒場で飲むザケ（酒）は」と歌っていたんです。濁るんです。サよりザの方が言いやすかったのか、響きがお好きだったのか理由はわかりません。

—学生時代、記憶に残っていることは何ですか？

そうですねえ。酔っぱらって2日寝込んで、試験を受けずに3、4年の後期で、やっと試験通ったっていうのはありました。悪いことは、もう枚挙に暇がありません。

「うわっ！こんな素晴らしい指揮者に出会った」と言ったことは、東京にいる時はあんまりなかったですね。それくらい、ちょっといい加減に斜に音楽を見ていたような気がします。高校時代のように一生懸命練習していなかった。大学生になり、東京に住んでいるのを楽しみたいという方が大きかったように思います。音楽との出合いは、もっと早くちゃんと、大学の時にやっておけばよかった。フィラデルフィアに行って、強く思いました。世界的な指揮者、バーンスタインと一緒に話をした時、「うわっ！浅かったなあ」と、音楽の表面的なことしかしてこなかったように思いました。

—いつ渡米されたのですか？

１９８０年にアメリカのフィラデルフィアに行きました。次の年から向こうの大学院に入りました。本来の目的ではなかったんですが、ペンシルベニア大学でも英語を少し勉強しました。

大学を卒業後、フリーランスで打楽器をしながら生活している時に、母を亡くしました。私が24歳、母は48歳でした。１度鹿屋に帰りました。両親が音楽をしていたという環境ではなく、高校に入ってからバイエルを始めたような男です。試験はありましたけれども。好きなことを高校、大学とさせてもらったので、少しは恩返しをしたいと英語を勉強して、経営学や経済学を学ぼうと思っていました。それでもバチだけは1組持って行ったんです。「なぜフィラデルフィア」かというと、一番の理由は独立を宣言した合衆国ゆかりの地ということに魅力を感じたからです。次に東海岸ですから、ヨーロッパに近いからです。そしてもちろん、フィラデルフィア交響楽団があり、昔からすごく好きでした。

――音楽に触れる機会はありましたか？

いつも6時半ぐらいから並んで、2ドルか2ドル50セントの天井桟敷で8時半ぐらいからフィラデルフィアオーケストラを聴いていました。そのうちに「もう1回やってみようかな」と思い、首席の打楽器奏者にコンサートの後突然、「レッスンしてくれないか」と話しました。「お前どこからきたんだ？誰に習ったんだ？」と言われました。当時のNHK交響楽団のティンパニーストが芸大の先生でした。日本にも2年に1回か3年に1回来ますので、彼は（日本の音楽の）レベルをわかっているわけです。「じゃあまあいいよ」ということになりました。1回2回レッスンして、「うちの大学に来るか？俺が入れてやるから」という話になりました。試験なしで（入学する）、まあそういう時代だったんでしょうね。Philadelphia College of The Performing Arts（フィラデルフィア舞台芸術大学）という音楽やバレエなど芸術を学ぶ私立大学です。フィラデルフィアオーケストラの、今は新しい近代的な開放区になっていますが、アカデミーオブミュージックという、アメリカで一番古い音楽堂の横が大学です。もう完全に隣接しています。大学院にいきました。楽器は8

人必要なこともあるので、エキストラが必要な場合があります。それで舞台に立ったこともあります。アメリカやヨーロッパのいろいろな音楽祭にも行ってきました。そして86年に帰ってきました。

ティンパニーってご存じですか?ドイツとアメリカでは置き方が真逆なんですよ。

——反対になるということですか?

高い低いと並べるか、低い高いと並べるかなんです。ピアノは右手の方が高いですよね。これがアメリカンスタイルなんですよ。ドイツはなぜかその逆にするんですよ。

——混乱しませんか?

いや、自分がやる方でやりますので。突然「そうやれっ」と言われると窮屈かもしれない。実際は自分で調整しますから。

——日本ではどうですか?

私のN響の先生はアメリカで勉強されたので、アメリカ式。今の久保(昌一)君って、N響の首席ティンパニー奏者、彼も鹿児島ですが、ドイツで勉強しているので逆の置き方になっています。どちらかっていうと、左を高くする方が歴史的には古いんだそうです。トルコ軍楽隊は、馬の背に太鼓2つを並べていました。人によって違いますが、大体左側から馬に乗ります。乗馬は左の方が小さいと乗りやすいわけです。小さいイコール音が高いってことです。

歴史的には、そういう風に置いていたんじゃないかということです。合理的なアメリカは、「だって右の方がピアノ高いじゃん。こう置いた方がいいんじゃないの」と。マリンバもザイロフォンもビブラフォンも、左が低いわけですから。マリンバは右が高いです。つまり、置き方は人によって違うということです。

——音の高低の配置は馬に関係があったのですね？

ティンパニーに関してはそうです、コンガとかボンゴとかご存知ですか。あれは左が高いんですよ。高い方が左なんです。ズンダンとこうやって弾きますので。面白いでしょう！

——フィラデルフィアは日本の指導法と違いましたか？

そうですね。例えばＮＨＫ交響楽団でエキストラとして演奏する時も、あんまり褒めてくれないんです。若い子にはやたら難しいのをさせるということもありました。

フィラデルフィアでは、みんな温かいですね。演奏中にもこうやってくれたり。おわかりになりますかね。これって拍手できないんで、立って、例えばシンバルとか置いて、こうしてくれたり。ものすごく温かいと思いましたね。日本では、学生とか若者が行くといびられるんですよ。今はわかりませんが、我々の当時はですよ。「鹿屋の何様よ」って感じがないですね。「やっと我々と同じステージに立てたか、オッケーオッケー」という感じがありましたね。非常にそれがうれしかったです。

実は、アメリカ留学中、本当に日本のことを知らなかったと思いました。逆に、日本のことを勉強した6年間だったと思っています。『羅生門』など黒澤明の昔の作品も見たことなかったんです。

——アメリカ人の中には黒澤や小津が好きな人がいます。

だと思います、はい。もう最高ですよね。アメリカに行った年から、今でも親交ある友人がある楽団のライブラリアンで、よく「黒澤明や小津安二郎はやっぱり天才だ！あのカメラワークとか」と言っていました。そういう話をされても、その時わからないわけです。

こちらはイージーライダーに憧れてアメリカに行ったわけですから。カルチャーショックってい えば、そんな感じでした。日本のことをあまりにも知らな過ぎるというか、外に目が向いていました。音楽をやっていましたが、それは西洋のものでした。改めて日本の文化について勉強しました。禅、宗教のことから、あらゆることについていろんなことを再度学び直しました。その6年間で、もちろんクラッシック音楽でいろんな素晴らしい方々にお会いして勉強したこともさることながら、やっぱり民族音楽に非常に興味がでました。

——日本の音楽に目覚めたということですか？

日本も含めて民族音楽すべてですね。インドから、メキシコも含め世界中に民族音楽があります。そういう観点からいくと、西洋音楽もドイツもイタリアもある意味、民族音楽なわけですね。世の中にはたくさん素晴らしい音楽があります。

文字ということに関しても、密教の世界は文字を残していません。そういうものの素晴らしさを感じることに重点を置くことが、これからは大事だと思います。ＡＩがチェスの勝負に勝ってしまう時代ですが、今の時点では、ＡＩが感じることができるのかっていうのでは、まだクエスチョンマークだと思うんです。近い将来、感動や感じるというメカニズムも解析され、何らかのリアクションをするように人工知能もなっていくのであろうとは思うんです。人間が持つ、言葉に表す程度までの感じると、言葉にはならないけれども、まあ筆舌に尽くし難い感動っていうのはどうでしょう？まだまだじゃないでしょうか。そういう感じるという部分は大事にしていきたいと思います。

—日本の音楽は西洋のものとは違いますか？

違うと思います。三味線にしても琴とか和楽器にも、楽譜らしきものは、約束事みたいなのはあるんです。余韻とかっていうのは書けない。例えば雅楽の太鼓の人たち、親方が打たないと打てない。「擬音」とこうなるわけですけど。そういう意味では西洋音楽は非常に論理的です。キリスト教もそうだと思います。論理的なので、言葉に合わせ、こうやって普及したんじゃないでしょうかね。密教っていうのは、そんなに世界を席巻するようにはならないでしょうね。千の言葉を使っても、伝わらず、言葉を使わない方が伝えられる場合もあるというのが、本質的なところをついているといえます。人間ってそういうことがあるような…。

—初めての海外がフィラデルフィアですか？

いいえ。大学を卒業してすぐ親子でブラジルに行く機会がありました。ブラジル、サンパウロには一番大きな日本人街があります。そこにはピュアな日本人がまだ残っている感じがしました。気骨という意味で。日本人は今非常に西欧化されています。ブラジルに行って以来「日本人って何？」と常に考えています。「日本人とは一体何なのか？」「仏教、儒教はどういう風に日本人に影響しているのか？」考えさせられます。

よくいわれることですが、外国にいて、多くは男性のケースで、非常に西洋びいきになって帰ってくるか、国粋主義者になるかに二分される。おわかりになります？ 女の子とうまくやった子はね、順応する。あまりにもステレオタイプ的な話かもしれません。うまく順応できなければ、国粋とはいわないまでも、「日本人万歳」になるといわれています。

外国で私が一番よく使った英語って何だと思いますか？ "How are you?"（お元気ですか？）は別として。"This is a pen."（これはペンです）と同じ文法なんです。"I am Japanese."（私は日本人です）なんです。どこに行っても、メキシコに行ったらユカテックに間違われるし、アメリカにいると、"Are you from China, Korea, or Vietnam?"（あなたは中国出身？ 韓国？ それともベトナム？）欧米諸国では、アジア人は区別がつかないですね。

「私は日本人です」という文は、日本では、ただの1度も使ったことありませんでした。「日本人って何なんだろう？」と思いました。それが、（今考えていることの）ものすごく基本にあります。最初アメリカに夜着いて、黒人5、6人が、向こうからジェイウオーク（交通規則を無視して道路を横断歩行する）しているのを見ているだけで、怖かったのを覚えています。ここ（白い歯）だけ光っていました。40年前になりますか。大学時代、東京にもまだそんなに外国人は多くなかったです。街中でも、どこへ行っても、「お前は日本人か？」と、話す前に必ず尋ねられます。だから私は、これ（私は日本人です）を一番言ったような気がします。

—自分が日本人であると考えざるを得ないということですね。

考えることになりました。それ以来、教育との関わりで「日本人とはどういうものなのか」と考えるようになりました。いろいろな面から考えてみました。
「日本人って何か?」は「ビッグバンはどうやって始まったか?」に近いと思います。「(ビックバンの)最初の4秒がわかってない」と聞いたことがあります。「ルーツ」という映画がありました。"Where are you from?"(どこから来たの?)と聞かれて、"I am from…"「どこなんだろう?」という話です。それは精神的な面にも当てはまります。33代さかのぼると85億の人がいるわけですが、1人も知らないです。私の祖祖父と祖祖母8人の名前すら知らないです。私が会ったことがあるのは、8人の中で1人だけです。実際に知っているって人が1人。自分のところにスポットライトを当ててみると、1人でも欠けていたら、今こうして先生ともお話をしていない。それを、昔の人は「おかげさま」と言ったんですね。「おかげで」という感覚は日本人にしかないいんじゃないか?どうしてそうあるのか?例えば、中国人は「今あなたがいるのは世界一高い山から糸をたらして、地上にある針の穴を通すような確率で生まれてきている」と説明します。予言していたということです。できっこないですよね。エベレストから、まっすぐ糸が下りるはずもない。ましてや見えない(笑)。そういうことに非常に興味がありますね。「生きていることは生かされていること」と同義だと思うんです。ということは「どういう風にいかに生きなきゃいけないのか」というのが、やはり教育をする上で考えざるを得ない。10人いたら10人の考え方があるとは思います。

―そのように考えるようになったのは、やはり生まれた場所を離れて外に出たからでしょうか?

それはあるような気がします。教育学だけを勉強していても私には見えなかったと思います。いろんな人に出会えたこと、外国は24カ国ぐらいしか行ってないんですが、見たもの、感じたものから学んできました。

音楽はある意味、地図を見るようなものです。ポルトガルのファド（運命を意味する民族音楽）を聴くと、哀愁漂う感じになっちゃう。いろんな民族には独自の音楽があります。民族音学が非常に好きなんですね。リズムの基本はどこにあるんだろう？とか考えます。ディズニーランドやスキーという修学旅行もいいけど、アフリカやインドに2、3日投げ込んだ方が人生観変わるんじゃないかと思うんですよ。インドって面白いです。

—すごく変わるでしょうね。

生命の保証ができないから、それはできないですが。面白い国だなあと思います。図書館やアカデミックなものは非常に苦手ですが、いつかぜひ調べてみたいと思っています。インドも大きいので、大乗仏教系と上座部仏教系で、音楽が非常に違うような気がするんです。大乗、チベットに密教の世界もありますけど、モンゴルを回って、中国を回って北に来た。インドの歌を見るとよくわかるんですが、とどのつまり、東の端っこが青森で、民謡のこぶしの部分です。インドのボーカルって母音で結構ぼかすんですね。それが、段々こう長くなってきているような気がするんです。帰結が日本の民謡のこぶし、「ああーん」とこう最後にきますけど。上座部仏教教の方は沖縄で止まっているような気がします。すっごく似ています。フレーズも。これをアカデミックに背景を証明できたらいいと思うんです。これは、自分が聴いてみてそう思うんであって、ある意味仮説です。そうだったんじゃないのかと。仮説がないと証明しようがないですから。インドは行ったことないです、まだ。1回も行ったことないです。だから余計、イメージが膨らんでいます。

―インドは魅力的な国ですね。

二十数キロ行くとまた言語が変わるっていうぐらいですね。インド人の英語ってすぐわかりますよね。イントネーションとね、あの雰囲気で。「0」を発見した国です。不思議な国です。本当にそう思います。すごく貧しい人からすごいお金持ちまでいる。中学生で、カースト制度を4つぐらい習うんですかね。本来4つ、しかし実際は2千超えるんじゃないかと。厳しいところはそれを超えて結婚はできない、アンタッチャブルな人たちの中に、吟遊詩人バウルがあり、その音楽が素晴らしいです。文字を持っていません。太鼓の皮に1弦だけ伸びていまして、これがミョンミョンミョンと1弦ごと弾きながら、歌うんです。バウルは、東洋アジアのジプシーの起源になっているといわれています。そういう人たちの存在、文字も持たず、「ひいおじいちゃんのころから町のここで同じ場所で歌っていた」というような国です。インドは行ってみたいですね。

―帰国後、今のお仕事に就いたのですか？

はい。教員から始めました。

父の余命がいくばくもないということで帰国しました。理事長の父と私は被雇用者です。音楽の先生と吹奏楽部の顧問はいらしたので、「均、お前は英語を教えろ」と言われました。「理事長、申し訳ございません。私の英語はバーで学んだ英語ですので、受験英語はちょっとあんまり自信がありません」。

―バーで習った英語を教えたのですか？

バーで習った⁉もちろん教科書を使いながらですよ（笑）。英語をバーで覚えたというのは本当なんですよね。暇があれば（音楽の）練習をしていましたから。教授が研究したことを本で学ぶよりも練習していたいわけです。（英語は）バーで覚えた方が多かったですね。いろんな経験をしました。ペンシルベニア大学もあったので、インターナショナルで、いろいろな国籍の人が住んでいました。中には、大学院の交換教授で来られている方もいました。たまたま私が出会った方は、偏差値がものすごく高いというのがゆうにわかる方で、今もどこかの大学で教えています。英語で論文を読んだり書いたりできるのに、意外に話せない人もいました。

英語のことで言いますと、例えば、「ロサンゼルスに2週間行って日常会話をマスターする」というのがありますが、嘘だと思われませんか？日常会話ができたら何も問題ないわけです。例えば、場末のバーで、隣に誰かが座った。「どこから来た？何してるの？」それから先が日本人はないんです。例えば、野球好きだったら、「昨日は○○が勝ったよね」となりますが。15分、30分と普通の人と会話ができればすごい力だと私は思います。突然振られた話題に関して、文化的な蓄積がないとできない。ジョークも土台がないと笑えないです（笑）。

—コメディーを理解するのが一番難しいですね。文化の共通理解が必要ですから。

そうです。"How are you?"（お元気ですか？）と言われたら、"I'm fine thank you, and how are you?"（私は元気です。あなたはいかが？）というのは習いました。「ウーン、オッケー」（まず元気だよ）とか、「ノットグッド」（調子悪いよ）とか、素直に自分の気持ちを言えるようになるには、やっぱり2年ぐらいかかりました。そんな気がします。こちらの腹の虫が悪い時に、「元気だよ」なんて言えないです。"How are you?"と習いましたが、そういう人はいませんでした。"How's it going?" "How are you doing?"や"What's up?"も使われますね。歯はtoothですが、複数形はteethです。「お前たちは変な言葉使うね。複数形はティースなのに、歯磨きはtoothpasteって、1本しか磨かないの？」と言ったの（笑）。

カルチャーショックは、shoe storeシュ―ストア、shoe shopシューショップです。靴屋さんはシューショップって書いてある。シューズショップじゃないです。私は、シューズが靴だと思っていたわけです。シューズ、（左右）2つあるからシューズになっているのに、それが靴屋さんはシューショップです。靴は英語でシューズって言うもんだと思っていたんです。シューショップ。非常に強烈に覚えています。「えっ、シューズって複数形だったんだ」と不思議ですよね（笑）。そんなことは枚挙に暇がないです。

—どのくらい英語を教えましたか？

3、4年は教えています。平成3年に父が亡くなり、理事長を継ぎました。平成5年から校長を兼務しております。よくわからなかったのと、人件費が1人分カットできますので。まあ厳しい時もありまして、そういうことを考えました。「2倍もらっているでしょ」と言う人も少なくないんですが、実は経費削減です（笑）。

子供たちに「昔太鼓たたき、今太鼓持ち」と言っても全くわからないですね。全く！男芸者っていう言葉も知りません。今私が太鼓持ちだっていうのを、「昔は太鼓たたきで今太鼓持ち」って言っても、その花柳界の話が全く通じなかったです。ただ一人、集会の終わった後、「校長先生」と背中をたたく子がいて、「先生、バンドボーイしてたんですか？」と。文字通り太鼓持ちと解釈したんですね。「君は面白いね」と言いました。私には非常に面白かったです。太鼓持ちといっても、平成生まれの先生方もあまり知りません。

――今の高校生はどうですか？

もっと素直になってほしいと以前から思っています。学校の集会でも、私は結構ジョークを言います。映画を見るとか、音楽や落語を聴くとか、おかしければそこで笑ってほしいし、感動したらそこで泣いてほしい。しかし子供たちを見ていると、まず隣を見て「笑っていいかな」と周りを気にしています。

――空気を読んでいるということですか？

空気を読む、はい。30周年式典の時、喜多郎さんにシンセサイザーの。コンサートをお願いしました。後で生徒の感想文を読むと、まず「わあ、いいなあ」と、次に「先生はどんな表情をしてるんだろう？」と見る。「泣いていいんだろうか」と彼女は思ったらしいんですね。感動したなら泣けばいいものを。「感涙す」とあります。そういう意味で素直になってほしいと思っています。「はい、週番立って」と言われたら、パッと立てばいいのに、たったそれだけのことなのに、「立っていいのかな」と周りを見て、1人が立つと立ちだすという感じです。

要するに、みんなに話をしてるんじゃなくて、あなたに話をしてるんで、あなたが週番だったらパッと立てばそれだけのことなのに、その間があるんです。「おはようございます」って言うと間があって、「おはようございます」と大きな声で返ってくる。みんなが言うという。私はバラバラでいいような気がする。別に合わさなくてもいいと思うんです。お客さまが来られた時に「おはようございます」「こんにちは」という声と、「おはようございます」がかぶることがあります。間があるから。体育会系でわかります。「おはようございます」と言ったら、「おはようございます」と言えばいいのに、みんな合わそうとするんですね。それが一つ日本人の、これは島国根性だとかいいたくないんですけども、そういう読み合いをするのはうまいのかもしれませんね、ある意味。

ここ何年かで、やっと笑ってくれるようにはなりました。1週間に1回ぐらいお話する機会があります。わが校は、全職員と生徒が体育館で毎日朝礼をします。私のジョークが下手というのもあるんですが、ジョークを言っても笑わないんです。最近は、ぽつぽつポッポッと笑うようになってきました。よかったと思っているんです。笑っていいんだろうかという表情が顔に出ます。シーンとする。最初、このシーンっていうのが耐えられなかったです。こっちは必死になって考えたジョークが受けず、もちろん受けないのは百も承知で言うんですが、間が耐えられないもんですから、最初は嫌でした。おとなしいといえばおとなしいのかもしれません。しばらくして、「今日も受けなかったね」と言うと、ドーっと笑ってくれました。それが今度は少し進化して、最近はニヤニヤニヤニヤする子がポッリポッリと出てきました。また、「先生面白かったよ」と走ってくる子もいます。喜怒哀楽を露骨に表す女子高生っていうのは多くなりました。

――以前は喜怒哀楽を表現しなかったのですか？

あんまりいなかったような気もします。ぶすっとしている子っておわかりになりますか？何だその表情は、笑えばかわいいのに…何か気にいらんような顔をしている子っていますよね。損しているって思います。絶対、損していると思いますよ。笑えば本当にチャーミングなのにねえ。何か虫の居所が悪いんでしょうかねえ。そういうのって損だなあって思います。

大人の社会でもそうですよ。会議でも、何か苦虫をかみつぶしたような。あえて笑いなさいとは言わないけど、難しい顔しなくてもいいじゃないですか。だからそういう顔をしている人を見ると、ボソっとだじゃれを言ったりしてしまうのです。

—笑いがお好きだから太鼓持ちなのですね。

ですねえ。笑いはコミュニケーションを柔らかくしてくれるような気がするんです。皆、緊張していますから。笑いは学校再生のキーワードに私はなると思っているんです。笑いをテーマに学校を活性化したいと笑いについてもっと真面目に考えてみようと思っています。笑顔をつくるのにお金はかかりません。笑顔になって、自分の機嫌をとることは、自分を大切にすることです。笑えるのは人間だけですよ。

—前田先生のお話を聞いて皆さんは笑っていますか?

まあ、笑って…。「何それ?」というよう反応も少なくないですが。

鹿屋警察署協議会というのがあり、3年間役員を務めたことがあります。警察署での自己紹介の時に、「桜島の一旦停止で停まったら後ろからガツーンときて、22歳の大学生のときでした。幸いムチウチにはならなかったのでよかったんですが、やっぱり一旦停止は気をつけようと思います。以上で私の自己(事故)紹介を終わります」と言いました。警察署長はじめ、誰一人笑ってくれませんでした。自己(事故)紹介わかります?普通は「私はどこの中学校からきた校長のナニナニです」と来るのでしょうが、警察だからした…逆に、したんですね（笑）。

歯医者さんの歌を、歯科医師会の総会で歌ったことがあります。「一発芸ですので」と、参加者に手拍子をしてもらって「1回しか歌わないからよく聞いてください」と言って、「♪は、どうした」わかりましたか？みんな「えっ」と、シラケ鳥がもうバタバタと飛びました（笑）。

笑いはコミュニケーションを柔らかくしてくれるような気がするんですね。みんな緊張していますから。しかし「勘弁してよ、前田先生！あんまり言い過ぎる」と言われて、あまり言えなくなってきました。話していても、次に何を言おうか考えているんですね（笑）。

—笑いが絶えない学校は素敵ですね。教師は人の人生に関わるような仕事です。

そうです。恐いわけですよ。非常に恐いです。いい加減なことができない。簡単なことですが、音楽理論には和声というのがあります。「ここところが、こう動いたら」と禁則例から学んでいくんですね。そしてそれが非常にふに落ちなかったわけです。「こう覚えたら、こんな青い色をしたみたいな和音になるよ」とか、「こうするとチャーミングな男女が愛し合うような音になるよ」とか教えればいいものを、「これは平行（連続）5度だ」と禁則法からいくわけです。「こういう移動は、和声はご法度だ」と。よく考えて、「ああそうなんだ」と思いましたのが、やってはいけないことは無数じゃないので規定しやすいということです。それさえ勉強すれば美しいものは無限にあるということなのかなと思いました。

もちろん、禁じ手が、5万、5兆あるかもしれません。それなら5兆使わなければ、後はもう何をやってもいいよ、そして美の世界が5兆どころか無限大にあるということでしょう。

――禁止、ダメということは生徒に？

言いますね。

――絶対禁止、ダメということは？

あります。

自分で命を絶つとか、わからないでもありません。

鹿屋にはハンセン氏病、昔のらい病ですが、国立療養所星塚敬愛園があります。私は鹿屋で生まれて鹿屋に住んでいたのに、30歳になるまでよく知らず、訪問したこともありませんでした。30年ぐらい前、敬愛園の自治会長さんからお話を伺ったことがあります。敬愛園は全国でも大きなところで、施設の中には火葬場が2つありました。宗教は全部信仰ができるように準備がしてあり、公会堂は当時から床暖房でした。要するに、お金だけ与えて臭いものにふたをしようって世界だったわけです。皆さん戸籍を偽ってでも入所しなきゃいけなかった方々でした。敬愛園の自治会長さんとはいろんな話をしました。私はあんまり偏見がないもんですから、まだプライベートは公になってない前に、一緒に焼酎とか飲んでいたんです。「最近中学生でよく自殺とか聞くよね」と自治会長さんは言いました。昭和の末期ごろ、一時ありました。「自分は望んで生まれてきてないんだから死ぬ権利があると今の子供たちは言うでしょう。我々は生きる権利もあるけれども、それよりは生きる義務がある」とおっしゃったんですよ。

「やっぱり知らしめないといけない。私は（生きることは）義務だと思っているんだ」と。その言葉は強烈でした。自分で自分の命を絶つということに対して、どう言えばいいかと考えたとき、浮かんだのは「おかげさま」という言葉でした。「今ここですけど、じゃあ650年未来を考えてみよう。結婚する、しないはあなたたちの自由だけど、もし子孫が1人でも増えなかったら、あなたは未来に向かって645年先、まあ大化の改新と比べて33代かかる、80億ぐらいの人を殺すことになります。殺すというとちょっと表現がきついなら、命の可能性を閉ざすことになる。もしあなたが20代前のある人を知っていて、その人が殺人者だったから、関ケ原の戦いで20人も殺しているから、その罪のために自殺をするんだったらまだわかるけれど…」（笑）。まあ、そこまでは言わないんですよ。「とにもかくにも、たぐいまれな確率で生まれて、命を絶つというのはどうかなあ」ということは、たまに話します。

大変残念なことに、今まで自殺した子もいます。自分で命を絶つというのは、命についてそんなに考えられなくなるんでしょうね。そういうのはやっぱり考えさせられます。もちろん、何ていうのかな、「やってはいけないって言ったら、六法全書を勉強したら後は何をやってもいいんだ」という論法になってしまいます。

子供たちには、楽しくあってほしいと思っています。そのために、医師も言っているように、絶対笑いが必要だと思います。勉強する人は哲学でも数学でも何でもどんどんやってほしい。その中で何らかの発見があり、手を結べる人たちがどんどん増えていってほしいと思います。生徒と私どもは3年間のお付き合いですから、何ができるのかといろいろ考えます。

教育は（高校）3年間で帰結するものではありません。どういう風に考えたらいいのかと思います。仮に、自分が誕生したところと死ぬところを2点結ぶと、結んだのが直線ですよね。線分は点の連続ですよね。ということは、今幸せであれば一生幸せであるはずですよね。しかし私たちは先に幸せを求めてしまう。追い求めても追い求めても幸せは先にある。そうではなくて、「1点1点が、幸せ、充実していれば、振り向いた時に幸せの道ができている」と思います。それは、お金を得るための成功という意味ではありません。成功は必ずしも約束されていないと思います。けれど成長は、必ず約束されているんじゃないかと思います。それをどうしたら伝えることができるかということです。

―高校生は人生で一番多感な時代です。

そうですねえ。多感な時です。その時にわからなくても、5年後、10年後、30年後でも、何かつかみ取ってくれればいいなと思っています。

わが校は昭和43年に開学しました。もともと商業、鹿屋商業高校でした。

子供の時の思い出の一つですが、父たちが和室の応接室で、夜中の1、2時まで4、5人でワイワイガヤガヤと書類を作っていたんですね。次の日に、書類を風呂敷に包んで「県庁に行ってくる」と出かけて行くのを見ていました。その後ろ姿は非常に楽しそうに見えました。

―新しいことを始める高揚感ですね。

うん。「いつまでにせんないかん。持っていかんないかん」と、鞄もないし風呂敷に提げてですね。昭和41、42年の話ですよ。私が小学生、11、12歳のころです。それで鹿屋商業高校ができまして、途中から普通科もでき、鹿屋中央高校に校名変更しました。普通科、商業科、医療業務科、調理科というのがあったんです。それらを統合して、少しカリキュラムといいますか変えて、調理師の子もパソコン勉強できるようにして、そういうカリキュラムにして、名前を人間科学科としたんです。夢としましては、文理でお医者さんもいるし、大学教授がいてもエエやない。進学で、そういう人もいて、体育コースでプロ野球選手、オリンピックの金メダリストがいてもいいなと。商業で何でもあって、その子たちが例えば、調理コースのやってるすし屋で同窓会をしてるのが私の夢なんですよ。

違う学校が3つ、4つもあるような学校です。それらが一つになった学校です。ただ同じなのは鹿屋で一緒に3年間勉強したということです。それもありまして、毎日皆が集まって朝礼をするわけです。「今日は調理コースの人たちは親子試食会があります」と、文理の子には全く関係ないのに、そういうことを毎日言ってるわけです。「文理の子は明日進研模試があります」とか。周りの子は進研模試のシの字も知らない。一見無駄なようですが、いろんな子たちがいるということを知ってもらいたいのです。

レスリング日本一になった子がいれば、文理の子で今度準1級に通りましたとか、全部皆で共有してもらいたいんです。卒業したら、「雨が降っても毎朝行ってたよねえ。協生の時間って何だったんだろうね」っていうことだけでも話題になればいいなと思っています。もう自分のクラスにいったら関係のあることしか言いませんもんね。

―鹿屋中央高等学校は2014年第96回全国高校野球選手権に出場しました。

夏の甲子園への出場は大隅半島では初めてですね。その前年（2013年）に、志布志にある尚士館高校が春の選抜に行きました。

―甲子園に行くには、春は選ばれて、夏は勝ち抜いていってということですね。

そうです。狙ってなかなか取れるものではないのです。狙っているんですけども（笑）。スポーツの魅力は、考え方やイデオロギーを超えて、自民党の人だろうが共産党の人だろうが「よかったよかった」と言って一つになれるところですね。

甲子園が決まって、思った以上に反響が大きくてビックリしました。近くのおばちゃんたちが寄付を持ってきてくださる。年金暮らしの中、3千円とか2千円とかを学校に持ってきてくださるんです。「あのな、うちの孫の友だちのあん子が野球部のあの子のお姉ちゃんなのよ」とか「実はな、孫ん子が喜んでましてね」って事務職員に話されて行かれます。自分たちも関係がある、関与しているとおっしゃってくださいます。職員も喜んで「ああそうですか！そうですか！」と聞いていました。ありがたいことです。寄付をいただいた方には全てお返ししたんです。3カ月かかりました。私学だなあと思います。それがよさなのだと思うんです。

野球っていうのは非常に特殊ですよね、高校の中では。野球は甲子園に出ますと、1回戦からテレビ中継です。全国に名前が知れ渡ります。ほかのスポーツは、高校体育連盟、高体連っていう組織ですが、野球だけ高野連ですから全く別で、お金も持っています。私は鹿児島県高等学校野球連盟の副会長を務めて17年目になります。ですからよくわかるんです。高野連は独特なものを持っています。野球は国民的スポーツです。野球部と同じぐらい、あるいはそれ以上に成果を上げているクラブや部活動もいっぱいあります。レスリングは全国制覇もしていますし、チャンピオンはもう17、18名いるんですが、教育テレビで試合のオンタイム放送はありません。不思議なものですね。野球っていうのはそれだけポピュラーなんでしょう。確かに（甲子園に出場すると）学校の知名度は上がります。

甲子園に出るために、なりふり構わず、鹿児島出身だけでなく、いろんなところから生徒を連れてきて、いい監督に来てもらってというのは私は嫌ですね。うちの野球部は全員鹿児島出身です。鹿屋だけではないですけど、県内にはこだわりました。

大隅半島には素晴らしい子たちがたくさんいます。ですから、出ているわけですね。昔は、野球であれば、ＰＬ学園であるとか、勉強ができる子はラ・サールに行くとかということがありました。この大隅半島、鹿屋がそのセンターにありますが、私どもがどういう教育をしなければいけないかと常に考えています。「帰ってきなさいよ」と言わなくても大隅に帰ってきたくなるような地域づくりを学校として取り組んでいきたいです。

―地元鹿屋にＵターンしてほしいということですね。鹿屋の魅力づくりにも関わっていらっしゃるのですか？

Ｕターン、Ｉターン、どっちでもいいんです。大隅のよさをもっとアピールしたいですね。一つには、市民オーケストラに関わっていることが大きいと思います。「バイオリンを弾いている人が鹿屋に誰かいるかな？」から始めました。50歳過ぎてからバイオリンを弾いたご婦人がもう２人いらっしゃるんです。

―素敵ですね。

そういう方がここに残っておられるっていうのが、私は財産だと思っています。皆さん、とても一生懸命なんですね。稽古稽古で、ご主人や子供さんはかわいそうだったと思います。

私は東京に行きたくて東京にも行っています。留学もしました。外に出たがり屋なんです。違う場所が好きなんですね。でも今となっては、やっぱり田舎に住むということがリッチだと思う時はあります。都会、人が多いのは疲れます。アメリカに6年いて帰国して、怖くて、東京の満員電車に乗れなかったです。他人とのあんなに近い距離ってあり得ないですよね。

—鹿屋中央高等学校で大切にされていることは何ですか?

校訓は真善美です。わが校では、「真善美の誓」を生徒たちが誦句します。

心から
自分の存在が人の世の
ためになることを目標に
精神態度を積極的に保ち
本質を自覚することを忘れず
美を作り出します
故に
わたしは
心と力を合わせて生きる
協生を実践します

協生
協は衆人の和
協は衆心の和

昭和43年開校時以来、「真善美を目指し、至誠(まごころをこめて)、責任(おのがつとめに)、勤勉(よく励み)、協和(ちからあわせて)、創造(つねにすすむ)」を校訓としてきました。2018年に創立50周年を迎えますが、さらに「真(明るく生きる真の知恵)・善(優しい善の心)・美(躍動する美の姿)」へと発展してきました。

中村天風先生が、真善美について「宇宙の心、人間の心　宇宙という大生命の流れと人間の心が一つになれば、ここに初めて生命の本体も本質も分明してきて、当然の帰結としてこの宇宙の心が真善美以外の何物でもなく、同時に人間の心の本質もまた、真善美以外の何物でもないことがわかってくる」とおっしゃっています。校訓でもある「真善美」をどのように伝えていくか、よく考えます。

鹿屋で生まれ育ち発展してきた学校です。生徒、教職員、保護者、地域社会とともに協力して生きる「協生（きょうせい）」を目標として力を合わせ、さらなる進化を遂げたいと考えています。協生目標は「響歩（手を取り合って足なみそろえよう）協笑（心が通じあった微笑み）」です。

座右の銘といったしゃれたものを私は持っていません。私は常に「真善美とは何か？」ということについて考えています。自分のテーマであると思っています。校訓が真善美ですから。考え方は、安岡正篤先生と中村天風先生から大きな影響を受けました。近年、中村先生の考え方に非常に関心があります。

真善美って説明できないんです。私には。ものすごく崇高なものなんでしょうが、難しいです。真善美も、昔は「逆に考えるとわかりやすいかな？」と思ったこともあります。美を醜と、醜いものと美しいものと置き換えてみる。悪と善とか。

生きるということが、美しくありたいですね。美しくありたいです。そういう意味では芸術に携わる機会があったということは、ありがたいと思っています。いろんな考え方や言葉も通じない人たちと時間を共有できるということですから。ですからオーケストラが好きなんです。いろんな楽器、個人じゃなくて。合唱も楽しいですけどね。日本では言語学的に合唱はあんまり歴史的にない。主語を使わないから。"We are happy!" ウイアーハッピーって歌えば、「我々は幸せだ」と。そういう背景もある。「ああなるほどな」と思いました。讃美歌にしても、どこかに主語があります。あるだろうと思うんです。

振り返ってみると、理事長、校長職と、平成5年からですから、もう二十数年やってきました。その中で思うことは、音楽も非常に残ってるんですけど、この職に就いたことで考えさせられましたね。教員していないと、こういう風に考えてないいんじゃないかと思うんです。自分の人生とか。そんな気はしています。

―もしも先生に、「哲学って何ですか？」と小学3年生が聞いたら何て説明しますか？

「哲学はよく考えること。すでにわかっていることだけれど、説明できないようなことについて考えること。自分だけでなく他の立場に立って見たり考えたりすること。あらゆる物はいろんな角度で見ると違う」と説明します。

役には立たないことが、必要ですね。無用の用とはいいませんが、考えるっていうのは非常に論理的な作業であると私は思うんです。高校時代かな、ブルース・リーの『燃えよドラゴン』"Enter the Dragon"を見ました。彼にとって最初の映画ではないんですが、初めての英語の作品です。冒頭、弟子とのシーンで、"Kick me!"と何回もやらせて、「それだ、わかるか」と、すると弟子が"Let me think."（考えさせてください）と言ったんです。パチーンって頭たたかれて、"Don't think! Feel!"（考えるな！感じろ！）という場面があります。

―考えてはいけないということですね。

これが、文化人類学者にいわせると、西洋人には、ものすごくセンセーショナルだったんです。「考えるな、感じろ」と英語でストレートにきていますから。

例えば、究極に自分が生きるか死ぬかっていう時に、やっぱり感性じゃないですかね。こっち行った方がいいとか、この人信じられるかとか、そういうことは感性で決めるしかないのではないかと思うのです。「感性」という言葉ができたこと自体、論理的に考えればのような気もするんですよ。名前あるものを言葉で表せるのは、ある意味論理的なのかもしれない。どうなんですかね。

――言葉で表わせないものがあるから、芸術で、例えば音楽で表現するのかもしれません。

例えば、現在世界人口は75億ですが、物心ついている人にとって、一瞬でも地球上で同時に共有できる音を仮定しますと、それは「無音」だと私は思っているんです。無音っていうのは、音を出すというより、音がないという音です。やっぱり宗教界では瞑想であるとか、そういうことって非常に大事なような気がするんですよね。無音の考え方が面白い。西洋音楽は理屈でいきますので、この四分音符の長さだけ休むという感じです。日本はどちらかというと、何にもない所に音が出るっていう、その隙間の方が大事だという。そこが静と動のとらえ方の違いですね。

間っていうか。それがうまくいかないと間抜けになっちゃうし、うん。人との間合いといいますが、話をする時でも肉体的っていうか、非常に間の近い人っていいますよね。だいたい1メートルちょっとが普通だと思いますが、初めて会う人に、1メートル以下の距離まで近づくと「ちょっと待って」となります。いらっしゃいますよね、そういう方。何にも悪気はないんですけど。この辺の感覚っていうのは理屈じゃないような気がするんですね。いい悪いっていうのをどういう風に理解するか、この辺が非常にわからない。

――若者にメッセージをお願いします。

中村天風さんが「こころを積極的に」とおっしゃっています。言葉として考えてみると、前向きにという言葉にも変えられるんですが、簡単なようで難しいです。滅入ることもあります。

同じ30センチの板も、地面に近ければ何のこともなく渡れるのに、30階のビルに渡された2メートルの板が渡れないのはなぜか？ビルとビルの間、それは、落ちたら死ぬんじゃないかと認識するからですね。

――知覚できるからですね。

そうです。要するに、心のあり方が変えるという意味です。英語ではあんまり心って表現をしないですね。ハートは心臓そのものを言っています。

――マインドですね。

マインドですよね、どちらかというと。（アメリカでは）ハートとマインドって、実は日本ほど分けて考えてない。マインドっていうと頭の中。「心で前向きに」と言うけれど、考えているのは、「前向きに」と脳が考えているのではないか。心のあり方を変えるというのは、大事なことのような気がしてならないんです。心っていうのは非常にこう、ゾクっとする言葉なんです。

心の信念とか特性とか動機とか、この見えない部分っていうのは、全てある意味マインドに支配されている。土台がしっかりないと、この見えないところがわからないような気がするんです。「信念持ちなさいというけれど、どうやって持つんですか」と聞かれたら、「持とうと思わないとあきまへんな」というのが、答えだとします。それが「心っていうのかな、心がそうしたい」と思う。

逆に言うと、「心を積極的にする何かよいテクニックがあるのか？」。それはもう思うことでしか思えない。「目標を持たないといけないと思いますか」と言うと、「はい、その方がいいと思います」。「じゃあ。どうやったら目標を持てますか？」と小学1年生に聞かれたら何て答えるか。「目標が大事なのはわかる？目標は持とうと思わないといけない。持とうと思おうよ」に尽きると思うんです。

―自分がしたいことと、周り、特に親の影響が強くなると思いますが、一致しない時はどのように指導されますか。

うまくいかないことあると思います。そういう時には、結論的には、迷ったら今の言葉も含めて、「迷ったら飯粒をたくさん食べている人に従いなさい」と言います。

それは親でもいいし、お兄さんでもいい。要するに、「ご飯をたくさん食べている人」というのは、つまり「あなたより経験している人」という意味の比喩なんです。「本質的には、本当はあなたがしたいことがベストだと私は思うよ。だって、お母さんがあなたの代わりに大学にいくわけではない。そこがハッキリすれば、何日でも真面目に話をしてごらん」といいます。仮にうまくいかなくても、親は、親が思う大学にいってくれるより、「おっ、お前もいっぱしの大人になったな」と、そのことを喜ぶんじゃないかと私は思っているんです。

子供たちの中には、何が好きかわからないという者もいっぱいいると思います。それなら「いろんなことを経験してみたら」というのも恐いんですよ。なぜかっていうと、「人を殺したらどんな気持ちが」という場合もあります。短絡的にいます。人の話を聞いたり、本を読んだり、音楽を聴いたり、絵を見たりということと、他人の物を奪うとか他人の命をというのは別の次元です。

「なぜ人を殺してはいけないのか？」と昔からある問題を、高校レベルではどういう風に考えていくかと、結論は出なくても考えます。思春期の子供たちにとっては、そういう話をしたい時期じゃないですか。

太宰治の小説の中で、自殺をしようとする時のくだりも好きなんですが、『斜陽』かな、自分って自分が思っている自分が自分なのか、相手から見られている自分が自分なのか、相手が見ている、こういう風に見ているんじゃないかっていうのが自分なのか？と高校時代もすごく悩んだことがあるんです。もちろん結論は出ませんけれど。

——ご自分が好きなことを選んで、なさっていてもやはりそういう疑問はあるということですね。

はい。自分が貧乏のまねをすると人は貧乏だという。ぜいたくなことをすると分限者（金持ち）に見えるというようなことが書いてありました。「転んで思わず、アイタっと痛がっていた」とかそういう類の人物が『斜陽』などに出てきました。「ああなるほど」と。ということは、自分が自分だと思っていることと、自分を演じている自分もいるんだろうという気もします。

子供たちが好きなことが見つからない、わからない。昔「自分探し」という言葉がはやりましたが、死ぬまで自分探しなんじゃないですか？どこかレベルはあるでしょうが。見つかるものであれば、自分探しはしないでしょう。そのために哲学を勉強する方もいるし、宗教の経験をする人もいる。ただ全ての経験はやっぱり無理ですよね。ですから、ほかのものを通して、哲学的な視点ですか。もし、あの鞄を作った人がどういう気持ちで作ったんだろうかとかいうことから世界を広げていって、俯瞰《ふかん》するというか…その辺がまだよく私もわからないです。たくさんの本を読んでも、たくさんの人に会っても、たくさんの所に行っても、もっと言うと、「地球を見た人は哲学者になる」という有名な言葉があります。もし地球を外から見てみたら、また違う感じになるかもしれません。京都大学の数学の森毅先生は「これはいい本だなあというのは１００冊に1冊ぐらいの割合かな」と、しかし残りの99冊を読まないとその１冊にたどり着けない。それがたまたま1冊目かもしれない。１００冊目かもしれない。それは無用の用とはいいませんが、必要無駄ということはあるんじゃないでしょうか。人生にもあるんじゃないかと思います。無用の用ということを知らない子供たちに、説明する時にこう説明します。「校庭があるとします。その広い校庭をすんなり真っすぐでも、斜めでも歩けるよね。仮に、おみ足で歩いていって足跡が残る。その１センチ外は奈落の底だとすると、歩けますか？」そりゃあ歩けるものじゃないと思います。ただそれだけの話です。ということは、「あんな広い、向こうで野球やっているあんな土地なんかいらないじゃないか」ではなく、それがあるから歩ける。そういうことを考えると、自分の存在は75億の中の誰も見向きはしてくれないけど、その人がいるということがやっぱりみんなに影響しているんじゃないですかね。

―飛ぶ夢を今でもご覧になるとおっしゃっていました。

還暦を過ぎても、生きている限りもがいていなければならない。それを生徒たちに伝えていきたいと思っています。

前田均さんから若者へ言葉のプレゼント

"The clock is running. Make the most of today. Time waits for no man. Yesterday is history. Tomorrow is a mystery. Today is a gift. That's why it is called the present"
— Alice Morse Earle

時は流れる。今日を精いっぱい生きろ。歳月人を待たず。
昨日は過去のもの。明日は未知のもの。今日は授かりもの。だからそれは贈り物／現在と呼ばれるのだ。

鹿屋中央高等学校
〒893―0014
鹿児島県鹿屋市寿8―12―26
http://www.kanoya-chuo.ed.jp/

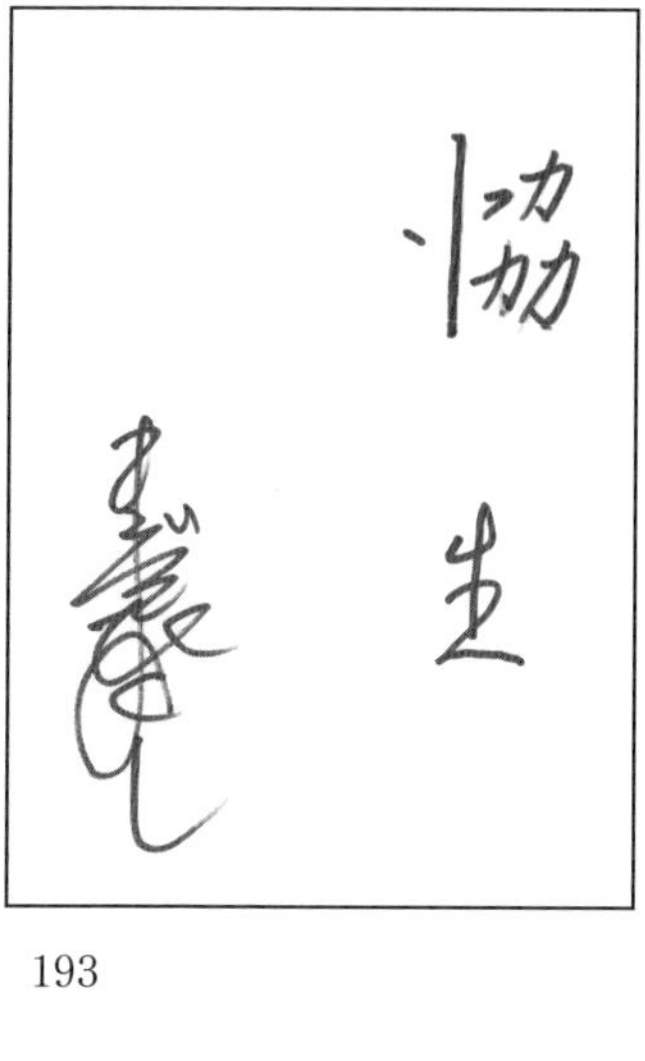

鹿児島大学名誉教授
NPO法人「海の森づくり推進協会」代表理事

松田　恵明さん

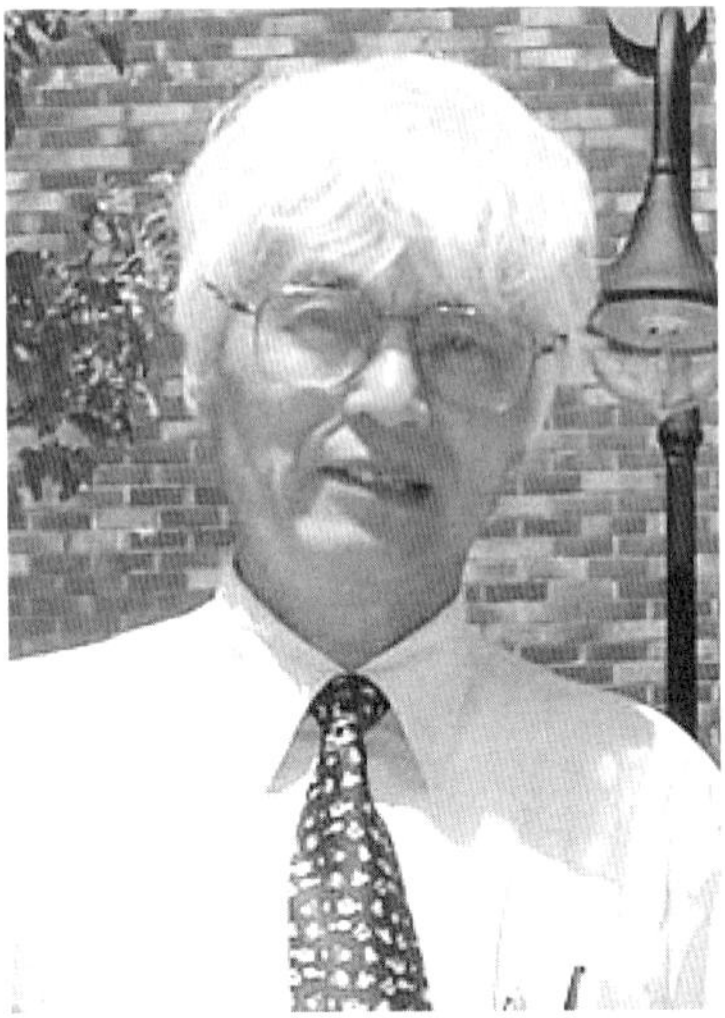

炭鉱で働き、貯めたお金で大学に通ったこと、素晴らしい師との邂逅、酪農と水産を北海道で学び、米国留学を経て鹿児島大学で教壇に立ったこと、これまでの経験から「海の森づくり」と環境問題に取り組んでいることなど、お話いただきます。インタビューは2014年2月に東京で行いました。

松田恵明（まつだ　よしあき）
1939年　神戸で誕生。大野（越前大野）で育つ。
1959年　酪農学園大学付属植苗塾終了
（塾生として1年、酪農学園短期大学助手として1年）
1966年　北海道大学水産学部卒業
北海道大学院進学
1968年　北海道大学水産学修士・博士課程（3年間）履修
1968年～80年　アメリカ ジョージア大学留学
1973年　M.AET（農業改良普及学）取得
1976年　Ph.D（農業経済学）取得
1980年　鹿児島大学水産学部助教授
1991年　鹿児島大学教授
1999年　国際漁業研究会会長
1993年　漁業経済学会理事
2004年　第12回国債漁業経済会議（IIFET2004 JAPAN）組織委員長
2005年　鹿児島大学名誉教授
現在　秋田県在住

鹿児島の海から環境保護を考えよう！

―生い立ちについて教えてください。

私は、昭和14年12月に神戸市生田区大丸前のミナト商店で長男として生まれました。姉が3人、弟が1人の5人兄弟でした。

第二次世界大戦があった時、ちょうど5、6歳くらいでした。家の前が神戸の大丸デパートで、その地下街は防空壕でもありました。疎開も経験しました。昭和20年3月に、両親の里である福井県大野（現越前大野市）に疎開し、幼稚園、小・中学校、高校を過ごしました。

中学生時代に映研部に入り、西部劇をたくさん見ました。映画を見て、自然への憧れが芽生え、また「いつか外国へ行きたい」と強く思うようになりました。高校時代は馬術部に入り、大きくなったら牧場主になりたいと考えるようになりました。

第二次大戦で、実家の店も工場も焼かれ、戦後、父は立て直そうとしましたが、失敗の連続でした。母は古里に残り、子供の教育に専念しておりました。

母は、私に非常に期待しておりましたが、その期待を裏切り高校卒業後、私は夢を追い、北海道へ向かいました。父の期待も大きかったと思います。親不孝をしました（笑）。

―北海道で勉強されたのですね。

昭和33年4月に北海道に渡りました。酪農学園の当時の黒澤酉蔵園長にお会いし、園長自慢の酪農学園の一地方農場植苗塾を紹介され、そこで2年間有機農法酪農を学びました。そこで酪農学園植苗塾の由来とヒースと呼ばれる泥炭土に覆われているデンマークがどうして乳と蜜のあふれる里になったかを学びました。酪農学園植苗塾は、中卒で酪農に従事している18歳以上の人を対象とした1年間のデンマーク方式の教育の場でした。半年は酪農学園と雪印乳業の講師から学ぶ勉強が中心で、半年は作業中心でした。修了生は酪農学園短大の入学資格を持ち、大検なしで大学教育を受けられる日本唯一のシステムを運用していました。

—ご専門は水産ですが、なぜ酪農に進まれなかったのですか？

酪農の素晴らしさにはひかれましたが、海は狩猟時代から増養殖の時代に向かおうとしているということもあり、水産を考えました。

酪農学園で学んだ後、学費を稼ぐため、炭鉱で1年間働きました。そして予備校に通い、猛勉強しました。昭和37年、北大水産学部増殖学科に入学し、猛烈に勉強しました。ここでは酪農学園で学んだことが非常に参考になりました。水産生物を通して生態学の根本理念を学び、大学の生物学の素晴らしさに感動しました。

—どんな学生時代でしたか？

学生時代に素晴らしい先生との出会いがありました。

第1回北海道夏季大学で、「テレビは人間を総白痴化する」といって現代社会を批判した大宅壮一先生が講演され、「北海道は観光にうつつを抜かすより、その野生的な特徴を生かして、もっと積極的に教育の場を開発し、人づくりに徹しては」と提言しました。

北海道大学では、クロレラの素晴らしさを教えてくれた渡部先生、総合科学と文化の重要性をとことん説明してくれた岡不二太郎先生に出会いました。人文地理の教師である井上修二先生は、受講生の出身地を聞いて即座にその地域の地図を描き、その社会的・文化的、地理的特徴を解説しておりました。

生態学の立脇操先生には、北海道の旅のスライドを集めて北大の学生に見せようと準備していた時に、北海道の写真を一部国鉄（札幌駅）に借りに行った時に初めてお会いしました。「若い時から、借り物で勝負とは何事か」とひどく怒られたことがいまだに忘れられません。

北大の水産学部でも素晴らしい先生に恵まれました。水族生態学の小林新二郎先生は、オダムの『生態学の基礎』をテキストとして使い、そこに出てくる生物を全て水生生物に置き換えて説明してくださいました。生物学に対する興味が倍増しました。

浅海増殖学の田村正先生に、2年生の夏休みに水産現場を見学に行きたいと相談したら、和歌山県の堅田漁協を紹介してくれました。ここで20日間「ハマチの養殖」のアルバイトをし、そのお金で長野県淡水区養殖研究所上田支所、大坂府寝屋川の養殖場、奈良県大和郡山の金魚養殖場、香川県屋島の栽培漁業センター、静岡県水試浜松支所、日本クロレラ研究所、東京の三京水産を訪問できました。

淡水増殖学の山本喜一郎先生は、内分泌学の権威で、生殖やストレスの研究に熱中していました。私はストレスに興味を持っていたので、この先生を主指導教官としました。私のやることに対して、常に前向きに対応してくれました。

海藻学の時田郇先生は海藻学の権威で、敬虔なキリスト教徒でした。内村鑑三先生がつくった札幌独立教会の主事を長く務めておられました。私と気が合って個人的な付き合いも長く、留学の時には、横浜まで見送りにきてくれました。

元田茂先生は浮遊生物学の権威で、私の在学中にソ連などからの学者も集めて国際会議を開催するほどの国際派でした。私とも気が合い、結婚式の仲人もしてくれました。

新川伝助先生は自然科学の殿堂水産学部で数少ない経済学者で、新しい感覚を持っていました。この先生のおかげで、自分はもっと経済や統計を勉強して海洋の利用を図りたいと思いました。しかし、日本では、自然科学の世界から社会科学に移るとしても、学士入学しか手はありませんでした。私が、縦割りのシステムに疑問を持ったのは、この先生と会ってからです。生物系、化学系、物理系、経営系と4つに分け総合的な見方を軽視したところに、今日の問題があります。「学会栄えて産業滅ぶ」という現実を見て疑問を感じる大学人がおりません。

また、東京・市谷駅の下で釣堀を経営している三京水産の江原社長にもお世話になりました。彼は、福沢諭吉の愛弟子で、戦前は台湾で製糖工場を経営し、戦後はレッドパージで中国に行っており、1950年代に帰国しました。その時、中国産の金魚や草魚や蓮魚を日本に持ってきました。彼と知り合ったことで、北大に淡水養殖研究会をつくり、中国産の草魚や蓮魚を試験材料とすることができ、中国の複合養殖を大いに勉強しました。

―米国留学についてお聞かせください。

博士課程におりました時に、米国ジョージア大学農学部農業経済学研究科への留学のチャンスが来ました。1966年には、東大で太平洋学術会議が開催されました。私も出席し、歴史学者トインビーの話や54年のビキニ環礁で行った水爆実験による海洋汚染に対する日米の激論、鮭の回遊の話やコンチキ号の話など聞き、心が湧きました。

ジョージア大学では、Eugene Odum 先生に

も お世話になりました。『生態学の基礎』の著者です。

私の受け皿であったスキダウェー（Skidaway）海洋研究所で、James Andrews 先生にお世話になりました。彼は栄養学者です。当時、アメリカナマズの需要が高まり、養殖に対する関心が高まっておりました。この海洋研究所では、高密度養殖試験を計画中でした。

ジョージア大学では、Dean Rusk 先生にも大変お世話になりました。彼は故ケネディ大統領の時の国防長官でしたが、当時、ジョージア大学法学部教授として就任していました。

ウッズホール海洋研究所では、所長の Paul Fye 先生にお世話になりました。化学が専門の Dr. Fye は国連海洋法の進展を見て、海洋科学者の意見をこれからの海洋政策の中に生かすことの重要性を早くから認識しており、72年にウッズホール海洋研究所の中に海洋政策プログラムを作りました。私の仕事は、発展途上国の養殖を進展させるための方策探しと、発展途上国の養殖振興に関する国際会議の開催準備でした。ここでのプログラムはMITとハーバード大学とのジョイントプログラムであったので、毎週1回ボストンへ仲間と一緒に出かけ、MITとハーバードの授業を受けました。正規のポスドクプログラムが終了した後、仕事が見つかるまで研究者として残り、北東漁業研究所所長の要請で、当時漁業管理の中で、伯仲した議論がなされていた「Limited Entry」の研究に従事しました。

—アメリカに留学され感じた日本との違いはどんなことですか？

アメリカの大学は、勉強したい人には、非常に勉強しやすい環境が整っておりました。図書館は24時間開放で、ほとんどの学生が図書館を利用せざるを得ない環境にあります。つまり、毎学期が始まると学生は、レファレンスカウンターへ行って授業で指定されるレファレンスペーパーを借りて宿題に応えなければなりません。貸し出し時間も時間単位です。このようなシステムは日本にはありません。

―ご帰国後、鹿児島大学の水産学部で教員をされたのですね。

鹿大水産学部の岩切茂郎先生が、東西センターにいらした時に、国連海洋法の締結と関連して、日本で初めて国際海洋政策学講座ができ、参りました。

鹿児島に到着後、南方海域研究センターが紹介され、その可能性に魅了されました。7年間の時限研究センターでしたが、南太平洋に関心のある人材を弘前大・東北大・群馬大・東大・東海大・金沢大・京大・民博・神戸大・九州大・長崎大・琉球大などから集め、年間40、50日鹿大水産学部の練習船の特定研究として南太平洋研究に取り組んでいたのです。

総合大学化へ向けた「21世紀の鹿児島大学を考える会」をリードしたこともありました。それは学部の壁を超え広がりました。当時の学長である石神兼文先生は常に顔を出し、各学部からも事務長や学部長なども出てきた開かれた場でした。

2004年、第12回IIFET（国際漁業経済学会）の東京開催に持ち込み、250人（うち50人は欧米人、100人は途上国人、100人が日本人）の参加を得ました。過去に日本で開催された水産系国際学会の外国人参加は最大の規模でした。途上国からの参加が多く、それまで欧米中心であったIIFETの国際化につながり、その後のIIFETの構成に大きく影響しました。

IIFET2004の開催には、国際漁業研究会ＪＩＦＲＳ名誉会長の山本忠先生の大きな貢献がありました。彼は水産統計の専門家で長くＦＡＯの水産統計指導に当たっておりました。定年退職後日本大学の教授を担当し、日本の国際漁業研究会（ＪＩＦＲＳ）を１９８０年代に東京水産大学の先生方と一緒に立ち上げました。私もその一員でしたが、91年にＩＩＦＥＴと全漁連と共催で漁業管理に関する国際シンポを開催し、95年12月には、日本政府主催の『京都会議 -The Sustainable Contributions of Fisheries to Food Security-』に関わりましたが、その後は『世界の漁業』編さんに時間を割き、２０００年を迎えました。ＩＩＦＥＴ２０００に出席した時に、ＩＩＦＥＴは日本開催を大いに期待しており、私たちも考えなければならないと話しました。それがきっかけとなり、山本忠先生は、一千万円の寄付を確約されました。この寄付があったからこそ、私たちはＩＩＦＥＴ２００４の東京開催を実現できたのです。

若い時、人に恵まれたこと、会った人皆素晴らしかったことが財産です。

―多くの方々から影響を受け、水産学への道を進まれたということですが、日本における水産の問題点はどんなことでしょうか？

水産の対象としているもの、海藻や魚というのは、人間の五感で感知できない。海はダイナミックな存在です。気象に関係があり、そこには自然の全てがある。塩分、いろんな圧力、いろんな壁があり、ほかの対象物と全く違う。また歴史的に見ても、人間の生活に取り入れられている。それら全てひっくるめて水産であり、工業製品とは違うものです。

センサーが進んでいるといいますが、海を調査するのにあたり、どれだけもつか疑問です。センサーなどの機械に頼れない。最先端の技術を持っても、そういうものを海の中に持っていってても何の役にも立たない。それが海です。本来であれば、大学の基幹にすべき学問ですが、今はone of them(学問の一分野)になってしまっています。海洋産業界はこれから進展が望まれ、大きな投資が必要なのに、実際はない。国民の理解もない。関心もない。戦後70年、海に対して、政府が前向きに対応した時代がない。

戦後、50年代、60年代を振り返ってみると、大卒の初任給が月1万2千円の時、大洋漁業に従事していた漁業者は月10万円以上の収入がありました。今国内の消費、つまり、魚を食べる量（食用魚介類）が減っている。これは2004年の800万トンから14年には627万トン(24・3％減)まで減った。非食用の飼肥料も同じスパンで250万トンから169万トン（33・0％減）に減っている。今の輸入はそんなに量的に多くはない。

——産業がダウンしている理由は何ですか？

沿岸、沖合、全体の量が少ないから輸入しています。実際にはトータルで500〜600万トン、最盛期に比べれば3分の1です。それ以外は輸入で、トータルで800万トン調整されています。2016年の総漁獲量は479万トンで、沿岸漁業と沖合漁業の漁獲量合計が少ないから輸入しています。14年の水産物輸入量は480万トンで、これはピーク時(1984年)の1282万トンの37％です。このような水産業の落ち込みは、高齢化と担い手問題と多様化が深く関係していますが、行政・教育担当がうまく機能していないと考えられます。

日本の国内で捕られ、流通に乗らないものは、すべて雑魚として非常に安い値段で肥料などに使われました。何ともったいない！流通の改善がなされれば、確実に仕事ができると思います。工夫がない。大手は資本の論理で動きます。景気が悪ければ撤退してしまいます。漁業組合VS資本漁業ということになっています。

今の漁業者はパート従事者がほとんどです。専業は少ない。漁業は能力がばらばらです。だから平等だと満足しない。もっとフレキシブルにできるようにしたらと思います。そういうシステムを取り入れる場合、一個人として、働いている人が従業員となる。漁協は代表が1人です。個人だけでなく企業でもメンバーシップ、あるいは特区という方法もあります。

水産未来学の立場から総合的に見ると、資本漁業に任せられる部分と任せられない部分がある。しかし漁業と独立してやるのは問題がある。資本漁業はうまくいかないとなると撤退する。今までもそういうことが何度もあった。漁業の主体が60年代、流通主体になったことがあった。商社の機能が強化されました。生産だけに関わるのではなく、加工や流通といった総合商社的な水産の流通が大きな意味を持ってきました。例えば、外国の排他的経済水域でのアレンジということも可能です。日本がそこの国に具体的な貢献をする。ただお金を渡すだけでなく、ＯＤＡ的なできることをやる。そうすると交渉を有利にすることができる。例えば、エビを輸入してほしいとかいった水産関連の輸出に関する申し出が多かった。また、途上国から一次産品を輸入する場合、その輸送船に日本から何かを載せて帰る方が、空で帰すよりははるかに経済的です。水産も知らず、資本の論理だけで動く企業の場合は、実態を知らない人が仕事をすることになります。

水産未来学の視点からすれば、前浜や海岸線の価値は非常に高い。12海里は領海であり、共同漁業権など権利が存在し、その沿岸域の生産性は非常に高いですが、その管理は難しい。また、熱帯雨林の生産性が高いといわれますが、コンブは熱帯雨林の2倍の生産性があるといわれています。

海の生産性は陸の生産性より高いのです。

北海道の水産業は北洋漁業が中心でした。戦前はニチロや大洋など大阪商人を中心とした資本漁業が主体で、ニシンやサケの漁期が来たら飯場を開き、日給アルバイトで北海道漁民を雇うというものでした。戦後、北洋漁業は衰退し、北海道の漁業は大きく後退しました。その北海道の漁業を支えたのは、出稼ぎから転換した沿岸漁業でした。これは安藤孝俊氏の大きな貢献です。

安藤さんは酪農学園の黒澤先生から紹介されました。安藤さんの事務所は開放的で、よく訪ねることができました。彼が指導した漁協などを紹介してくれ、私も野付漁協や常呂漁協を訪問しました。安藤さんは北海道の漁協運動に貢献した北海道漁連の元会長です。戦前は北海道庁の水産課長でした。彼は漁村を巡り、リーダーと会って話し、漁業者の暮らしを見て歩いた。彼らは飯場で働くことに満足していないし、夢の実現の可能性はないと思っていることを知った。彼らに「夢は何?」と聞き、それを果たすためのお金、夢を達成するためのお金を貯金することを提案した。漁師は入ってきたお金をお酒などに全部使っていた。それで奥さんにお金を貯めさせた。

しかし、戦後行ってみると、元に戻っていた。それでもう一度挑戦させた。それが漁協の始まりです。それ以来、漁業者は収入の10%を貯金できるようになった。それを漁連がバックアップしたのです。

計画を始めて10年もすると、ガラっと変わる。それは日本でも、メキシコでも、漁業者は世界中同じでした。教育の必要性を感じます。

日本には、資源がある。しかし上手にやらないと、値段が安くなるので難しい。

例えば、鹿児島湾にはエビがいる。深海エビです。しかし、流通を考えると、捕ってもお金にならない。だから売る時、ブランド化、付加価値をつけなければならない。しかし漁業者はそういうことがとても下手だ。漁業者はもっと頭を使うべきだと思います。

水産の未来において、研究は県や国や大学にまかせろという人もいる。それが当たり前になっているところが問題です。予算的にも、肉体的にも限界がある中で、研究者は本来何をやらなければならないのでしょうか?論文発表だけでOKじゃなく、本来漁村の中にいる漁業者の中に研究者の芽を育てる必要があるのです。

前浜のデータを漁業は持っていない。教育の問題があります。漁業者は仕事で疲れてできない。それが問題です。

県の水産課で、経済的にプラスになるからと漁業者を説得して、水産学をやった人はそこまでやらないのです。水産振興会は行政ですが、僕はあきれた。協議会というのは、日本全国にある。彼らは白書用の年間のデータを集めるだけです。本質に驚き、現実を変えることは意味がないと考えております。そういうレベルです。協議会もチェックしないとわからない。行政はサラリーマンになっていて、つつがなくやっていれば、納税者は何もいわない。報道関係は納税者の声の欄を作って、ちゃんと答えるべきでしょう。それが全国紙の意義だと思います。今は納税者の声がない。眠っている協議会がいっぱいある。雑用ばかりしている。それはなぜか?失敗したくないし、責任をとりたくないからです。世の中、失敗を非難し過ぎると思います。恥の精神ですか。

水産の可能性は大きい。日本は海に囲まれている。例えば、竹之内先生は、海流と雪の関係について、中村先生(鹿大・水産・海洋物理)は、黒潮とイワシの関係について解明しています。何が役に立つかわからないのです。

松山にある愛媛大学では、地域連携のプログラム、水産リノベーションプログラムというのがあります。愛媛の高校生がアワビの養殖をして、リノベーションでグランプリを獲得しました。それは門脇先生の教え子である水産高校のスタッフの成果です。また、漁業の婦人部が大活躍しています。行商で、魚を車で売りに行く。遊子漁港はそれで大成功を収めています。

今、グローバリゼーションは防ぎようがない。いきすぎの最たるものだと思う。経済のことだけ考え、貿易や金融で投機に人の目がいっているが、それを次の世代が支払わなければならない。他人につけを負わせている。

国連は本来、戦争のない社会をつくり、人口問題や食糧問題の解決をしなければならない機関なのに、達せられていない。私物化されている。世界はわい曲されている。中立ではない。ではどうしたらいいか?

グローバリゼーションというけれど、ある意味で国というのは素晴らしい単位です。国の枠を超え、ボーダレスというのはリスクのみで、特定の人だけが得をする。こんな社会でいいのか?

国は一つの単位だ。ある意味、鎖国は自分を見つめることになる。何が必要か?自分にないものをよそから持ってくればよい。それぞれの国が国としてのたしなみを持ち、全世界協力連携をすればよい。今のグローバリゼーションは価値を無視していて、面白みがない。枠を広げるという解決策は行き詰まる。

人類には、いろんな文化的な側面がある。それは昔の方が発達していたように思う。特徴ある文化を評価していける社会がいいが、今は無視しようとしていると思う。特に、水産の部分の落ち込み方はひどい。

漁業者の主体は今、専業ではなく兼業で、土木作業員や大工などをやっている人が多い。全く驚きです。海という現場には可能性があるのに放置されている。無関心だ。それを何とかしたいと思います。

―松田さんの取り組まれているコンブで「海の森づくり」のきっかけは何でしたか？

２００１年１月23日、当時会長であった佐野宏哉氏から大日本水産会の業際懇談会にご招待いただき、私と境一郎先生との発表「日本の沿岸域におけるコンブ海中林造成等による水産資源倍増提言」を今世紀初頭にふさわしいテーマとしてご紹介くださいました。これを契機として、２００２年にはＮＰＯ法人「海の森づくり推進協会」が設立され、活動を続けてきております。当時は国会でも議論されましたが、結局は実現しませんでした。しかし、コンブの種糸の斡旋は、17府県41カ所に年間１万６千ｍしており、年１回の海の森づくりシンポジウムのほか、05年以降２年に１回の海の森づくりこんぶサミットを開催し、環境イベントとしては年１回ですが、干潟観察会、磯の海藻観察会、海藻おしば体験教室、就学旅行生の受け入れなどが定着してきました。09年度には、水産ジャーナリストの会から年度賞、13年には秋田県から環境大賞（環境保全部門）を授賞されました。

―「海の森」について教えてください。

中国では大昔から漢方の原料としてコンブを珍重し、日本から輸入しておりましたが、昭和に入って日本の専門家の指導でその養殖が始まりました。それを中国政府が引き継ぎ、北は遼東半島から南は福建省までの１３００㎞にわたる広大な海岸線で大規模にコンブ養殖が行われるようになりました。このコンブなどの海藻の森は、魚介類の産卵場や稚魚の保育場となり、その増殖効果により中国は世界最大の漁業国になりました。

一方、日本沿岸では、『磯やけ』と呼ばれる海の砂漠化現象が各地で起こり、沿岸漁業の不振につながっており養殖技術が確立している大型海藻コンブは、人工的に管理しやすいのみならずその成長も速く、窒素やリンなどの栄養塩の吸収による赤潮や富栄養化の防止と熱帯雨林以上という二酸化炭素の吸収力による地球温暖化防止に役立ち、健康食品、医薬品、餌料・有機肥料・農薬や工業原料などとして広く利用され、エネルギー源としても期待されています。また、ミネラルバランスに優れたコンブなどの海藻が、過剰な化学肥料・農薬投与などで壊された陸域生態系修復の鍵ともいわれております。

私たちは1994年の鹿児島県東町での実験により鹿児島以北の日本でのコンブ海中林造成の可能性を実証し、以来宮崎県、千葉県、石川県、愛媛県、静岡県、長崎県、熊本県など日本各地で小規模実験を普及すると同時に、2000年には『コンブで海中林を造ろう会』を結成し、国の行政政策として取り上げられるよう講演や宣伝活動を行ってきました。

他方、農林水産公共事業が地域住民参加を尊重し、都市住民との交流推進を指向する『自然と共生する環境創造型事業』へ転換することになり、水産庁はその一環として『海の森づくり』と呼ばれる藻場・干潟や海中林造成を推進することになり、平成14年度（02年）に予算180億円を計上しました。しかし、大半の地区ではこれをどのように推進していくべきかのノウハウもなく、戸惑っております。

『コンブ等海藻による海の森づくり』のために必要な諸技術は、各地の漁民や研究者により蓄積されています。私たちは産官学民の英知を結集しネットワーク化を図り、それら蓄積された各種技術を効果的に収集・整理し、そのノウハウを全国に普及し、海の森のさまざまな効果や

影響に関する基礎研究を進め、環境対策や食料対策、さらに持続可能なまちづくり対策として地域住民の自助努力による『海の森づくり』と収穫物の利活用を図り、地域ごとの独立採算制に基づく事業化に向けきめ細やかな指導をする特定非営利活動法人『海の森づくり推進協会』を設立することになりました。

21世紀という海洋の世紀の開幕に当たって、私たち『海の森づくり推進協会』は、「国土の十数倍（約450万平方キロメートル）に及ぶ日本の200海里排他的経済水域は、わが国が〝海〟の環境や水産資源を維持・保全する責務を負う水域である」と考え、『海の森づくり』から得られる素晴らしい財産を漁業者はもとより、農業者・林業者・都市市民と共有し、その適切な利用を通して海と森と里と都市を結ぶ循環型地域づくりや食料の安定供給・自給率の向上に寄与していきます。また、水産増殖並びに環境対策や持続可能なまちづくり対策の有力な技術の一つとして、『コンブ等海藻による海の森づくり』の輪を世界に広げる活動をしています。

―松田さんの夢は「海の森づくり」を推進するということですね。

はい。「自然との共生社会」を目指すことです。そして次に、海国『日本』の良さを世界にPRすることです。私たちの運動のスローガンは以下の通りです。

1. 山・川・海・人の健康を取り戻そう！
2. 海の森づくり運動を全国・全世界にひろげよう！
3. 〝海藻・海草〟は、地球と人を救うお医者さん！

UNEP（国連環境計画）は2009年に、森林など陸で固定される炭素（グリーンカーボン）に対し、沿岸域で固定される炭素を「ブルーカーボン」

と新たに称し、その重要性を訴えた。16年の「パリ協定」では「今世紀後半に温室効果ガスの実質・排出ゼロを目指す」ことを目標にし、それに対して日本の中期目標は「30年までに、温室効果ガスを26％削減（13年比）する」でした。一方、海藻が地中で固定されるカーボンオフセット機能も広く認知され、海藻の養殖を中心とした「海の森づくり」の社会的価値はさらに高まったといえます。

注：海藻や植物プランクトンは死んで海底に落ちて行ってもそこに体積はしても腐りません（水温は摂氏4度）。そこは貧酸素ですので、分解もあまりありません。いったん海藻や植物プランクトンに吸収されたカーボンは、その海藻や植物プランクトンの中に蓄えられ、地上に現れることはありません。一方、沿岸域の生態系が吸収するCO_2は「ブルーカーボン」と命名される（ＵＮＥＰ国連環境計画）。一方、陸域n生態系が吸収するCO_2を「グリーンカーボン」と命名しています。

—教師として若者に接してきた松田さんですが、若い人たちに伝えたいことは何ですか？

長い間、教育機関に関わってきました。若い人にいいたいことは、自分で判断しなさいということです。現在、ほとんどの日本人は、自分が本当には知らないうわさや聞いたことから判断し行動し、リスクをどんどん高めています。偏差値など他人の価値観で評価することをやめ、本物志向を大切にしてほしい。わからなかったら自分で確かめて判断してほしい。

また、自分を勉強してほしい。自分の性格、好み、特徴、適性などをつかんで、それに合った選択をしてほしい。自分を知るということは、非常に大切です。自分の特徴や個性、それを知った上で、自分を生かすような形で将来を考えてほしい。自分の好きなことをやってほしい。

小さい時「何になるの？」と子供に聞くでしょ

う。しかし中には、親の価値観を押し付け、つぶしてしまっていることもあります。問題ですね。人間の見栄でしょう。そして親と同じような半生を送ってしまう。

「過ぎたるは及ばざるが如し」は古い言い伝えですが、現在は、いき過ぎだらけの社会で、そのブレーキが効かないところに問題があります。金権主義の結果、生態学も知らない人が反捕鯨を訴え、経済学を知らない人が経済を論じる時代です。このままでは地球は滅びます。今のままでは人口爆発、食料危機、天災・人災、放射能汚染、戦争や過密過疎の悲劇などは防げません。戦争のない平和社会をつくるためにできた国連はじめ国際機関は全く機能していません。「死の商人」をいつまで認めるのでしょうか？原点に戻る必要に迫られています。今、一時的に「鎖国」したらどうなるかを計ってみてほしい。

「己の欲せざる所は人に施す勿れ」も古い言い伝えですが、自分中心社会の問題点をよく指摘しています。人間は1人では生きられません。社会は重要であり、その歴史・地理・文化などによる多様性もあり、1つの価値観でカバーすることはできません。世界平和への道は、それぞれがその特徴を生かせる共和体制です。

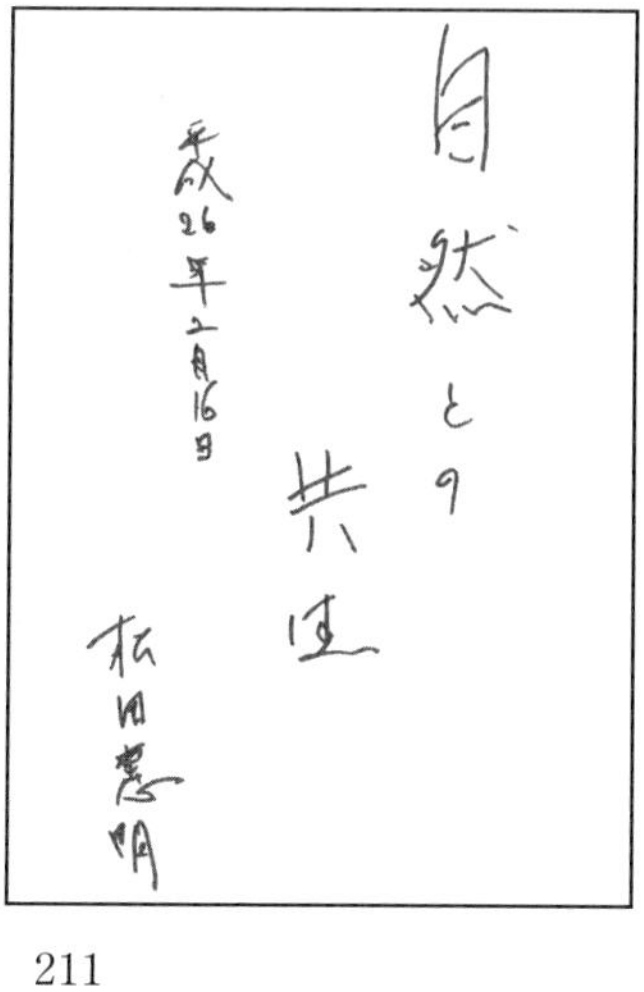

鹿児島大学大学院生（博士課程）

片野田　優子さん

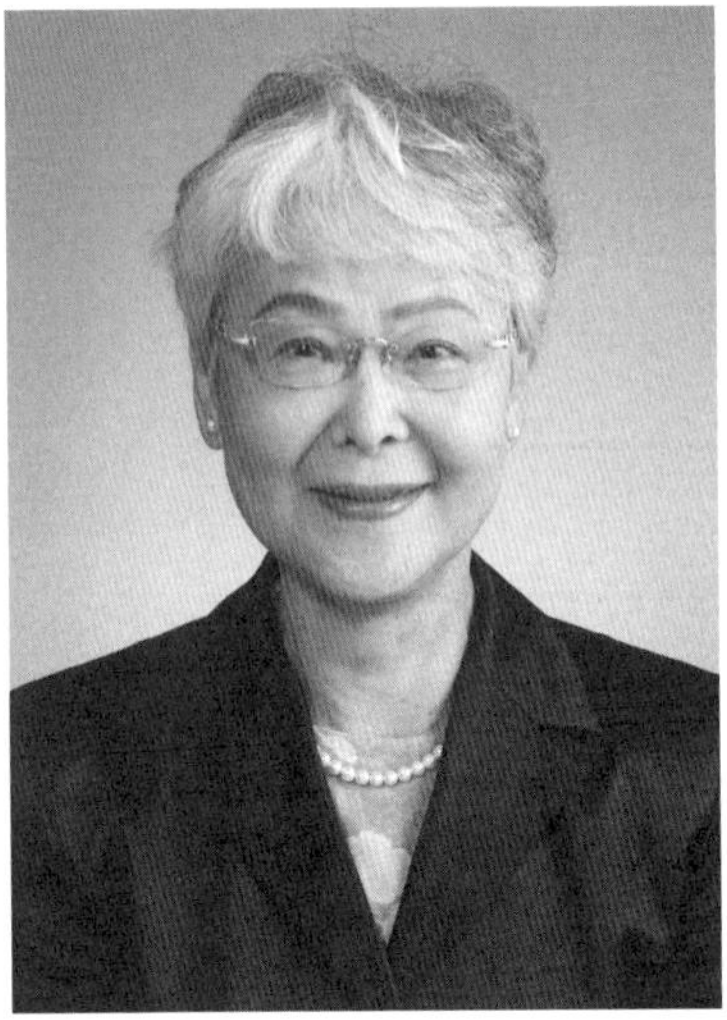

大学院時代、櫻井芳生の授業を受ける。53歳の時に鹿児島大学教育学部に社会人入学をし、現在、法文学部の大学院博士課程で学ぶ片野田さん。生涯学習を実践していらっしゃいます。なぜ学び続けるのか？学ぶ喜びについて語っていただきます。インタビューは2014年8月に鹿児島で行いました。

片野田　優子（かたのだ　ゆうこ）

1951年　鹿児島県曽於市岩川で誕生
1969年　鹿児島純心女子高等学校卒業
1971年　昭和女子大学短期大学部英文学科卒業
1971年　日興証券入社　東京本社勤務
1972年　鹿児島に帰郷、お見合い結婚、３児の子育て
1995年　鹿児島大学水産学部講座事務員として勤務
2005年　鹿児島大学退職
2009年　鹿児島大学教育学部卒業
2011年　鹿児島大学大学院人文社会科学研究科法学専攻修了　修士
2013年　鹿児島大学大学院人文社会科学研究科地域政策科学科（博士課程）在籍
2016年　鹿児島大学大学院人文社会科学研究科修了　博士
現在　「全国友の会」・鹿児島市「まちづくり協議会」で活躍中

学ぶのに遅すぎることはない

――どちらでお生まれになったのですか？

今の曽於市の岩川です。ちょうど鹿児島と宮崎の間になります。12歳だったかしら、定かではないのですが、小学校の高学年くらいまで…母が岩川の出身でした。父は高校の教師をしていました。父の仕事の都合で、中学生くらいから鹿児島市内に出てきて高校まで。大学から東京に出ました。

――ご家族は鹿児島の方なのですね。

私の父（大正7年生まれ）は台湾の引揚者でした。父は旧制中学まで台湾で過ごしました。ルーツは鹿児島なのですが。祖父が公務員で台湾勤務となり、家族皆台湾で暮らしていたそうです。父は東京で浪人し、京都の同志社大学で学びました。父は戦争も経験しています。若いころ、軍需産業の経営者の秘書（かばん持ち）のようなことをしていたと聞きました。戦後は仕事がなくて、鹿児島で教師になったそうです。母は父が下宿していた家の娘で、2人はそこで出会ったそうです。

――お父さまはご苦労されたのですね。

父は鹿児島弁がわからなかった（笑）。イントネーションが違っていた。標準語を話していましたから。大変だっただろうなと思います。父は、すごくおしゃれな人で、田舎暮らしだったのに身なりもきちんとしていたのを覚えています。父は本を買ってくれました。毎月全集が家に届いていました。多分子供たちに、教育を受けさせたい、教養を身につけさせたいという思いが強かったのだと思います。母はやりくりで苦労したと思います。

――幼い日々を覚えていらっしゃいますか？

小さいころ…そうですね。あまり記憶にないのですが。古い記憶といえば、私の通っていたのは田舎の小学校でした。

都城の近くの末吉町でピアノを習っていました。列車で出かけました。ピアノを教えてくださったのは、高校の音楽の先生で父の知り合いでした。1年間習いました。バイエルから始まって。そうそう、立てピアノが縁側に置いてありました。私がピアノを弾いているその隣で、先生は鶏の餌の野菜を切っていました。まな板の上でとんとんと。弾いているうちに、私の手が落ちてきたら、（ピアノを弾く姿勢を注意するために）先生が包丁を持った手でとんとんとしました。包丁で手をとんとんとたたかれたことを親には言えなかったのです。

――親にはどうしても言えない子供の秘密ですね。嫌だったのですね。

子供心に嫌だったのでしょうね（笑）。お世話になった先生には父の教え子が多かったです。父は土日でも仕事をするために、よく学校へ行っていました。私も一緒に連れて行ってもらったのを覚えています。何十年も前のことですから、ガリ版で印刷をしていましたね。ガリ版ってお分かりですか？今のプリンターです。手動式ですけれど。

そうそう、母が思い出としてよく話すのですが、病気にかかったら自宅の近くには医師がいなくて、隣の村から白馬に乗った医者が往診に来てくれたそうです。黒い大きな鞄を持って。

妹、弟が生まれるとき、産婆さんが家に来ました。子供心ながら、母のそばにいてはいけないと思っていましたね。小学1年生くらいのことだったかしら。私は3人兄弟の長女で、父や親戚からかわいがられ、愛情を受けて育ったと思います。

田舎でしたから、何かで出かけるところは都城や鹿児島市でした。お出かけの時はいつもベージュのベレー帽をかぶり、不二屋のペコちゃんのカバンを持って列車に乗って、デパートの食堂でランチを食べるのが楽しみでした。

―鹿児島で高校生活を送った後はどうなさったのですか?

東京の昭和女子大学の短大に進学しました。父親は小さいころから私を東京へ出すつもりでした。あの時代、鹿児島では高校を卒業しても、あまり県外に出ませんでした。特に女子学生は。私の場合は父の影響でしょう。外に出るのが苦ではなかったし、外に出るのは当たり前ですから、東京へ行くことを当然と思っていました。

振り返ってみると、私たちの(高校を卒業してから)3年後から価値観が急激に変わってきたように思います。

昭和女子大では、厳しい寮生活を経験しました。人見先生がとっても厳しかった。食事の時、先生も一緒に座って、端に座った方が箸を持ったら、それが食事開始の合図でした。当時は電話も公衆電話しかなかったです。当時、鹿児島から東京へは夜汽車で、約24時間かかりました。寝台特急で。ですから1年に2回だけ、夏休みとお正月に帰っていました。

―短大を卒業した後はどうなさったのですか?

丸の内でOLをしました。2年くらいでしょうか?当時、地方の人は就職のため、身元引受人が必要でした。身元証明がなければ、女子は就職できない時代でした。父の友人に千葉在住で会社を経営している人がいました。お行儀見習いでその家庭に入り、そこから仕事に通っていました。

―ご家庭を持たれたのはいつですか？

2年間東京でOLをして、鹿児島に戻ってお見合いして、すぐ結婚しました。父の知り合いからの紹介でした。夫は公務員で、他人を悪く思うことがない人でした。結婚してから、恋愛をしたという感じですね。若いころ、自分の考えなんてなかった。もしも夫以外の人と結婚していたら、もっとちゃらんぽらんだったと思います。結婚してから、この人でよかったと思いました。仕事を辞め、鹿児島に戻り、疑問も持たずに結婚、ほかの人も同じようなパターンが多かったような気がします。私は、23歳で結婚、専業主婦になり、24歳で第一子を出産し、26歳で2番目、29歳で3番目を産み、3人の子育てをしました。

―子育てする上で支えになったものは何かありますか？

友の会（羽仁もと子の『婦人之友』愛読者の会）から大きな影響を受けました。会員歴はもう40年近くなります。家庭を経営する上で、また社会への働きかけという点でも大きな影響を受けました。仕事を始める前まで、まじめによく活動していたのですが。

―お仕事は何かなさっていたのですか？

結婚してからはずっと専業主婦でした。子供の手が離れたころ、一番下が小学生だったかしら、37歳から3年間、鹿児島の特産品を紹介する仕事をしました。その後、水産学部の仕事を紹介されました。司書の資格があるということで、40歳の時、水産学部に就職しました。職場は海洋社会科学講座（現水産経済学分野）で本が大量にあったので、整理する人材が必要だったのです。司書のつもりで入ったのですが、次第に事務の仕事もするようになりました。男所帯でした。仕事の内容が明確でなかったのですが、さまざまな仕事をしました。でもそれがよかったの。

今学生をしていますが、なぜ「もう一度大学に行って勉強しよう！」と思ったかというと、その源がここにあります。一歩踏み出すきっかけになったのは、水産学部での仕事が恵まれていたからなのです。（水産学部は非常に国際的な環境で）鹿児島大学でも一番恵まれていると思います。当時、留学生が多く、国際的で、鹿児島ではありえない環境でした。鹿児島大学の中でもインターナショナルだったと思います。留学生センターよりも学生と密接につながっていたと思います。

私は学生からよく相談を受けました。留学生は先生には聞けないでしょう。先生を尊敬していますから、恐れ多くて細かいことは聞けないのです。

2001年の9・11（米国同時多発テロ）の時、水産学にもマレーシア、インドネシア、バングラデシュからの留学生がいて、（イスラム圏の）留学生の子供たちが、保育園や小学校で片身の狭い思いをするような雰囲気があり相談を受けました。イスラムの女性は頭にスカーフをしているでしょう。だからわかるのですね。イスラムの人に対して、何かそれまでとは違う、後ろ向きの気持ちが覆ったのだと思います。

ショックでした。「あー、こういうところでも影響が出るんだ。鹿児島でも」と思いました。私はたまたま留学生をよく知っていましたけれど、自分が身近に接していなければ、私の中にも不信感や嫌悪感などが芽生えていたのではないかと思います。ちょうどその頃、留学生会館にもイスラムの方が増えてきていて、モスクを造るという話も出ていました。イスラムの力が広がっているのを知ったころでした。

ある日、韓国の留学生から「韓国に対する偏見や無意識のうちに中にある差別が私たち日本人にある」と言われたことがあります。「日本人は無意識に出していて、本人は気づいていない」と。そう言われて、とても辛かったです。

韓国や中国からの留学生もたくさん勉強していました。彼らと接しているうちに、強烈な韓国人や強い中国人を目にし、「何か違う？」という疑問が自分の中に芽生えました。「日本人が受け入れられないものを持っているのでは？」「あちらの方も受け入れられないものが（私たち日本人にも）あるのでは？」と。

また水産学部という学問上、アフリカからの留学生も多かったです。留学生は家族で来日することが多いのです。あるナイジェリアからの留学生は、奥さんが研究活動をしていて、ナイジェリアで新聞記者をしていただんなさんも一緒に来日していました。彼は何か日本でも仕事をしたかったのですが、できなかったのです。2人はよく夫婦げんかをしていました。「なぜけんかするのか？」と思いました。彼らを見る人が誰もいなかったのです。それで相談に乗ることが多々ありました。

来日当時、ナイジェリア人のご主人におできができ、病院に連れて行ったことがあります。最初は大学のセンターに、そして市立病院に。たらい回しですね。医師が英語ができず、なかなか診察してもらえなかったのです。患者数が多く、時間を割いてもらえないということもありました。彼らはアフリカから選ばれて来日していました。だから待つこと、選ばれたものとして扱われないことに我慢できなかったということもあります。

留学生を見ていて、「なぜ順応できないのか？」と疑問に思いました。「なぜ？」という出発点から、それを体系だって明らかにしたいと考えるようになったのです。きっかけは留学生への「どうしてなのだろう?」という疑問です。
―片野田さんの学問探求への原点は水産学部での留学生との出会いにあったのですね。その時、「日本人と違うからだ」と自分で勝手に答えを出さず、判断停止された。自分の感情を入れず、傍観者でいられたということでしょうか。

大学で仕事をしていくうちに、「アカデミックとは何か?」「勉強とは何か?」ということに気づきました。すばらしい研究者が周りにいらっしゃいました。そういう方々の勉強する姿を目で追ううちに、勉強の仕方を知りました。「勉強の方法って、こんなにしていくんだ」と。目からうろこの経験が、心打たれることがたくさんありました。

タイの留学生(女性)の方は、次に成果がなくても見えなくても、いろいろ調べていました。時間をかけて調査しても、使えるのはほんのちょっとでした。それでも嫌がらずにやっていました。日本語がわからないので、白書なども私に日本語を質問して確認してという風に地道にやっていました。彼女から勉強の仕方をはじめて知りました。勉強というのは、いろんな角度から見て、やっていくことなのです。そういう風に自分もしたいという思いが自分の中でふつふつ湧いてきました。

52歳のとき、鹿児島大学教育学部、異文化学部の社会人募集に応募して合格、入学しました。水産学部での給料はすべて学費、留学など県外で勉強する子供たちへの仕送りに使っていました。3人の子供たちが卒業した年でした。誰のためでもない、自分の疑問を解決するためです。最初は夫と子供以外誰にも大学に通っていることを言っていなかったのです。

―大学では1年生から始めたのですか？

はい。1からやりたかったので4年間通いました。でもそれが正解だった！多分中途半端でやったら続いていなかったと思います。

―18歳の学生と、52歳の優子さんが机を並べて、一緒に勉強したのですね。

そうです。若い学生には自分にないものがすごくいっぱいあります。

異文化理解教育という分野でしたが、教養が解体した後の教官が教えていました。学んだことは全部面白かった。ただ勉強しているうちに、答えを出す方向性が違ってきたと思います。3年生で卒論に何を取り上げるかという時点で変わってきました。移民二世の文学のことご存知ですか？面白かったので、最初は卒論に取り上げるつもりでした。これも今の問題意識につながっています。日系二世の文学は、日本とアメリカの間で揺れる「自分が何者か？」というアイデンティティーの葛藤があります。日系人がアメリカで生活していく上での苦しさも描かれています。

―どのようにして二世文学と出合ったのですか？

大学4年の時、仕事でロスに赴任していた息子の所に行きました。その時全米日系人博物館というところに行き、そこで「移住した人が日系移民の歴史について話をする」というディスカッション形式のプログラムに参加しました。ボランティアで参加されている日系人の中に鹿児島県加治木町出身者の方がいらっしゃいました。その時のプログラムの様子を福岡のテレビ局が取材し放映されました。鹿児島県加治木町の出身者が、「日本に帰ったら鹿児島の北米移民について、その時のことを知ってほしい」と話し、帰国後、調べました。それが卒論の発端、今のテーマとなっている姉妹都市の歴史になっています。私はまず戦後移民の歴史と深い関わりを持つ「串木野の姉妹都市」から調査しました。姉妹都市などというのは、地域社会と国際的な関係を見ていくと、歴史的な背景から始まっている場合も多いということに気付きました。これは絶対残しておくべきことと思いました。姉妹都市になるにはそうなる理由があったのです。これはやるべきことだと強く思いました。卒論では、概略しか書けませんでした。いつしか大学院に行きたいと思うようになったのです。自治体についても学びたいと思うようになりました。こうなったら、面白くてやめられなくなっていきました。これが今の研究の発端です。勉強していくうちに、自分の考え、研究の内容がどんどん変わっていきました。

—国際交流について持っていた関心がテーマを定めていったのですね。

国際交流というと、一過性で華やか、何だか軽いイメージがあると思うのです。でも実は違う、歴史・教育・文化と深く関わっているのだと。研究する価値があることだと考えるようになりました。

例えば、奈良県大和高田市とオーストラリアのリズモー市は姉妹都市ですが、そこにはオーストラリアとの深い戦後の歴史があります。第二次大戦中、日本の侵攻を受けたオーストラリアには、強い反日感情がありました。それにも関わらず、大和高田市のカトリック教会に赴任されたリズモー市出身のパウロ・グリン神父は母国での募金活動を行い、幼稚園を作りました。そして両市は姉妹都市となったのです。日本各地にある姉妹都市には深い歴史を背景にして結ばれているものもあるのです。

鹿児島のいちき串木野市は米国カリフォルニア州のサリナス市と姉妹都市ですが、その歴史が体系立てて残っていなかったのです。もうすでに30~40年たっているのに。それで私はそれについて調査しようと思いました。現在その研究の成果は、資料として、子供たちが勉強するのに役立っているそうです。「今後も研修で使わせてほしい」という姉妹都市協会の担当者から報告を受け、私の研究が何らかのお役に立っていることはうれしいです。これからも何かの役に立てばよいと思っています。

日本と世界、私にとっては鹿児島が自分のフィールドということになりますが、少しずつでも全体の国際交流、鹿児島の国際化につながっていけばいいなと思います。

4年間では自分の疑問が解決できず、大学院へ進学しました。櫻井芳生先生の授業をとりました。「最初にいただいた教え」で今があると思います。感謝です。櫻井先生は、勉強の方法など非常に具体的に話してくださいます。例えば、「早く自分のムラ(学会)を見つけなさい。学会に入って、チャレンジしなさい」と。当時は学会なんてどうやって入ったらいいかもわかりませんでした。学会に入って視野が広がりました。櫻井ゼミでは英語で発表するチャンスをいただきました。学生皆の前で、英語で発表しました。プレゼンのやり方や声の出し方など細かいところまで指導していただきました。櫻井先生は指導されるのがお上手!とってもよかった!すごくよい経験をたくさんさせてもらいました。『論文って、どんなもんだい 考える受験生のための論文入門』(岡田寿彦著、駿台文庫)を紹介してくださり、論文の書き方を詳しく、丁寧に教えてくださいました。ほかの先生が教えてくださらなかったことを教えていただきました。今までやめないで勉強を続けてこられたのは、櫻井先生のおかげです。ちゃんとやれば、これだけの道が開けるのだと。他の先生は、自分でしなさいと。

以前だったら、このようなインタビューも断っていたと思います。櫻井先生は学生たちにいろんなチャンスを与えようとしています。例えば、「鹿児島親善大使に応募してみたら」とか、「チャンスをつかみなさい。いろんなことにチャレンジするように」とかといつもおっしゃっています。今日は櫻井先生のインタビューということでやってきました。

—日本の大学教育は丁稚制度で、具体的に教えてくれないですね。アメリカでは、小学生の時から、"show and tell"といって調べて、レポートを書いて、発表するというトレーニングをしています。作文の時間もありますが、書き方については何の指導もありません。日本でももっと具体的に教える必要がありますね。

そうなのです。大学では櫻井先生以外どなたも具体的にどうしたらよいか指導してくださいませんでした。

小保方さんの件が問題になっていますが、あのようなミスは大学の教育課程において死角になっている部分があるのではないかと思います。きちんと学問を学ぶ機会がなかったのではないかと思っています。お気の毒です。

—博士課程ということで、今の目標は博士論文を仕上げるということもあると思いますが、今後の展望はどんなことですか?

大学で、インタビューの仕方などやり方を学んできました。方法を身に付けました。これからもフィールド調査に行って、研究をさらに続けたいと思っています。自分のライフワークにしたいのです。

――若い方へのメッセージをお願いします。

要領よく生きない方がいい！　若い時に要領がよいと、後で苦労するのではないかと思います。役に立つからするとか考えない方がいいと思います。自治体がスリム化して効率化を図っていますが、広域行政で失っているものが多いと思います。だからこそ、うまくやることじゃなくて遠回りしても自分の頭で考えることの大切さを伝えたいです。最近見たハンナ・アーレントの映画の中でも「思考すること」の大切さを感じました。

私が大学に行くことになった時、息子から、「お母さん、大学に行ったら、ずるいことはするな。自分の頭で考えて自分でやっていけ。学生は要領がいい。だからテスト前には過去問が回ってくるけれど、それをするな。零点でもいいから」と言われました。

――いい息子さんですね。さすが片野田さんのお子さんです。

今若い人と一緒に学んでいますが、見ていると、すごく要領がいいのですね。若い学生たちの中には、なるべく少ない単位、いい点数をくれる先生と易しい方に流れている人たちもいるのではないでしょうか。私はできるだけ授業をとろうと。なるべく楽な方じゃなく、苦しい方を選ぼうと。例えば試験の時、若い学生は皆、さっさっさと書いて出て行く、最後まで残るのは社会人入学者ばか

りです。多分、楽なものを選んで書いているのだと思います。もっと考えて書いた方がいいと思いました。皆さん､要領よく卒業していきます(笑)。

驚くことに、今の学生は新聞を読んでいないですね。社会の動きに関して、ほとんど関心がないように思えます。３人の子供たちが進学で家を離れることになった時、私たちは、まず新聞販売店を見つけることから始めました。

――素晴らしいお母さまですね。何か片野田さんを支えている言葉はありますか？

自分の好きな言葉、座右の銘は、友の会のメッセージでもあるのですが、「思想しつつ、生活しつつ、祈りつつ」「社会は豊富に、家庭は簡素に」です。それと「今日が一番若い日である」です。心に刻んでいます。

そして、食育も大事だと思います。とっても大事！子供たちを見ていて痛切に感じると友人の高校の教師が言っていました。

若者へのメッセージ…そうですね。子供、孫に伝えたいことは「平和」です。私は被爆2世なのです。母は長崎で被爆しました。平和を伝えること、平和を守ることが私の使命だと思っています。私なりのやり方でできればいいなと思っています。父は台湾からの引揚者、台湾から東京まで船に乗って来ました。80年以上も前のことですから、命がけです。引揚者ですから、無一文になって帰ってきたわけです。そして母は長崎の被爆者です。そういう両親に育てられたことが、私の目を平和に向かわせているのだと思います。

今ガザの映像がテレビに映ることがよくあります。目を覆いたくなるでしょう。平和って大事だと心から思います。平和があるから、できることがある。生きていると日々いろいろあるでしょう。生きていることに価値があると思います。毎日毎日を大事に生きたい。後、何十年生きられるかわからないけれど、できる限り自分の興味関心のある研究を続けたい。

櫻井先生にすごく感謝しています。先生は「殻を破れ」といつも学生に言っています。目の前で、若い学生がいろんなことに挑戦していくうちに、どんどん変わっていくのを見てきました。ですから私も、櫻井先生の影響で人に言ってもいいかなと思うようになりました。櫻井先生のおかげです。チャレンジすることを勧めてくれましたから。今までこういうインタビューを受けてきませんでした。大学卒業の時、取材のオファーを受けたこともありましたが、やらなかったのです。なぜって、「どうして大学院に行くのか?何のために勉強をするのか?これからどうするのか?」という質問に答えられないと思ったのです。そういう質問には「ワーっ」と思ってしまいます。だから取材を受けなかったのです。私が今勉強することが、これから何かにつながるとは思いません。けれど、ルーツから生まれてくるものをちゃんと残したいという思い、そして研究したことが無駄になっていない、何かの役に立つということがわかり、やってきてよかったと思いました。

今日はお話しできて本当によかったです。自分でもいろいろ整理できました。そして思い出しもしなかったことを思い出しました。自分のやっていること、これからやることは、すべて過去とつながっているということがわかりました。ありがとうございました。

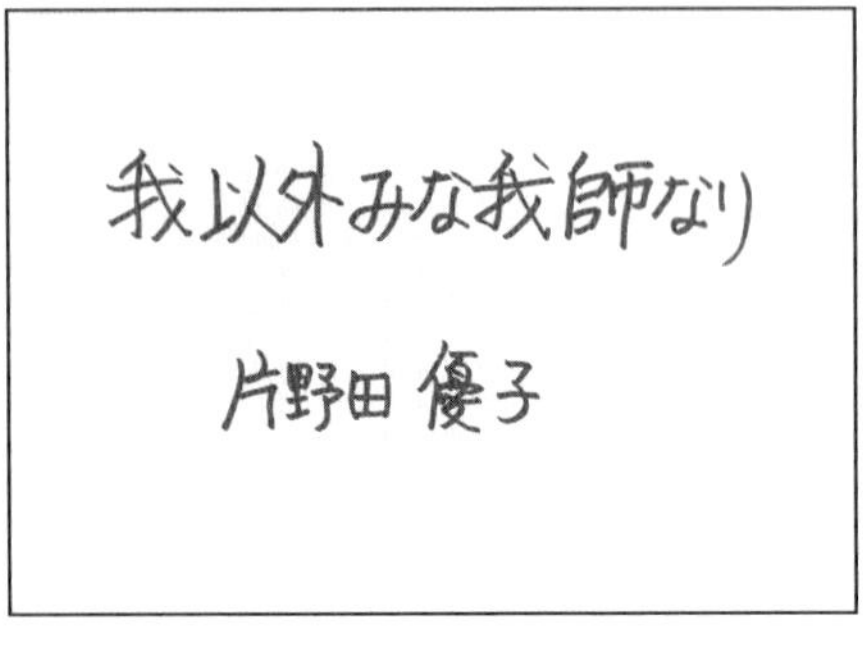

気象予報士
MBC南日本放送　制作技術部長

亀田　晃一さん

鹿児島大学大学院時代、櫻井芳生の授業を受ける。MBCの天気予報の顔としておなじみの亀田さん。なぜ社会人学生として再び学ぶことになったのか、そしてご専門である災害と地域社会について語っていただきます。インタビューは2014年10月に鹿児島で行いました。

亀田　晃一（かめだ　こういち）
1968年　出水市米ノ津（こめのつ）で誕生
1989年　熊本電波工業高等専門学校
電波通信学科卒業
株式会社南日本放送入社技術部
（衛星中継、スタジオ制作担当）所属
2004年　放送大学大学院文化科学研究科
修士課程修了
2013年　鹿児島大学大学院人文社会科学
研究科博士後期課程地域政策科学
専攻修了
専門：災害情報伝達
法政大学地域研究センター
「地域政策研究賞」奨励賞受賞

著書『かごんまお天気百話』梓書院
共著『クロスボーダーの地域学』南方新社

鹿児島を災害に強い都市へ

―亀田さんが思い出せる一番古い記憶は何ですか?

一番強烈に覚えているのは雷です。物心ついてというと、幼稚園くらいかな。幼稚園から帰ると、突然雨が降ってきて、ダーっと雷が鳴って、びっくりして玄関を開けて、怖くて母に抱きついたことです。母に抱きついたことをすごく鮮明に覚えています。怖かった!

―雷ですか!さすが!今のお仕事が連想されるようなエピソードですね。

ほかに思い出すことといえば…4歳か5歳の時だったと思いますが、妹が生まれたときのこと。喜びました。2つ下の弟と私は病院で生まれたのですが、妹は、出水でみかん農家をしている祖母の家で産婆さんに取り上げられました。蚊帳の中に赤ちゃんがいたのを覚えています。足の大きさを比べました。うれしかった!今、その妹は阿久根市民病院で看護師をしています。

―鶴で有名な出水のご出身なのですね。

はい。中学まで出水で過ごしました。出水小学校、出水中学校を卒業しました。

父は当時の国鉄に、今のJRですが、勤務していました。湧水町(旧吉松町)出身です。そこは鉄道の町で、住民8千人中3千人が国鉄関係者でした。湧水町は鉄道の要所です。機関区や保線区があり、駅の運営、売店、車両の運転に関わる要所です。そして霧島連山の温泉がある、水がきれいないいところです。祖父もやはり国鉄マンで、親戚も国鉄関係に勤務していたこともあり、子供のころは自分も将来は国鉄マンになるだろうと思っていました。

亀田姓は、現在の鹿児島市川田町付近に多いですが、以前火事の取材で訪れた際、多くの亀田姓の人にインタビューをしましたが、顔の骨格が同じでした（笑）。ほほ骨が出ているんですよ。先祖は一緒だと思います。母は出水市の針原、土石流災害があったところの隣の集落（櫓木）ですが、みかん農家の出身です。

——どんなお子さんでしたか？

変わり者だったですね。興味がいろいろありました。

小学校の卒業文集に「将来自分は何になるか？」とありますよね。仕事について、将来について考えることは、小さい時から習慣になっていました。

線路の廃止もありましたから、「これからは国鉄の時代ではない。（国鉄と）違う道に進め。自分が本当に何をしたいか考えろ。何で飯を食うか早く決めろ。具体的に」と小学5年生くらいから言われて育ってきました。

機関士であった父の仕事は長距離運転で根気がいるもので、母はいつも「仕事に行く前に父を怒らせるな。人の命を預かっているのだから」と言っていました。玄関の靴を並べることなど、父を気遣えと。始発だと、朝3時とか4時に家を出ます。朝は何時でも、母は出勤前の父にお茶を出して「いってらっしゃい」と送り出していました。父のプロ魂ゆえに父とぶつかり、けんかをすることもありました。

実は、子供のころ、鉄道の仕事ってちょっと不思議だなと思っていました。国鉄、公務員といったような仕事に違和感を覚えました。昭和50年代は組合が強かったですから、ストライキも盛んに行われていましたね。仕事もしないのに給料をもらえるって???と子供ながらに疑問を持ちました。

中学のころ、無線通信と出会い、国家資格であるアマチュア無線の免許を取りたいと思うようになりました。アマチュア無線から通信工学に興味を持つようになり、15歳で「これで飯を食っていく」と心に決めました。それなら「高専にいったら?」と中学3年生のときの担任からアドバイスされ、進学を決めました。高専は高度成長期に工業立国の日本の原動力となるための若手エンジニア育成を目的とした学校です。

―アマチュア無線に興味を持ったきっかけは何ですか?

タクシーに乗った時、ドライバーが無線で話しているのを見て、無線の不思議に取りつかれました。線がつながっていないのに、情報を伝えられることに興味がありました。「トランシーバーがあれば、明日の宿題何?」って聞けるのになと。離れていても、同時にたくさんの人と話せますから。

小学生のころ、トランシーバーで遊んでいると、混信が入ってきました。「へー、何で妨害電波が入ってくるの?」とすごい興味を示しました。携帯電話やインターネットなどがない時代です。

母方の伯父がアマチュア無線の免許持っていました。そして無線機を車に取り付け、友だちと話していたのです。「あー自分もやりたいな。どうしたらいいんだろう?」と本屋に行ってみると、何よりもまず国家試験に合格することとありました。合格体験記を見ると、中学生でも取れることがわかりました。「いいな!無線機を自転車に乗せて山に行ったら、楽しいだろうな?」と思いました。「なぜ?」と親は聞きましたが理由はなく、どうしてもやりたかったですね。

親はわかっていたんです。自分が思い込んだら突っ走るってことを。それで(学校の)勉強もちゃんとすることを約束して、無線の勉強もしました。実は親に黙って、アマチュア無線の国家試験を受験しました。親に内緒でしたから、「今日は受験票来ていないかな?」と毎日何度もポストを確認しました（笑）。試験は平日10時から、熊本にある九州電波監理局で行われました。朝3時に起きて、学校を休んで、昼食のためにカップラーメンを買って、水筒にお湯を入れて持って行きました。大冒険でした。でも絶対行きたいと決意して家を出ました。(出水から熊本まで)3時間かかるので、早く起きて、まだまだ暗かったです。駅で切符を買って、熊本の消防会館の場所を図書館で調べて、地図を見て確認しました。まだ寝ていた親に「いってきます」と声だけはかけて出かけましたよ(笑)。

国家試験には無事に1回で合格し、夢みたいでした。資格を取ったら、今度は自分専用の無線機が欲しいと思うようになりました。中学に無線クラブがあり、使わせてもらっていたのですが…。母は私にギターを習わせたかったのですね。それで、毎月こずかいをもらい、ギターを買うお金をためていました。しかし母の期待を裏切って、そのお金で（無線を）買いました。当時のお金で4万円。出水には無線機の販売店はなかったので、情報誌で中古品を探しました。現金書留でお金を送って、「ちゃんと着くかな?」とハラハラしながら待ち、ついに家に無線機が来たんです。アンテナまでは買うお金がないので、自分で作りました。アンテナを自作するマニュアル（専門誌）があるんですよ。周波数によってアンテナの長さが変わるので、効率よく電波を発射するにはどうしたらいいか計算して、材質を考えて…と高専レベルの知識が必要ですが、面白くて没頭しました。誰も教えてくれないので、自分で一生懸命勉強しました。それはもう学校の勉強以上ですよ。町の電気屋さんから無料でアンテナの残骸をもらい、マストは友だちの家の竹やぶから長さ10mの孟宗竹をもらって作りました。

ワイヤを取り付けて、初めて電波で通信相手が応答してくれたときのことは今でもよく覚えています。それはニュージーランドの近くを航海している船との交信で、英語で話しました。交信して、相手から返ってきた"How are you?"という言葉を受信したとき、鳥肌が立ちました。中2のときでした。

寝食を惜しんでやっていましたから、「勉強もしないで、そんなことばっかりして」と親は心配しました。それで、土日はやってもいいけれど、平日はダメと約束させられました（笑）。自分は好きなものに出会えたので本当に幸せだと思っています。時々講演を依頼されることがあるのですが、いつも子供たちには「好きなもの、興味のあることについて真理を追究するものを見つけてください」と伝えます。もちろん無線の楽しさも話します。私たちは、学生だと友だちや家族ぐらいしか話す人はいないと思うのですが、無線ではパスポートもいらず容易に、外国の人と話すことができます。時差というのもその時体感できました。バイクの免許を取って、北薩で最も高い山、紫尾山まで行き、一晩中交信したこともあります。いろんなところから電波が飛んできました。今はインターネットでSNSのチャットがありますが、無線では誰と話すかわからないので、もっとすごいと思います。自分の声で話すので、face to face（人と差し向かいで）に近い感じです。生の声が伝わって来ますから。当時アメリカが無線大国で、日本はその次のアマチュア無線人口でした。昭和40年代、無線はキングオブホビー（趣味の王様）といわれていました。最盛期は鹿児島市内にも3店程のアマチュア無線専門店がありました。今は携帯電話の普及により、廃れてきていますが、こんなに楽しいことはなかったです。20年くらい前、まだ携帯電話のない時代ですが、当時住んでいた社宅の屋上にアンテナを立て、「今帰る」等、妻とアマチュア無線で交信していました。退職したら、再びアマチュア無線をやりたいと思っています。キャンピングカーに無線機を積んでやりたいと。自分はデジタルの仕事をしていますが、最後はやはりアナログじゃないかと思いますね。確かにパケット通信は素晴らしいけれど、声で伝えるというのはメールよりも含む意味が大きいと思っています。自分は声からイメージをふくらませるという力を小・中学生の時から経験として持っていました。例えば、東北で嵐があり、りんごに被害が出たということをテレビのニュースで知っていたとしても、アマチュア無線で「そっちはどげんですか？そうですか。そげなひどかですか」と実際に青森の人と交信した時、よりリアリティーを感じるんです。

—アマチュア無線との出会いから、もっと通信を学びたいと思ったのですね。

はい。アマチュア無線をやっていると英語力が必要ですから、英語の勉強も好きでした。そして「国際的なことができたらいいな、外国に住みたい、当時のKDD（国際電信電話）に勤めたい」と思うようになりました。無線通信は技術士、通信士の資格がないとできません。高専は5年間ですが、2年の終わりからプロの国家資格を目指して受験し、資格を取ることができました。

—高専に進学されたのですね。

はい。当時電波高専は全国に3つ、熊本、東北（仙台）、そして香川（詫間）です。自分は熊本です。好きなことをやるんですからちゃんと学校のことを調べ、もうそこに行くしかなかったというう感じです。学校は寮生活、中学卒業後親元を離れました。自分をこの道に導いてくれたのが、よい先生との出会いです。

思い浮かべるのは、小学6年生の時の担任の佐々木士《つかさ》先生です。3年前に亡くなりましたが…。

佐々木先生の刺激はものすごく強かったです。指導要領に従わないと言えばいいのでしょうか。例えば、霜が降りた時、クラス全員に裸足になって、グランドにできた霜の上に立たせました。霜の感触を確認させたかったんですね。その後、足を洗って部屋に入らせました。すると「寒い、寒い」と言っていたのに、教室が暖かく感じたんです。暑いとか寒いというのは、相対的なものだということを教えたかったのでしょう。体感することの大切さを教えてくれました。「寒い時は寒いところに行け。辛い時はもっと辛いところに行け」と。佐々木先生のエピソードはいっぱいあります。国語の時間、生徒に本を読ませるのですが、クラスの端からあて、読みが引っ掛かったら次の子に、引っ掛かったらまた次の子へと順番に読ませました。先生は「集中しても引っ掛かることがあるんだよ。思っていてもそれをすべて実行できるとは限らない」と教えてくださいました。また雪が降った日には、裏山で雪合戦をしたこともあります。子供に体験させて、そこから雪の冷たさや降雪のメカニズムなど、ちょっとした科学を教えてくれました。

高専を勧めてくれたのは、中学3年生のときにお世話になった担任の鳥原先生です。当時の出水中学はマンモス校で、8クラスもありました。別のクラスの先生が私らのクラスに対して差別的な発言をされたことがありました。それで、その先生の授業を受けないとボイコット事件を起こしました。図書館で籠城したんです。すると鳥原先生が、「何やっているか！」と怒鳴られました。「僕たちは馬鹿にされました」と答えると、「それでもお前たちの行動はおかしい。ルールは守れ」と諭され、教室に戻りました。先生はその後、「担任からすると、クラスの子供は自分の家族だ。家族を馬鹿にされたことに抗議する。それは私を馬鹿にしたことと同じだ」と憤慨し、私たちを守ってくれました。島原先生は、生徒一人一人をよく見ていました。人間くさい人でしたね。毎週、学級新聞を発行して…今でもとってありますよ。先生はその時40歳くらいだったかな。

佐々木先生と島原先生、この2人の先生がいなかったら今の自分はなかったと思います。

好きなことはとことんやれという先生たちでした。お2人とも、人気がありました。あー、先生がもっと若くて、元気な時に会っておけばよかったと後悔しています。

この間、同窓会をしようということになり、クラスの半分くらい集まりました。ちょうど人生の半分、子育てが終わり、人生後半に入り、来た道を振り返る年齢です。皆同じことを思っていたんですね。島原先生は大病を克服し、来てくださいました。そして、自分たちが過ごした同じ教室で、先生にもう一回授業をしてもらったんです。「今まで生きてきた生きざまを語ってください」とお願いしました。教室の窓から外を見た時の景色、故郷の川、山…皆、外を見て、あまり変わっていない風景に感動しました。辛い時、目に浮かぶのはやはり出水の風景です。男子はほとんど（出水を）出ています。出水には企業がないですから。家族を食べさせていくために仕方がないことです。どうにか故郷を盛り上げたいと思うのですが、今出水には若者が少ない。若者がいないと、故郷の将来をつないでいけない…。寂しさと責任を感じます。

中学を卒業して家を出ました。高専には先生に勧められ、高専での勉強に興味がありました。中学3年生の秋、実際に高専の文化祭に行って興奮し、さらに行きたくなりました。通信の勉強ができる。高専では高等教育を受けることができる。キャンパスが広くて、設備もきれい、雰囲気がよかったです。校則は厳しくない、何事も自分の責任で、とても自由で、解放感にあふれていました。研究内容が素晴らしく、魅力的でした。優れたコンピューターがあり、画像処理設備も素晴らしい。行きたい！と思いました。

出水と熊本は距離にして100キロ。(家を)出て行く時、母が泣いたのを覚えています。春休みに寮に入り、4月に入学式があって、忙しい日々でした。入学して1週間たち、手紙を書きました。母は号泣したそうです。親としては子を早く手放してしまったという気持ちがあったのでしょう。ゴールデンウイークは自宅に帰省して過ごし、また寮に戻るとき、寂しさを感じました。

母は田舎育ちですが、中学を卒業してすぐ「金の卵」で岐阜へ集団就職しました。その後出水に帰り、父と結婚しました。両親は「しっかりと勉強しなさい」と私が小学5年生の時から、英語を習わせてくれました。塾の先生がよかった。「英語は勉強じゃない。コミュニケーションツールだよ」と言って、アメリカの絵本、それも超簡単なものを読みました。外国人と話すことは、気持ちが通じ合うので、英語の楽しさを知りました。高専でも英語だけは成績が1番でした。英語が得意だったので、英語の試験もある通信士の資格を取ることができたと思います。「短所を長所にするより、長所をさらに伸ばせ」が大切だと思います。

—寮生活はいかがでしたか?

寮は一つの社会です。軍隊のような厳しさがありました。私が入学した高専は国立でしたから、授業料も寮費も安いのですが、3人部屋でした。寮の掟があり、マスターしなければなりません。

日課は、平日、土曜、日曜バージョンがあり、復唱して覚える。たたきこまれました。寮生活では良いことも悪いことも教わる（笑）といったところでしょうか。

4、5年生（大学1、2年生に相当）になると、合コンもありました。当時ディスコがはやったころですね。行きました。寮には門限がありましたが、夜中帰りも。

いかに先輩と仲良くなるかが鍵です。自分が放送局に入れたのも先輩のおかげですから。KTS鹿児島テレビ放送の桐野俊策先輩ですが、出水中、高専の先輩です。いろいろ教えてもらいました。

先輩からかわいがってもらった。「きついけれど、寮の経験は貴重だ。きばれ！」と。1年生の時は大変でしたね。掃除、先輩へのマッサージなど、体育会系です。大卒に負けないようにと、勉強の仕方や国家試験のノウハウも教えてくれました。

寮の5年間は人間的に成長しました。寮生は250人いて楽しかったです。大きな風呂に広い食堂。山口、沖縄からも来ていました。志は一緒です。寮の食事はキャベツの千切りとみそ汁はほぼ毎食です。たまに肉、「ワー焼き肉！」と喜ぶと羊、マトンです。がっかりでした。寮に入って、初めて食べたのですが、すごく味にくせがありました。でも慣れました（笑）。

5年生になると、私は寮長をしました。（自分が寮長になった時）殴る、蹴るをなくしました。（寮に）来てよかったというところに変えたいと思って、寮の改革をしました。

―就職活動はいかがでしたか？

バブルの時代でしたから、引く手あまたです。

1人あたり20社くらいの企業、日本電気、富士通、NHK、KDD、NTTなどからお話がありました。よりどりみどりです。1クラス35人くらいでしたが、就職試験で落ちたのはクラスで1人だけです。入社試験は研修という名目で、温泉に缶詰にして内定。他社の面接を受けさせないためです。売り手市場のいい時代でした。

自分は「長男だから鹿児島に残れ」と父に言われ、MBCに就職しました。ちょうど放送局で無線技術士を募集していました。

テレビ局での技術者の仕事というのは、番組作り、モノづくりです。自分の作ったものを人に見せられる、自分を表現することができる。海外に行けば、語学を生かせる。悩みました。

就職先はクラスの成績順で決まります。だから学校の勉強を頑張りました。放送局の試験が8月と当時は一般企業と比べて遅かったのです。5月にはクラスメートの(就職が)ほとんどもう決まっているので、未定は公務員希望の人と自分だけでした。放送局は試験が難しく、時事問題ができませんでした。暗記したけれど、(自分の)納得する出来ではありませんでした。でもどういう訳か通りました。面接は寮生活で培った人間力あるから強いと思っていました。放送局に入社しました。

8・6水害（1993年8月6日、鹿児島豪雨災害）を機に、気象予報士の免許を取得しました。2年かかりました。4回目で合格です。

自分が小さい時、災害はあまりありませんでした。人が亡くなるような災害はありませんでした。大きな災害の記憶はありません。就職して、災害現場を実際に見るようになってから、防災について関心を持つようになりました。8・6水害は「ただ事ではない」と実感しました。人間の無力さに悔しい思いもしました。災害は繰り返し発生する。ちょうどその時25歳。定年までには数回大きな災害に出くわすかもと思いました。法改正(1993

年の気象業務法改正）により、民間でも独自の気象情報を伝えられるようになったのです。気象庁の天気予報というのは、ゼネラルなものです。今私たち気象予報士が伝える情報は地域に特化した細かい情報となっています。

―気象予報士はどのようなところに気をつけたらよいでしょうか。

地域の特性にカスタマイズされた気象情報が必要だと考えています。地域の住民と同じ目線に立って伝える必要があります。例えば、過去5時間でこれだけ降ったから、どれくらい危ないかというようなことを、その地域に住んでいる人に思いを寄せながら、予報し、伝える。地域の災害履歴や特性に合わせ「危ないので、注意してくださいー」と、臨場感を持って伝えることが大事です。

過去の災害の映像を見、災害に特化した情報を地域に伝えたい。1993年、梅雨明けが特定できずに、8・6水害という大災害で、121名が死亡しました。「犠牲者を一人でも少なく」というのが願いです。ローカル局の使命は、そういう情報を伝えるべきだと思い、資格を取ったというのがあります。

当時、気象予報士として顔が知られていたようですが、実際には気象の仕事は週に1、2度でした。予報は私の仕事の一部、3分の1くらいでした。それ以外はカメラ等の技術職でした。中継といったテクニカルな仕事です。25歳の時に、8・6水害が起こり、報道部でカメラ・編集、そしてロケット（科学）記者も経験しました。気象予報士の資格を取ったのは、1999年31歳の時でした。

カメラマンもしていたので、こういう機材を使ってこういう風に、こういう伝え方をしたいというイメージが湧いてきます。自分の担当する天気予報は、ニュースで週1、2日でした。その日の鹿児島の映像+天気予報ですが、自分で撮ってきた映像、鹿児島の美しい映像とともに、字幕スーパーを入れ、映像に合った音楽を入れて天気を伝えました。99年から始め、このコーナーは5、6年続き、予報士としてトータルで12年くらい気象情報を担当しました。

妻は「転職すれば?」と私に言ったこともありました。メディア関係の大学の准教授の話がありましたから。地域防災の研究をしたいという気持ちもありました。今回は見送りましたが、チャンスはまた来ると思っています。

講演活動は、年に15回くらい行っています。自分が研究者として学んだことを地域に還元したい、防災意識を地域と共有し、そこに喜びを見いだしたいと思っています。

10日に1度、毎日新聞に「亀ちゃんのお天気百話」というコラムを掲載しています。

—放送大学で学ぼうと思ったきっかけは何ですか?

学生時代学んだのは、通信工学、理系です。報道の仕事は、世の中の森羅万象を扱います。そのうちに、ただエンジニアとして撮影だけではなく、人文関係も勉強したいと思うようになりました。「知識を深めることで取材の対象者との関わり方が違ってくるのでは?」と、仕事を充実させるために、学ぼうと思いました。

また、父親となって、子育てに関わるようになったり、母がうつになったりしたことで、教育心理学に興味を持つようになりました。

修士論文は生涯学習と活気に満ちた町づくりをテーマにしたいと考えました。行政は上から目線で考えがちです。大切なことは、住民が学んで、地域に何が足りなくて、何を行うべきなのか、住民が計画段階から参画するような地域づくりをやっていけないかと思ったのです。さまざまな教育委員会の統計を見ると、計画段階から住民が参画しているところが住民主体の地域づくりの成功事例が多く見られます。地域論ということになりますが、地域とは土着、生の声です。中学時代にアマチュア無線でニュージーランドと交信したことがずっと心に残っています。やはり人と人は、話さないとだめですね。自分は話すのが好きです。人間は話さないと孤立してしまいます。何でもメールで済ますインターネット社会を危惧します。

安心した地域とは何かと考えた時、語りが多いと安心。話すことが一番大切だなと思います。若い人は隣の人と話さないですね。考えられないですよ。心をオープンにできないのでしょうね。

その人の育ってきた環境はどうだったか、どんな人と巡り会ってきたか、家族、兄弟、先生は？積み重ねですよね。人は環境によって変わってきているはずです。人間は強くないですから。一人ではできない。そのためにも連れ立って「話す」ということが必要だと思います。

自分は恵まれていると思います。出水でコミュニケートがうまくいっていました。自宅周辺の地域の人は皆知っていました。地域の催し物も多かったです。土曜市といって、アーケードに市が立ちました。夏休みには、歩行者天国になって、小さなイベント、例えばスイカ割りなどがあって、楽しみだったな。商店も遅くまで営業していました。そこに行くと必ず誰かに会えるという、わくわく感もありました。出水の子供にとって、土曜日は特別な夜でした。「まんが日本昔話」や「クイズダービー」そしてドリフターズなどのテレビ番組もありました。わくわくどきどきでした。子供だけでなく親も楽しみにしていました。

今は、子供は塾に行き、町はさびれ、大型店ができ、かつての商店街はシャッター通りです。昔はよかった、幸せだった(笑)。大量消費の時代で便利になり、安いものが豊富に買えますが、何か大切なものが失われました。子供会や相撲大会、そこで子供が集う。親が集う。子育ての悩みなどを分かち合えました。出水は薩摩と肥後の境、関所があったところです。島津の殿様は強い地頭を置いて、国を守らせた武家屋敷もあります。

「出水の子は負けるな」という「出水兵児修養の掟」があります。子供たちは毎朝暗唱してから授業に入る。出水の子は絶対負けない、こうでなければならないとたたき込まれました。出水小学校は、小学校の門も武家屋敷ですが、麓地区には武家屋敷も多いことから、郷中教育が徹底されていました。そういうDNAがあると思います。出水の冬はとても寒い。鶴の飛来で有名ですが。寒くても男子は半ズボンで通学していました。

―放送大学を卒業した後、鹿児島大学へ入学されたのですか?

放送大学の大学院は通信制に近いところもあり全国の専門性の高い先生とやり取りできます。仕事をやりながらでも学ぶことができました。自分は一期生。本部は千葉市幕張で、そこへ行くと、教育社会学の吉田文《あや》先生(早稲田大学)が担当でした。メールや電話でやり取りをしながら、生涯学習と地域づくりについて勉強をしました。年に3、4回グループゼミがありました。2年間で修士号を取りました。研究の面白さを知り、社会人入学があり、地域防災をライフワークで研究したいと思い、修士号を取得した後に鹿児島大学に入学しました。指導教官の平井先生は仕事、取材を通して存じ上げていました。地域防災を工学的だけでなく、社会学的なアプローチで考察しようと思い、入学を決めました。学位取得まで5年かかりました。城戸秀之先生にお世話になり研究を進める中、櫻井芳生先生と出会い、「量的研究もしましょう」ということになりました。時間はつくるものだと思います。年齢的にもちょうどいい時に勉強できたと思います。

要所要所で素敵な方に会って、支えていただいています。

博士課程の研究のために、フィールドは垂水市で調査を行いました。地域を歩き回って、聞きとり調査を行いました。まずは「点」の調査です。地域と災害時に避難がうまくいったところ、うまくいかないところ、災害が多いのに逃げるところと逃げないところがあることに目を向けました。続いて、アンケートによる量的調査で、「面」の調査をしました。社会的違いはどこにあるのか。しかしアンケート用紙を作るのに半年要しました。政治学の平井先生に地域のことを聞きながら何度も作り直しました。アンケート用紙ができて配りました。防災訓練に参加したり、お祝い事があれば、焼酎を提げて行ったり、地域にどっぷり漬かって、帰りには大根など野菜やおみやげを持って行かされました（笑）。楽しかったですね。調査は、相手と信頼を築くことが前提ですので、通って通って、人間関係をつくってと努力しました。そのおかげで、「亀田さんなら」と皆協力してくれました。アンケート用紙の配布作業もお願いすることができました。

アンケート結果も自分で入力しました。2千部くらいですね。他人に依頼もできたのですが、自分で入力したかった。2週間かかって結果をすべて入力し、分析、櫻井ゼミのたびに発表しました。自分の論文に価値があるのかないのかわからなかったのですが、櫻井先生が「これは面白い！」と言って勇気づけてくださいました。博士論文は質的調査だけでも書けますが、量的な調査も行い、より客観的な結果を出すと論文の厚みが増します。櫻井先生には本当にお世話になりました。私の研究に相当没頭していただきました。よい論文ができたと思っています。自慢できます。櫻井芳生先生には本当に感謝感激です。

―櫻井も無線少年で娘とラジオを作ったり、『子どもの科学』という本を一緒に読んだりしていました。亀田さんはお子さんがお2人(インタビュー時、男子高校生・女子中学生)ということですが、どのような子育てをなさいましたか?

論文書いていた時は忙しかったけれど、子供と一緒の時間をつくるようにしました。2人ともテニスをして部活に入り、中学生の時、全国大会へ行きました。一緒について行きました。息子と富士山を一緒に登るのが夢で、息子が小学5年生の時に行きました。7月上旬でした。山の天気は変わりやすいですが、初めてのトライで登頂に成功しました。実験もしました。気圧が低くなるとプラスチックのペットボトルの容器がパンパンになることなど、息子に体験させることができました。大気が澄み切っていました。よい経験でした。家族で旅行にもできるだけ行くようにしています。

―子供を育てる方針は何かありますか?

特にありません。一緒にいて同じことをすることです。工作をしたり、野球をしたり、温泉に行ったり、何でもいいから、一緒にいる時間をつくる。子供たちには、習い事は何でもしなさいと言い、やりたくなかったらやめなさいと言っていました。テニスだけはずっと続きました。

自分が父親に言われたように、「将来何をして飯を食うか」という話はしました。子供の誕生日のたびにビデオを回してきました。子供のビデオは映像よりも音声が大事。将来の夢については毎年同じ質問ですが答えが変わる。より具体的になる。友だちは？好きな食べ物は？好きな女の子はいるか？職業の話？強い意志を持って生きて行ってほしいので、毎回意識させるため、ずっとビデオを回してきました。

―亀田さんの夢は何ですか？

60歳過ぎたら、キャンピングカーで日本一周と思っています。今は仕事も日常生活も幸せで充実しています。自分が担当する番組が成功したら、なおうれしいです。

地域防災での講演会で、必ず最後に会場の子供たちへメッセージを伝えます。講演会では地域の子供も参加してくれます。地域防災の話もしますが、子供向けのお天気の実験もします。これからの子供たちに知っておいてほしいことは、「人間はせいぜい100年くらいしか生きない。自然界とうまく付き合いながら災害から命を守る、大切な人を守ろうと。そして10年したら素敵な社会人になって一緒にお天気の仕事をしませんか？」と。目を見て、話が伝わったなと感じる瞬間があります。つながったという瞬間、出会いという機会はうれしいです。

夢は地域防災への貢献。自分の命を守ることが、いかに大切かを語っていきたいです。微力だけれど、私が語ることによって意識が変わればうれしい。防災教育を子供たちに伝えていきたいです。子供を対象とした語りは続けたいです。鹿児島の防災教育が充実していない理由は、東日本震災の時に問われたことですが、具体性に欠けるところ、子供の心の中に緊急時に反射的に何をすべ

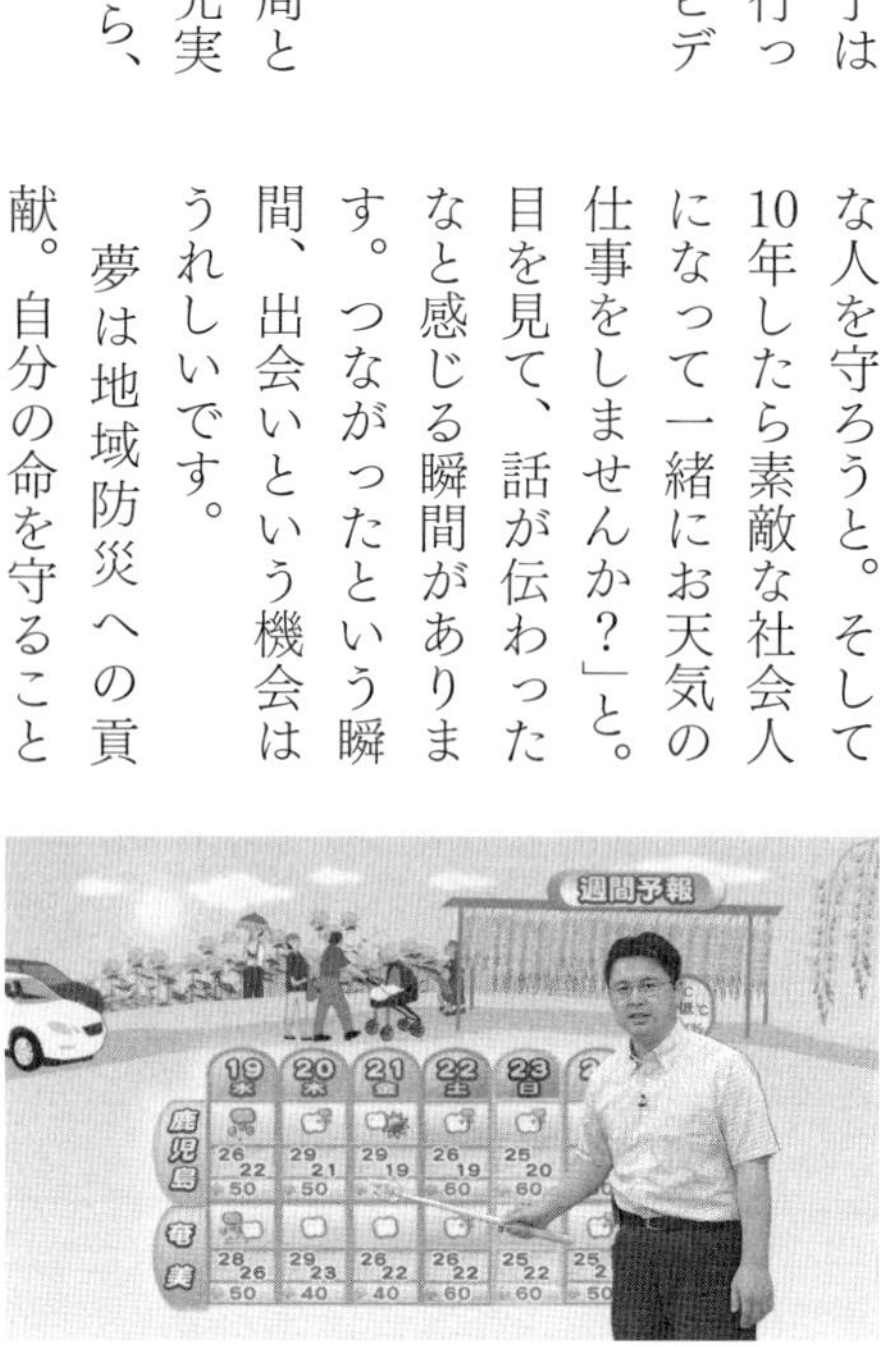

きかが備わっていないところです。災害時を特別なこととして防災は考えていたらいけません。日常化して、身体が自然に動かなければいけません。限界がありますが、災害の経験者のもとに通って通って、話して話して、ものを伝え、教える。伝える側、教わる側の関係を築きながらしないと、教科書的になってしまいます。ヒエラルキー的な情報伝達では伝わらないのです。伝えた、教えただけでなく、相手が伝わったと認識できないと教育ではありません。子供の心にインパクトがないと本当の教育とはいえません。災害の発生時に、自然に身体が動く。率先して逃げることができる。それを見た周りも逃げる。そんな防災リテラシーを持った子供を育てたい。そのために膝を並べて住民と語る必要があります。同じ目線で。今年こそ自分が災害に遭うと考えて気象庁ですら1秒間に800兆回計算できるコンピューターを使用しても気象庁の天気予報は2割も外れるのだから。ハードは所詮人間がつくったものです。「技術は信じるな。自分の命は自分で守れ。いつもと違う雨が降り始めたら、認識を持って、もっと降るかも」と、先を読んでほしい。ことが始まる前に備えよ「事後の百策より事前の一策」ということです。防災グッズも事前に準備しておいてほしいです。防災リタラシーも家庭での語らいの中で、親、子の双方で、防災についてコミュニケーションを図ってもらいたいです。

―うまくいかなかったとき、どう考えますか?

失敗とは何か?失敗を失敗と思わないこと。次へのエネルギーと考えることが大切。失敗、どん底、ゼロレベル、上しか上がれない。失敗は可能性の始まりだ。上へののりしろ、無限、全てをゼロベースで考えられる。生き方、考え方、社会経済、食べるもの着るものすべてをゼロベースから考えられますよね。

失敗したら落ち込むでしょう。なぜ失敗したか、原因を考えるでしょう。人からの裏切りなのか、自分を顧みるでしょう。何がそうさせたか。

仕事の失敗はたくさんあります。自分の人間力が足りなかったからと考えます。部下が自分の思い通り動いてくれなかった。管理職は部下を指導しなければなりません。なぜ自分のイメージする行動を取らなかったか、自分の人間力のなさなのか。放送事故ってあるんですが、人的ミスが多い。それは事前の備えをしていなかったからです。人間関係をしっかり築くこと、徳を積むことしかないと思う。相手に失敗させないようにどうするか、社に貢献、県民ファーストのマインドがあれば、トラブルにつながることは極力抑えられると思います。災害と同じで、備えが大切です。相手に極度に期待してはいけない。トラブルが起こる前の配慮、人に対する細やかなケアをすることで大きなトラブルを防ぐことができると思います。

学びは人生を豊かに演出すると思います。そのための備えで、さまざまな資格を取得して、またそのことによって、考え方の変容があり、後半の人生を豊かに生きる。楽しく生きるために、学びを重ねている。人との出会いも大切にしたい。「人生の幕を閉じる時に、よい人生だった」と、そういうことに集約していきたい。地域防災も同じです。がけ崩れが起こる前に、事前に手を打っておく。すると最小限の被害で済む。自然災害の発生は人の力ではどうしようもない。減災という考え方から、とにかく備えをしていく。温暖化も進む。大昔の人は自然の世界に足を踏み入れなかった。しかし今は謙虚さを忘れ、ずけずけ自然に足を踏み入れた。では、どうしたらいいか。災害と共存するために、その接し方、ルールが必要です。人間はエゴが強く、我々は厄介な時代に生きていると思います。自然だけが悪いといえません。人間はせいぜい100年しか生きないのに、災害に遭うと「こんなことは生まれて初めて」と言います。
桜島は一万年たって、今の形になりました。人間のサイクルではなく、自然のサイクル、自然界の目線で見ていかなければなりません。それが災害とともに生きるということで、自然と付き合うリテラシーとして、当たり前のことです。日本列島は火山だらけ。火山災害や地震、そして毎年台風に見舞われています。だから備えが大切。台風の役目は赤道付近の熱を高緯度に運ぶことで、地球表面の温度を調節し、ある意味、地球にはなくてはならないものです。もし台風がないと、赤道付近はどんどん暑くなる。台風は低緯度の海水面から気化熱を奪い、その熱を高緯度で放出することによって、地球の温度は保たれる。「いかに災害の被害を少なくするか考えましょう」というのは、自然との共存で、当たり前のことで、自然に対する謙虚さだと思います。悪いものと決めつけず、「なぜ?」の視点で見て行く必要があります。水不足にならないために、雨は必要。ただ大雨から身を守るために知恵を出そう。なぜ自然について勉強する必要があるかということを子供に伝えるような話者、伝道師になりたいと思います。災害研究者としてそういう役割を果たしたいです。

—若者に応援メッセージをお願いします。

目標と競争。どこに自分が向かうのか、目標がなければ、競争がなければ、進めないでしょう。適切な競争、負けたくないという気持ちが必要だと思います。今、子供の教育では、競争を嫌がる傾向がありますが、何でも標準化することに疑問を感じています。地域社会がすべて東京風になってしまって、個性がない。とんがっていいと思うんです。自分らしく生きて後悔しないというのが自分のポリシーです。寄らば大樹というのは後悔すると思うんですよ。自分に自信があれば、辛いことがあっても乗り切れると思う。人のせいにしない。どうしても訴えたいことを自分なりに表現する。それが生きる価値だと思います。

カメラマン、記者の後輩にいつも言っていることは、

「見えないものを見よ。聞こえないものを聞け。むさぼるように被写体に自分を重ねて見よ」ということです。

何かを被写体から抜き取ってやろうという気持ちがなければならない。インタビューをしているとき、相手と気持ちが同じになる瞬間があるんです。しかしボーっとしていたら、その瞬間を見失う。物事に食らいついて行かなければ、よいドキュメンタリーはつくれません。

実際に若者に接して、「今の若い人は…」と思うことは決してありません。若い人は優れている。ただ今の若い人たちの育っている環境が無縁社会で、それが気の毒だということです。彼らは彼らなりのよい感性を持っている。今の子は客観的に物事を見られる力がある。ＩＴに囲まれ、社会の変化が早いので、順応する能力が優れている。そういった変化が加速していく中で、順応力が非常に高いことに尊敬します。順応力や競争に打ち勝てない人は落ちこぼれていきますね。兄弟も少ないので、友だちと遊べない等、人間関係、コミュニケーションをつくり上げるのが難しいけれど、

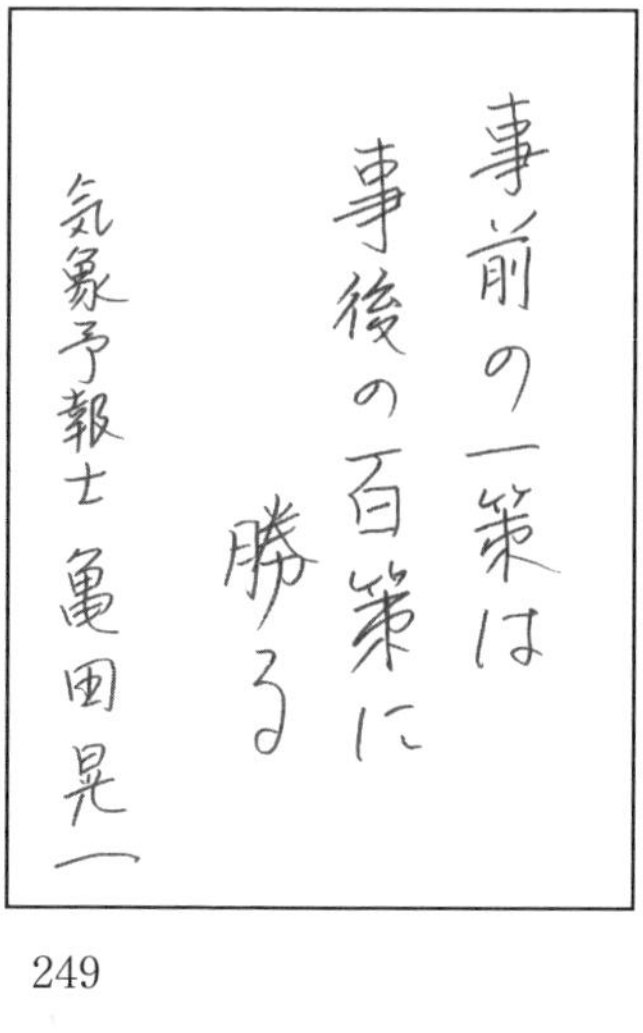
事前の一策は事後の百策に勝る
気象予報士 亀田晃一

順応性の高い子も大勢いる。インターネットは人間の標準化を進めていますね。そのような環境で、自分なりの考えを持つのは大変なことです。ＩＴの荒波に耐えられるか、委ね過ぎると問題です。携帯端末を取り上げるのは簡単だけれど、話題についていけないですから。適切な距離を保ちながら賢く使えばよい。リテラシーを持つことが大切。

NHKアナウンサー

中島　三奈さん

© studio-mickey.com

櫻井芳生ゼミ生。一つ一つ目標をクリアし、アナウンサーの夢をかなえた中島さん。なぜ諦めずに頑張れたのか、キャスターとして活躍する日々をお話いただきます。インタビューは鹿児島で行いました。

中島三奈（なかしま　みな）

1990年　鹿児島市で誕生

2009年　武岡台高校卒業

2009年　鹿児島県立短期大学文学科日本語日本文学科入学

2011年　かごしま親善大使

2013年　鹿児島大学法文学部人文学科卒業

2014年　NHK 鹿児島放送局キャスター

2018年　NHK 北九州放送局キャスター

あなたはあなたらしく　あればいい

―お生まれはどちらですか？

鹿児島で生まれて、その後、父親の転勤で宮崎に行って、鹿児島、宮崎、北九州、そして大学を卒業するまで鹿児島です。1年間就職浪人で、福岡の天神に住んでいました。

名前の三奈は、父がつけてくれました。すべてのものは木、火、土、金、水という5つの元素からできているという中国の五行思想がありますが、特に、三という字は火、水、土の三位一体を表し、全てを兼ね備えた人になってほしいと願いを込めたそうです。

―ご両親は鹿児島の方ですか？

父は佐賀で、母が鹿児島です。父は団体職員で今、単身赴任をしています。妹が2人います。私は3人姉妹の一番上です。次女が年子で、三女が20歳、妹たちとは友だちのように仲がいいです。小さいころは、すぐ下の妹とずっと遊んでました。今は、3人で旅行に行ったり、温泉に行ったりしています。

―どんなお子さんでしたか？

すごく活発でした。水泳、硬筆、ピアノ、美術工作教室に通っていました。

そして、3、4歳ぐらいまで宮崎の延岡に住んでいたのですが、近所に仲のよかった男の子がいて、よく遊んでいました。その子のお母さんが病気で亡くなり、母と弔問に行ったとき、母が泣いていました。泣いている母を初めて見たので、印象に残っています。大丈夫かなと心配していたのを覚えています。
父と母は「美術やお花、美しい物に触れなさい」ということを言っていました。小学校の時にバルビゾン展に父と母と一緒に行ったのを覚えています。ミレーの落穂拾いを見ました。そのときに父が新聞記者に取材されました。翌朝掲載された記事を読んで子供心に面白いなと思いました。「伝える」魅力を感じました。母は華道の先生をしています。母は花を家のいろんなところに飾っています。美しい物が好きで、そういうものに囲まれて育ってきたと思います。妹たちも美しいものが好きです。自宅で華道教室をやってるので、人がたくさんいるんです（笑）知らない人がいる（笑）家です。ダイニングでご飯を食べていたら、生徒さんが突然「こんにちは♪」と入ってくることもあります。違う世代の方とお話をするよい機会でした。

―北九州から鹿児島にお引っ越しされ、新しい環境になじめましたか？

当初は、あまりなじめませんでした。北九州は私服だったんですけど、鹿児島は制服があります。子供心に人がちょっと違うなと感じました。北九州に小学3年生まで、小学4年生から鹿児島にいたんですけど、多分年齢的なこともあるかもしれません。

―小学校のころの思い出は何ですか？

4年生の時に金管バンドに入っていてトロンボーンを担当していました。そして放送部です。校内アナウンスをしていて、お昼のご飯の時間に献立をアナウンスしました。例えば、「今日のご飯はパン、牛乳…」と説明しました。それが楽しかったです。下校の時はＣＤを流していました。

決まった音楽もあるのですが、自由に選ぶこともできたので、「何かこれ雰囲気に合わないな」とか、「もっと明るい曲がいいな」とか、そういうことを考えて放送するのが楽しかったのです。

―それがアナウンサーになろうと思ったきっかけですか？

いいえ。その時はあまり深く考えず、「楽しいなあ。楽しいからやりたいなあ。やっていて楽しい！」というだけでした。

―アナウンサーになりたいと意識し始めたのはいつですか？

高校生の時です。放送部に入っていました。中学生のころは、特になりたいものはありませんでした。

アナウンサーになりたいと思ったのは、声で表現するのが好きだったからです。高校時代、放送部でアナウンスコンテストがあり、1回出ました。

自分の好きなテーマで原稿を書き、壇上で発表します。2年のときに参加しました。ある高校は毎年賞をもらっていました。すごく力が入っていました。皆さんの原稿は、厚紙できれいに製本されていて、表紙に「絶対1位取るぞ」という書き込みがしてあったり、結果発表の時には、目を閉じて手を組んで祈っていたり、結果を聞いて泣いたりしているのを、私たちは「すごい！」と見ていたんです。全然力の入れ方が違っていました。「これじゃいけない、原稿を書いて読むだけじゃいけない。なんか悔しいなあ」と思いました。刺激をもらってそこから、勉強や自分の将来について考えるようになりました。

―短大では何を学びましたか？

近代の日本文学です。夏目漱石の『吾輩は猫である』を卒論に取り上げました。みんなが知っている作家ですが、あんまり読んだことがなかったので、深く読んでみたいと思ったのです。

―県短を卒業後、鹿児島大学の3年生に編入されたのですね。

はい。法文学部で、櫻井芳生先生の授業や映像制作の授業をとりました。

県短で社会学の授業を受けるのが楽しかったです。社会学の先生が個性的でした。編入学して、もっと勉強したいと思い、ホームページで櫻井ゼミを知り、無事入ることができました。櫻井先生の授業は、話術が見事で本当に面白かったです。

卒論は、「ゆるキャラ」を取り上げました。ゆるキャラは時代とともに進化しているんです。着ぐるみから、エア、空気が入って膨らむようになってきたのです。

親善大使をしていたので、ゆるキャラと一緒に回っていて、いろいろ苦労されているのを間近で見ていました。

―かごしま親善大使に応募なさった。

櫻井芳生先生が授業の時に、女子学生に「応募しなさい」と何度もおっしゃっていました。大学生にとって、応募するのは「恥ずかしい」雰囲気があります。最初は、「親善大使って何だろう」と思ったんですが、ずっと聞いているうちに「受けなきゃ!」っていう気持ちになって受けました。親善大使の応募をPRしてくださったことを櫻井先生に感謝しています。「何でも挑戦した方がいい」と言ってくださり、すごくありがたいと思いました。先生から、学生当時「目尻のしわがあるから温野菜を食べなさい」と、今は「髪が薄いから人参を食べなさい」とアドバイスをいただいています（笑）。
親善大使の面接に出かけたとき、会場にはたくさんの女性がいました。皆美人ぞろいでした。会議室には机に紙が置いてあって、「これは美人コンテストではありません」とありました。その言葉に勇気づけられ、「そうなんだ。それなら大丈夫」と思って、大きな声で自分をＰＲしたんです。

――親善大使はいかがでしたか？

鹿児島大学に編入してすぐ、3年生のときです。それまであんまり年代が上の方と話す機会がなかったので、よいチャンスでした。例えば、岐阜県と鹿児島県は、薩摩藩による木曽三川の宝暦治水工事などの縁から姉妹県盟約を結んでいて、今も交流があります。いろんな土地の話を聞き、今まで目がいかなかったこと、県外にも興味が湧くようになりました。
全国各地、そして万博後の上海に行きました。町並みとか独特の雰囲気とかよく覚えています。貧富の差が激しいのを感じました。上海は、エネルギッシュな人が多く力強さを感じて、中華圏が好きになりました。中国の曲も好きで、中国語の歌も歌います。大河ドラマ『江』で二胡が流れていて音色が好きになり、習い始めました。
親善大使は3人います。同期の2人はキャビンアテンダントになりました。私たち3人は年も近く仲がよかったので、いろいろ将来のことなどについてもよく話しました。

――親善大使としてどんなお仕事をなさいましたか？

例えば、ＰＲでティッシュ配りをしたり、県外のお祭りに参加したりしました。宮崎、大分等各県の方とともにステージに立ち、鹿児島の宣伝をするお仕事です。また、鹿児島に台北線が就航した折にはセレモニーに参加しました。

—親善大使になってよかったことは何ですか？

始まる前に、マナー講座がありました。名刺の渡し方とか挨拶の仕方とか、制服の着方とか、出張に行く時、気をつけること等を教えていただきました。それは就活に非常に役立ちました。

—アナウンサーになるために何か特別なことをされましたか？

親善大使になる前から福岡のアナウンススクールに2週に1回くらい通っていました。アナウンサーの予備校に通っていたのと親善大使のお仕事をしたのと時期は重なっています。親善大使の方は、授業や就活などいろいろ配慮していただきました。何とか学生と親善大使の両立ができ、アナウンススクールへも通えました。

—アナウンサーの予備校はどうでしたか？

県域放送のラジオ局でサブパーソナリティーをさせてもらう実習に参加しました。ニュースや天気を読んだりしました。当時開かれていたジブリ展についてリポートしました。1人で行って、点数やどんな絵が飾られているかをまとめてリポートしました。リスナーからの反応もあって楽しかったです。

アナウンサーに絞って就職活動をしました。卒業後、就職浪人を決めたとき、アナウンススクールの先生が、「近くに引っ越して来たら？ラジオ実習も回数を多く受けた方がいいよ」と言われました。それで、「えいやっ」と福岡に行きました。

アルバイトしながら、アナウンサーになるために勉強を続けました。

就職浪人中、西鉄天神駅の改札のあたりで、栗を売るアルバイトをしていました。甘栗が好き、家から近い、私にもできそうだったからです。「焼き栗を売る栗娘」と言われ、皆さんに買っていただきました。買ってもらうために、ざるに栗を入れて試食してもらうんですが、最初私は1粒試食してもらっていたんですが、店長から「それじゃダメだよ、ちょっとにしなきゃお腹いっぱいになって買ってくれなくなるよ」と言われました。商売魂を学ばせてもらいました（笑）。

―心が折れず、諦めず、頑張れたのはなぜですか？

本当になりたかったので、諦めるっていう選択肢は全くなかったですね。今はダメでも今居る場所で頑張っていたら必ず道が開けるのではないかと思います。実際にそういうケースを見たことがあるからです。だから、私もすぐにはアナウンサーになれなくても放送局で、夢の近くで働いていたと思います。夢を諦めないのは、叶うのに諦めたらもったいないと思うからです。やらない後悔よりやった後悔の方がよいと思います。最初アナウンススクールに行きたいことを伝えると、母は半信半疑でした。

―どのようにご両親を説得したのですか？

説得は特にしてないですが、自分ですぐに高速バス等の手配をし、行くことを連絡すると、「難しいんじゃない」と言われましたが、信念があったので気にしませんでした。

―アナウンサーになりたいと思ってる後輩などに「信念を曲げるな」と言いますか？

はい。言います。私は、アナウンサーになれなくても、多分、放送業界にはいたと思います。とにかく、放送に関する仕事には多分就いていたと思います。そういう場所に身を置いていたら、いつかチャンスが来るんじゃないかなあって思っていました。

――迷わなかったですか？

アナウンススクールには壁にこれまで合格した人の写真がたくさん貼ってあり、周りの友人もどんどん受かっていくので、次は私だなと、特に迷いませんでした。スクールのリポート練習などで、確実に成長していくのを実感していたので迷いはありませんでした。周りの友人がどんどん合格していくのも自分を後押ししてくれたと思います。頑張れば大丈夫だと思っていました。

私自身もアドバイスを受けました。性格、内面の「あなたはこうだよね」と言われました。結構いろいろ言ってくれる先生でした。例えば、ぽっちゃりしてる人には、「あなたもうちょっとやせた方がいいよ」とか、「髪はもうちょっと切った方がいいよ。アナウンサーを受けるにあたっては、髪は短い方がいい」と先生はおっしゃっていました。具体的なアドバイスですね。結構キツイことも言われました。「言われても大丈夫」ではないですが、そういうところは身についたのかもしれないです。打たれ強いですね。

アナウンススクールの先輩に、親善大使、アナウンサーの経験があり、現在鹿児島の民放局でタレントをしている方と会っていただきました。その方から具体的な助言をいただきました。面接の時は笑顔でいなさい。体力が大事で聞かれるから、「体力はあります。4キロぐらいだったら軽く走れます」と答えられるように等、アドバイスを受けました。

―お仕事について教えてください。

1年目から夕方のニュースだったんです。やっぱりニュースを担当することを聞かされてビックリしたんですよ。最初は、本当に無我夢中でした。50分の番組ですが、終わってスタジオを出る時、緊張もするし肩もこって、放送を見たアナウンサーから「大丈夫?肩に鉄が入ってるんじゃない。力を抜いて」と言われました。

3年間はニュースをやってたんですけど、1年間は昼前の番組をやっていて、自分でカメラを回して構成(内容)も自分で考えて書きます。アナウンスだけじゃなく制作のお仕事もしました。NHKではそういうことができるので、やりがいがあります。自分で作るからこそ、放送に出した達成感があります。

―例えばどんな番組を作られたんですか?

夏の紫外線対策について皮膚科医の方をスタジオにお招きしてお話を伺ったり、戦争に関する展示会を取材したりしました。視聴者の撮影したビデオを紹介するコーナーがありました。大河ドラマ『西郷どん』の放送ごとにテーマを決め、専門家をスタジオにお呼びしてお話を伺うコーナーを担当させてもらっていました。西郷隆盛には現存する写真がないといわれています。おなじみのものは肖像画なんです。「西郷どんの肖像画」を視聴者から描いてもらうコーナーもありました。

私たちはチームで仕事をしているので、絆は強いです。うまくいった時には、皆で喜びを分かち合います。

―仕事をするにあたって気をつけてること、勉強していることはありますか?

視聴者に楽しんでもらうという目線、演者にも楽しんでもらうことに気をつけています。

上司から指導してもらい、「ここを見せたら一番面白い。出演者（合唱をする参加者）が魅力的に見える」要素、エッセンスを選んで放送します。視聴者に楽しんでもらえるかどうかが一番要です。試行錯誤も楽しいし面白いです。そんなやり方があったのかと毎回発見です。演者、出ていただく方にリラックスして楽しんでもらうことも気をつけています。こわばった表情より笑顔でいられるための声かけや心配りも大切な仕事だと思います。

リポートを放送した後、スタジオトークで相方と感想を述べます。何を聞かれても答えられるようにしています。相方のアナウンサーからどんな質問が飛んでくるかわからないですし想定していなかった質問にどう切り返すか、やり取りをどう面白くするかも求められていると思います。

――職場はいかがですか？

よかったと思うことは、魅力的な人、尊敬できる人にたくさん会えたことです。また、表に出て、原稿を読んだり話したりする仕事だけでなく、鹿児島局では、企画、撮影、編集を学びました。自分でカメラを回し、撮影して、編集します。自分で撮影、インタビューして、編集する中でどうしたら伝えたいことが、わかりやすく魅力的に伝えられるかを考えるところにやりがいを感じます。どんなことを伝えるためにどんな映像が必要なのかなど、考えるポイントがあります。また、番組に出てもらうゲストを盛り上げたり、番組のテーマや人をいかに生かすかがアナウンサーの役割なので、表現や演出を考えます。

――どんな本を読みましたか？

影響を受けた本は台湾の絵本作家・イラストレーターのジミーリャオ（畿米）さんの絵本です。ジミーさんの絵本は、欧米や日本や韓国、タイでも翻訳されています。高校3年生のときに学校の図書館で『幸せの翼』という絵本を見つけました。独特の色使いときれいな絵が素敵で手に取ったのですが、裏表紙にとてもよい詩が書いてあって、感銘を受けました。読むたびに明るく前向きな気持ちになります。

「消えない希望があるように
あるがままを受け入れる勇気があるように
あなたはあなたらしく　あればいい
黄昏の空にも美しい虹は浮かぶのだから」

中学生くらいのときに父が浅見帆帆子さんの本をくれました。本には、人の意識について書いてありました。浅見さんはロンドン留学中に人の意識について実験しながら考えたそうです。今の自分によい影響を与えてくれた本です。父は、悩んだ時、いつもいろいろ相談に乗ってくれます。前向きで、肯定的な言葉をかけてくれます。そして素敵な本もよく紹介してくれます。

大学生の頃は、アナウンサーになるまでの苦労が書いてある体験談や稲盛和夫さんの本を読みました。星新一のショートショートが好きです。最後に、ニヤリとできる面白い短編小説が好きです。

―趣味は何ですか？

二胡です。大学生の時に始めました。音色がすごくきれいで、すごく落ち着きます。弾けたらすごくいいなあと思って始めました。ホントに弾くのが楽しいです。

―尊敬している人はどなたですか？

周りに尊敬している人はたくさんいます。特に、愛や平和に貢献する仕事をしている人を尊敬しています。高校生の時に、「NHKプロフェッショナル仕事の流儀」という番組の中で、日本紛争予防センターの瀬谷ルミ子さんが紹介されていました。瀬谷さんは、DDR（武装解除、動員解除、社会復帰）という紛争地での武装解除の仕事をされていいます。番組では、兵士をしていた10代の男の子を除隊させるために、軍の幹部に話をして除隊させ、その子に兵士以外の選択肢を与えていました。瀬谷さんのモットーは、「できない言い訳をしない」で、私も実践するようになりました。

© studio-mickey.com

そして祖父と祖母です。祖父は、小さい頃から「きばれ！けしんかぎいきばれ！」と言ってくれました。おかげで、負けず嫌いになりました。祖母は、おしゃれ。いつも笑顔で皆にあいさつし、「ピンチはチャーンス！」が口癖でかわいいおばあちゃんです。

―若い人にメッセージをお願いします。

自分が得意なこと、自分にしかない特技、興味あることを突き詰めて、楽しんで本気で頑張る、それが将来につながるんじゃないかと思います。自分にしか語れないことは面接できっと役に立つと思います。やりたいことがなんなのか考えることと、なぜやりたいのかを考えてやる。自分がや

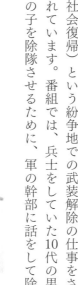

りたくないことをやっても、結局うまくいかない、自分に嘘をつけないと思うのです。

私の座右の銘は「人に優しく自分に厳しく」です。自分に厳しくいることで、成長できると思います。

中国語の中で好きな言葉が「加油」です。加油は「頑張れ、フレーフレー！」というかけ声です。字も含めて気に入っています。

何事も楽しんで、今を大切に過ごしてください。いつも笑顔で幸せな気持ちを持って、目の前のことを頑張ってください。私もそうでしたが、夢があると、生活に張り合いが出ますよね。夢があることに感謝して頑張ってください。夢が叶うまでの過程も大切に楽しんでくださいね。一緒に頑張りましょう！

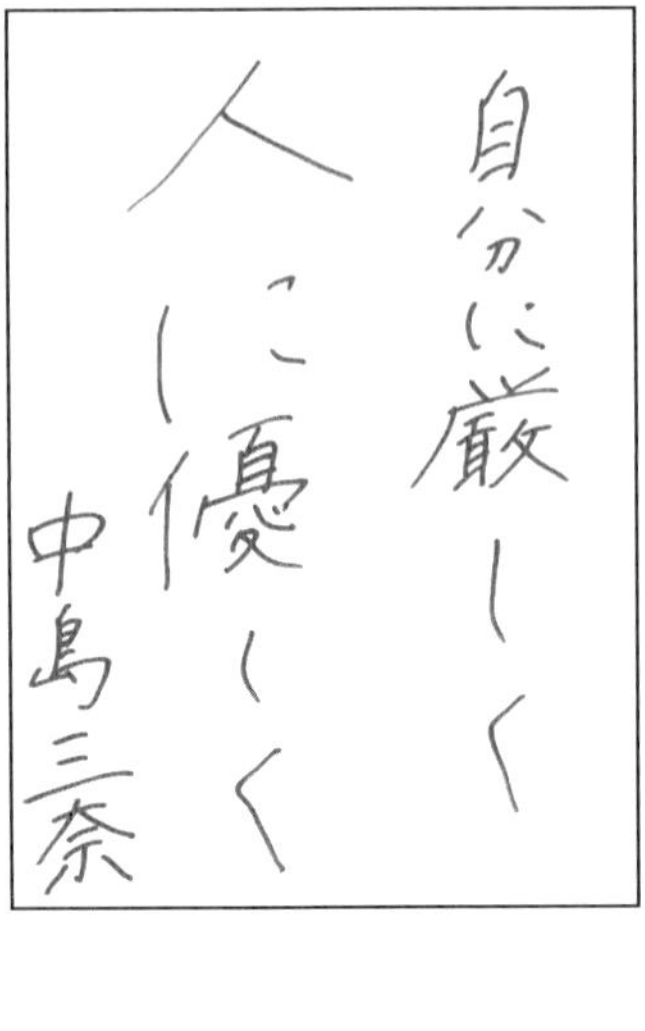

セント・ジョーンズ大学教授

楊《ヤン》 冬華《ドンファ》さん

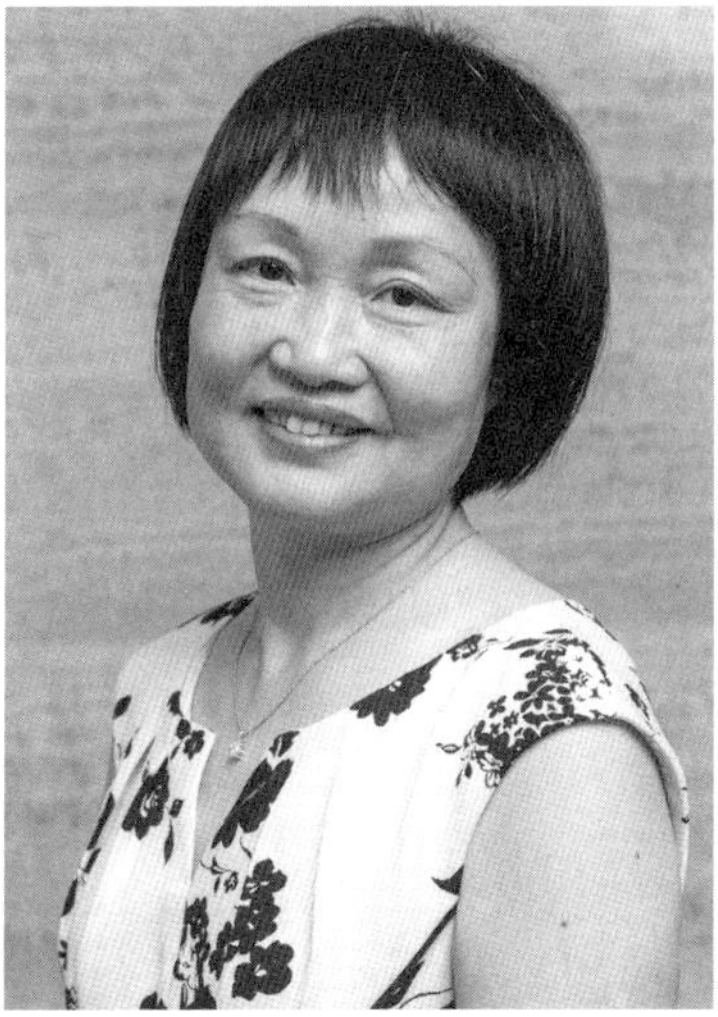

母国・中国、日本、アメリカと世界で活躍なさってきたヤンさん。鹿児島での留学生生活、2人のお子さまを育てながらの研究生活、どのようにお仕事を続けていらしたかお話いただきます。インタビューはニューヨークのヤンさんのご自宅で行いました。

楊 冬華　Yang, Dong-Hua
（ヤン・ドンファ）さん
1963年　中国広東省生まれ
　　　　元鹿児島大学医学部留学生
1993年1月～2000年7月　鹿児島滞在

Do your best!
最善を尽くしてください。

―これまでのご経歴を教えてください。

　私は中山医科大学（Sun Yat-Sen University of Medical Sciences）を卒業しました。中山医科大学は中国・広州にあり、中国の6大医大の一つでした。そこで生理学の修士号を取得しました。当時の日本は世界最先端の技術があったので、日本に留学することに決めました。独自の文化がある国を訪問するのが好きでしたので、日本には非常に関心がありました。

　私は幸いにも、日本政府（文部科学省）のフェローシップを得ることができました。奨学金のおかげで、両親の銀行口座からお金を引き出さずに私は博士号の学位を取得することができました。

　日本の形態学的なおよび画像診断検査研究の中でも非常に優れた研究室の1つである、鹿児島大学医学部の解剖学および細胞生物学科で、私のPh.D研究を行いました。私は村田長芳先生の指導の下で研究をしました。免疫組織化学や光学顕微鏡、蛍光顕微鏡、共焦点顕微鏡、電子顕微鏡を使用し、優れた指導を受けました。Ph.D研究プロジェクトの成果は、幹細胞を含む胃底腺構成細胞の個体発生に焦点を当てたものでした。私の研究成果は国内外のカウンターパート（研究者）から高く評価されました。おかげさまで、私は若手研究者賞を受賞し、中国北京で開催された第1回国際会議での講演に招待されました。私の実験データは、国際雑誌に掲載され、引用されました。

　Ph.D研修を終えた後、幸運にも同じ部署の助手、文部教官として職を得ました。インストラクターとして、医学生に組織学と解剖学を教え、学生が研究をするのを指導する責任も担うことになったのです。また博士論文のために大学院生や臨床医師の指導を手伝いました。私は日本政府から研究資金を得ました。

私は2000年に米国ペンシルベニア州フィラデルフィアのフォックス・チェイス・キャンサー・センター（がん研究所）Fox Chase Cancer Centerへポスドクとして参りました。Fox Chaseでは、ノックアウトマウスモデルを用いてDisabled-2（Dab2）遺伝子機能を解析する必要性をすべて確立することができました。私は、切片検査、染色、イメージングなどの組織学的技術を全て研究室で確立しました。実際には、イメージング顕微鏡、蛍光顕微鏡と解剖顕微鏡を注文しセットアップしました。免疫組織化学や蛍光染色における豊富な経験があるのでそのような技術を使って他の研究室でも多くの研究者を助けてきました。この時期までに、私の研究は発達生物学、胚性幹細胞生物学、卵巣癌細胞生物学に重点を置いていました。02年にGordon Research Conference（哺乳動物の発育と胚発生）における胚外発達におけるDab 2機能について講演したことを光栄に思っています。

私は、06年から10年にかけて、ニュージャージー州立大学医学部のロバート・ウッド・ジョンソン・メディカル・スクール（Robert Wood Johnson Medical School, Rutgers University）病理学科の教員（インストラクター）になりました。私は、Cre / LoxPを用いた条件付きノックアウトマウスモデルを用いてマウスの遺伝学的研究を行ったシステムおよび胚性幹細胞研究を行いました。特に、細胞外マトリックス（基底膜）が腎臓の発達およびニューロン発達にどのように影響するかを研究するために、ラミニンγ1 floxedマウスを使用しています。

11年よりテンプル大学フォックスチェースがんセンターのバイオサンプル保存施設（Biosample

Repository Facility, Fox Chase Cancer Center, Temple University）の准教授に就任しました。私は施設内の組織リサーチサービスのマネジャーとして勤務しています。患者サンプル（血液および組織）を提供し、大学の研究者に免疫組織化学染色サービスを提供します。

15年、セント・ジョーンズ大学に移りました。現在、セント・ジョーンズ大学の薬学部および健康科学科で病理学、薬理学、解剖学と生理学を教えています。

振り返ってみると、鹿児島で勉強する機会に恵まれたことを心から感謝しています。鹿児島ではたくさんの友人ができました。鹿児島で出会った人は親切で心優しい方々でした。皆さん仕事に真剣に取り組んでいらっしゃいました。私が鹿児島大学で行ってきた優れた研究は、後に私がキャリアを確立するのに大変役立ちました。

後悔しているのは、日本語をもっと勉強しておけばよかったということです。日本人の同僚や友人とは、いつも英語で話していました。7年以上鹿児島にいたのですが、日本語をうまく書くこともできず、流ちょうに話すこともできませんでした。

もし私の同僚や友人が英語を話せず、言語の面で私とコミュニケートするのが難しかったら、私は日本語がもっと上手になり、日本文化をもっと理解できたのではないかと思っています。

―ご家族について教えてください。

夫は陳哲生（Chen Zhe-sheng）です。中山大学の医学部で出会い、結婚しました。夫もまた鹿児島大学の医学部で博士号を取得のため、秋山伸一教授の下、腫瘍研究所（鹿児島大学大学院医歯学総合研究科先進治療科学専攻腫瘍学現・分子腫瘍学講座）で学びました。夫も幸運なことに2年間、学術振興会から奨学金を得ることができました。２０００年に夫は米国で仕事を得、家族で渡米しました。以来、米国で仕事をしながら生活をしています。夫は現在、セント・ジョーンズ大学薬学部教授およびバイオテクノロジー研究所の所長（a professor in Pharmacology and director of Institute of Biotechnology, St. John's University College of Pharmacy and Health Sciences）をしております。娘が2人います。長女は陳楊旻（Yang-Min Chen　通称ミンミン）で、１９９１年生まれです。米国ニュージャージー州にある州立総合研究大学ラトガース大学（Rutgers University）を卒業し、薬学博士（Dr. of Pharmacy）を得、現在ブリストル・マイヤーズスクイブ（Bristol-Myers Squibb）で医事文筆家（Medical writer）として働いています。彼女が2歳の時に、父親と一緒に来日しました。娘は桜ケ丘保育園、桜丘東小学校に通っていました。次女は陳楊璐（Yang- Lu Chen　通称ルー）で、95年に鹿児島で生まれ、プリンストン大学（Princeton University）で化学を専攻し、２０１７年に卒業しました。プリンストン・イン・アジア（Princeton in Asia）から奨学金を得、18年8月まで1年間、岡山県矢掛町にインターンとして子供たちや町民の方々に英語を教えていました。帰国後は医師になるため、医学部（米国では医学部へ行くためには、４年生大学を卒業する必要があります）へ進学する予定です。

―鹿児島で何か思い出に残っていることを話していただけますか？

鹿児島では、ホームステイの楽しい思い出があります。また最初に住んだ鹿児島大学下荒田キャンパスの留学生会館から桜ケ丘のアパートへ、そして市営住宅と3回引っ越しを経験しました。いつも日本の友人が手伝ってくれました。感謝しています。鹿児島の雨はすごいですが、ある日大雨が降り困っていると、近くに住む冨加見さんという方が、娘と私を車に乗せてくれました。冨加見さんご一家とは大変仲良くさせていただき、今でもお付き合いが続いています。また夫とともに学会に出席が決まり、子供をどうしたらいいか途方に暮れていたところ、桜ケ丘保育園の園長先生が私たちの子供を学会の数日間預かってくださいました。非常にありがたく、うれしくて南日本新聞の「ひろば」に投稿して、掲載されたことがあります。

＊＊＊

謝謝、留学生活へのご協力

鹿児島大医学部大学院生
楊　冬華（三三）

鹿児島で生活を始めて、はや四年。中国より医学研究のため、同じ医学部大学院生の主人と保育園に通う六歳の娘と共に日本にやってきました。

思えば四年前、来日が決まった時、私はうれしさと同時に不安も隠すことができませんでした。親族、知人さえいない異国日本での生活を思うにつけ「なにか困った事があったら」など、数知れぬ不安を抱いたまま、私たちの生活は始まったのです。

そんな中、出会ったさまざまな日本の人々、彼らの支えなしには、私たちはここまでやってこれなかったでしょう。こんなこともありました。幸か不幸か、主人と私は同時に広島の研修に参加することになったのです。「娘は？」と途方にくれていた私たちに、園長先生をはじめ友人が惜しみない協力をしてくださり、娘の世話をしてくださったのです。本当に何といって感謝してよいか。

中国にも「遠くの親せきより近くの知人」ということわざがあります。まさに私は日本での留学生活の中で、それを体験し、しみじみと感じています。謝謝（シエイシェイ）。

（鹿児島市桜ケ丘四丁目）

謝謝　留学生活へのご協力
1997年10月24日付南日本新聞

鹿児島大医学部大学院生　楊冬華（33）

鹿児島で生活を始めてはや4年。中国より医学研究のため、同じ医学部大学院生の主人と保育園に通う6歳の娘とともに日本にやってきました。

思えば4年前、来日が決まった時、私はうれしさと同時に不安も隠すことができませんでした。親族、知人さえいない異国日本での生活を思うにつけ「何か困ったことがあったら」など、数知れぬ不安を抱いたまま、私たちの生活は始まったのです。

そんな中、出会ったさまざまな日本の方々、彼らの支えなしには、私たちはここまでやってこれなかったでしょう。こんなこともありました。幸か不幸か、主人と私は同時に広島の研修に参加することになったのです。「娘は？」と途方に暮れていた私たちに、園長先生をはじめ友人が惜しみない協力をしてくださり、娘の世話をしてくださったのです。本当に何といって感謝してよいか。

中国にも「遠くの親せきより近くの知人」ということわざがあります。まさに私は日本での留学生活の中でそれを体験し、しみじみと感じています。謝謝（シェイシェイ）。

（鹿児島市桜ケ丘4丁目）

―お2人のお嬢さまはそれぞれ優秀で、素敵な女性に育っています。異国の地で研究をしながら子育てをするのは、どんなに大変だったかと思いますが、いかがでしたか？

おかげさまで周りの方々のお世話になりながら、子供たちを育てることができました。研究、仕事と忙しいので、子供たちにはいつも「手伝ってください」と言ってきました。子供たちの手伝いがなければ、うまく家事ができなかったと思います。よくお手伝いをしてくれたので、早くから自立し、自分たちで何でもできるようになったと思います。夫ももちろん育児に関わってくれました。忙しいからこそ、皆が協力して生活をしてきました。それがよかったのだと思います。

夫も私も子供たちを心から信頼していました。やるべきことをきっとやるだろうと思っていました。娘たちをそれぞれ一人の人間として接してきました。彼女たちの進路に関しても特に何も言いませんでした。夫婦それぞれが仕事で海外へ10日間程行かなければならないことがありましたが、留守中、姉妹で協力し、料理も洗濯も掃除も自分たちで行い、休むことなく学校に通っていました。

生活に必要な基本的なことは高校生までにはしっかり身についていたと思います。

鹿児島で皆さんに助けていただいたように、米国でも子供の親同士が協力し合って、みんなで子育てをしてきました。母親も仕事をしているので、例えば、放課後の習い事の送り迎えなど、お互いに順番を決めて行いました。

私が思うに、子供を育てるのに大切なことは、どれだけ多く子供に手をかけたかではありません。どれだけ自分身のために時間をかけてきたかだと思います。まず自分が人間として成長することです。親が子供にとっての模範となるべきです。私は心からそう信じています。なぜなら私が熱心に仕事をしている姿を見て、娘たちは小さい時もそして今でも、私のように熱心に仕事をすることを学んでいるからです。

―何か心に止めていることはありますか？

自分にできることをするため、いつも最善を尽くすよう努力しましょう。何歳になっても、どこにいても学ぶことを決してやめることのないように。

―お好きな言葉を教えてください。

学ぶことは富の第一歩。学ぶことは健康の第一歩。学ぶことは崇高な精神の第一歩。学ぶことによって、奇跡が起る。

ジム・ローン（１９３０―２００９）米国の起業家、コンサルタント

Learning is the beginning of wealth.
Learning is the beginning of health.
Learning is the beginning of spirituality.
Learning is where the miracle begins.
- Jim Rohn

若者に応援メッセージをお願いします。

日本で、鹿児島で勉強したことは、私の目を開き、私の知識を広げ、私の考えを刺激しました。若い方々には、いつも留学することを勧めています。留学するということは、知識やスキルが向上するだけではなく、同時にその国の言葉や文化に触れることができるからです。ぜひ若いうちに海外に出て、多く学んでください。若い皆さん、青春時代真っただ中のあなたは若く元気で、希望に満ちています。どうぞ最善を尽くしてください。その若さをフルに活用してください。

The words I like

Learning is the beginning of wealth.
Learning is the beginning of health.
Learning is the beginning of spirituality.
Learning is where the miracle begins.
– Jim Rohn

The message to the young

Youth is energetic and full of hope. Please try your best and make full use of your youth.

Institute of Biotechnology, St. John's University College of Pharmacy and Health Sciences.

I have two daughters. The older one, Yangmin Chen attended Sakuragaoka kindergarten and Higashi elementary school in Kagoshima city. She graduated as a Doctor of Pharmacy from Rutgers University and is now working as a medical writer at Bristol-Myers Squibb (BMS). The younger one, Yanglu Chen also attended Sakuragaoka kindergarten in Kagoshima city. She graduated from Princeton University. She received a fellowship from "Princeton in Asia" to work for a year at Yakage town, Okayama, Japan. She is now preparing to study in a medical school.

I think the important thing to raise a child is not how much you have done for him/her. It is how much you for yourself. Mothers should grow themselves. A mother should be a role model for her child. I believe that because I have worked hard, my children have learned to work hard like me since they were small, and even now.

My motto

Always try your best to do what you can do and enjoy what you have. Never stop learning, no matter how old you are and where you are.

Kagoshima people are kind and helpful. They are serious about work. The excellent training I got there has helped establish my career later on.

One thing I regret is that, I did not really learn Japanese well. Japanese colleagues and friends always tried to speak to me in English. Even if I stayed in Kagoshima for over 7 years, I still could not write well or speak fluently in Japanese.

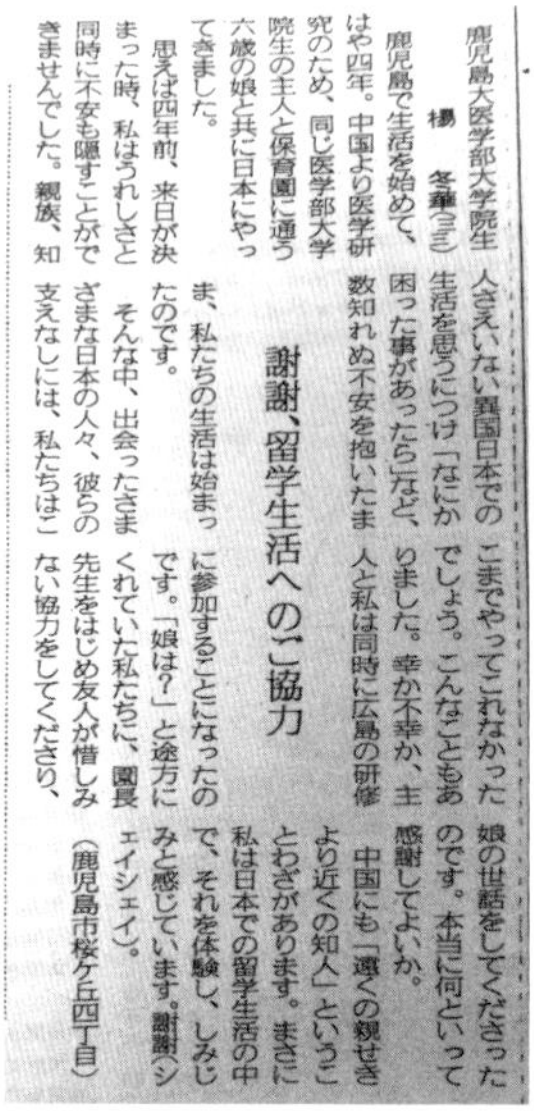

謝謝、留学生活へのご協力

鹿児島大医学部大学院生
楊　冬華(三二)

鹿児島で生活を始めて、はや四年。中国より医学研究のため、同じ医学部大学院生の主人と保育園に通う六歳の娘と共に日本にやってきました。

思えば四年前、来日が決まった時、私はうれしさと同時に不安も隠すことができませんでした。親族、知人さえいない異国日本での生活を思うにつけ「なにか困った事があったら」など、数知れぬ不安を抱いたまま、私たちの生活は始まったのです。

そんな中、出会ったさまざまな日本の人々、彼らの支えなしには、私たちはここまでやってこれなかったでしょう。こんなこともありました。幸か不幸か、主人と私は同時に広島の研修に参加することになったのです。「娘は?」と途方にくれていた私たちに、園長先生をはじめ友人が惜しみない協力をしてくださり、娘の世話をしてくださったのです。本当に何といって感謝してよいか。

中国にも「遠くの親せきより近くの知人」ということわざがあります。まさに私は日本での留学生活の中で、それを体験し、しみじみと感じています。謝謝(シエイシェイ)。

(鹿児島市桜ケ丘四丁目)

If it had been harder for Japanese friends and co-workers to speak to me in the language. I could have spoken better Japanese, have understood more Japanese culture and would be happier.

Anyway, studying in Japan opened my eyes, broadened my knowledge and stimulated my thinking. I would always encourage younger generation to study abroad. I think, studying abroad is not just for knowledge and skill, but it should be for the language and the culture of the country as well.

My family

My husband, Chen Zhe-Sheng also studied for a Ph.D degree in Kagoshima university faculty of medicine, Ttumor Iinstitute. He was under the guidance of Dr.Shinyichi Akiyama. He is currently a professor in of Pharmacology and director of the labs with such techniques. By this period, my study had been gravitating to the developmental biology, embryonic stem cell biology and ovarian cancer cell biology. I was honor for a talk on Dab2 function in extraembryonic development in the Gordon Research Conference (Mammalian Gameogenesis and Embryogenesis) in 2002.

I became a faculty member (Instructor) in the Department of Pathology, Robert Wood Johnson Medical School, University of Medicine and Dentistry of New Jersey from 2006 to 2010. I focused on studying mouse genetics using conditional knock-out mouse model with Cre/LoxP system and embryonic stem cell study. Particularly I am using laminin gamma1 floxed mice to study how extracellular matrix (basement membrane) influences kidney development and neuron development.

In 2011, I became an Assistant Professor in the Biosample Repository Facility, Fox Chase Cancer Center, Temple University. I serve as a manager of Tissue Research Service in the Facility.We provided patient samples (blood and tissue) and provided immunohistochemical staining service for investigators in the University.

I moved to St. John's university in 2015. I currently teach Pathology, Pharmacology, Anatomy & Physiology at St. John's university college of Pharmacy and Health Sciences.

Thinking back, I was very grateful with the opportunity studying in Kagoshima. I made a lot of friends over there.

immunohistochemistry and in using the regular microscope, fluorescent microscope, confocal microscope and electron microscope. Accomplishments of Ph.D research projects focused on ontogeny of gastric fundic gland constitutional cells including stem cells. My research works have been highly recognized by our counterparts both in Japan and abroad. At this period, I got young investigator's awards and was invited for talks in International conferences including section-chaired one International conference in Beijing, China. My experimental data have been published in highly cited international journals.

After finishing my Ph. D training, I was fortunately to become a Faculty member (Monbukyokan) in the same department. As an instructor, my responsibility was to help teaching medical students Histology and Anatomy and to do research. I also helped mentoring graduate students and clinical doctors for their Ph.D thesis. I was awarded competitive grants supported by the Japanese government.

I moved on as a postdoc to Fox Chase Cancer Center, Philadelphia, USA in 2000. Good training in Kagoshima University enabled me to establish all the necessities to analyze the Disabled-2 (Dab2) gene function using a knock-out mouse model. I have established all the histological techniques in the lab including sectioning, staining and imaging. As a matter of fact, I ordered and set up the imaging microscope, fluorescence and dissecting microscope. Because of my extensive experience of immunohistochemistry and fluorescence staining, I have been helping many investigators in different

Do your best !

Dong-Hua Yang（楊冬華）

Professor of St. John's University

Studied at Kagoshima University from January 1993 to July 2000

I graduated from Sun Yat-Sen University of Medical Sciences and got a Master degree in Physiology from the same university (one of the top 6 medical universities in China), Guangzhou, China in the 1990's. I decided to study in Japan because Japan has the most advanced technologies in the world at that time. Besides I like to go to a country that has its unique culture and Japan has it.

I was fortunately to be awarded for a fellowship from the Japanese government. This allowed me to be able to study for a Ph.D degree without breaking my parents' bank.

My Ph.D training was in the Department of Anatomy and Cell Biology, Kagoshima University Faculty of Medicine, Japan, which is one of the strongest best labs in morphological and imaging study in Japan. I studied under the guidance of Professor Murata Fusayoshi. I got excellent training in

ビサヤス大学助教授

ナサニエル・アナスコーさん

ナサニエルさん、通称ナッツは私（櫻井庸子）が鹿児島大学水産学部で実用英語を担当していた時、TA（指導助手）として授業に参加していました。学生のスピーチ、プレゼンテーション、ポスターなどに適切で温かい助言をし、学生から慕われていました。鹿児島での留学生活、日本とフィリピンの研究の違い、鹿児島での思い出をお話いただきます。奥さまのチェリーさんから鹿児島での暮らしをお話いただきます。インタビューはインターネットで行いました。

ナサニエル・アナスコーさん
NATHANIEL CAL AÑASCO
元鹿児島大学水産学部留学生（フィリピン）
2004年７月～2010年３月滞在

Do what you love!
自分が一番好きなことをしよう！

―ご自身について教えてください。

フィリピン・セブ島トレド出身で、1972年に生まれました。フィリピンのビサヤス大学を卒業後、鹿児島大学大学院水産学研究科に留学し、博士号を取得。現在母校であるビサヤス大学で教えています。専門は海洋学で、特に海洋汚染、生態毒性学について研究しています。家族は妻のチェリー、鹿児島で生まれた2人の子供イチローと愛子です。

―なぜ鹿児島に留学したのですか？

私の出身大学であるフィリピン・ビサヤス大学は、鹿児島大学水産学部との10年間の協力関係を結んでいました。フィリピンを訪れた日本の科学者と仕事をする機会があり、日本に留学することを勧められました。この協力関係の一環として、フィリピンの若手研究者が日本で学ぶ機会を与えられていました。推薦され、指導教官となる予定の教授に会うために私はKUFF（鹿児島大学水産学部）を訪れました。私はその教授の研究室で14日間研究をしました。私は鹿児島大学で博士号を取得するために文部科学省の奨学金を申請しました。そしてすぐに承諾されました。

―鹿児島での留学はいかがでしたか？

それは素晴らしいものでした。私は多くのことを学びました。私は自分一人で最先端の機器を使うことができました。すぐれた指導教官である小山次郎教授と宇野誠一助教授の下、いくつかの論文を発表し、自分の研究結果を発表する機会もいただきました。日本での人脈のおかげで現在仕事をしています。所長（ディレクター）として、定期的に「かごしま丸」（鹿児島大学水産学部所有の練習・調査船）がフィリピンへ訪問する手配をしています。フィリピン人学生もまた日本人研究者と仕事をする機会を得られるのです。私は定期的に日本の教授を招き、私の大学の客員教授として教えていただいています。フィリピンの学生は水産学の分野で著名な日本の学者から学ぶことができます。研究者として私は、私の指導教官である小山教授や東海大学、京都大学、総合地球環境学研究所の日本の研究者と共同研究を行っています。教員として、フィリピンにいる日本人留学生を1年間指導し水産学研究を行っています。日本で得た研究者とのネットワークで研究・教育において大きな成果が上がっています。

―鹿児島（日本）の印象はいかがでしたか？

私は鹿児島が大好きです。鹿児島の人々は心が温かく、親切です。家族も私も鹿児島での6年間の滞在中に多くの日本の方々と友情を築くことができました。私たちにとってはすでに家族のような存在です。日本の友人の中には私の子供たちの代父母（キリスト教で信仰上の親）となっている人もいます。すでにここフィリピンへ訪問した人もいます。鹿児島の大きさは、フィリピンの大都市（セブ、イロイロなど）と同じくらいです。鹿児島には多くのフィリピン人が住んでいますので、居心地がよかったです。

―日本へ留学してよい点は何ですか？

日本へ留学して、私の国とは異なる研究方法を体験しました。フィリピンの教育制度はアメリカの教育制度をモデルにしています。ですから教室での正規の講義に時間を費やしていました。日本では、学部学生（4年生）は教授の研究室で研究をすることに100％の時間を使っています。私はまた研究室の上級生から下級生への系統的な教育関係も気にいっています。3年生あるいは新入生は大学院生（修士や博士の学生）のような年長の学生の監督の下で研究をしています。研究室は、教授をリーダーとする1つのチームです。そして教授は准教授と若手の助手に助けられ、そして博士課程の学生に、修士の大学院生、そして4年生が続くのです。私は現在自身の研究室を開設しようとしています。私は研究室のメンバーの中で3年生と4年生の日本のような学生間のシステマチックな教育関係をゆっくりと展開しつつあります。ジャーナルの記事や学習教材に簡単にアクセスできることもまたよい点です。

―日本で生活することのよい点はなんですか？

日本での生活の長所は、日本の文化や日本人にじかに触れ、多くのことを学びました。日本文化の独自性と美しさに気づくようになりました。さらに、日本人がどれほど勤勉で、いかに鍛錬されているかに驚きました。早朝から深夜まで日本の教授と学生たちが共に研究室で長時間仕事をするのを私も体験できました。すべてのフィリピン人が日本人の職業倫理を見習ったらどんなによいかと思います。

―日本で学ぶことの問題点は何ですか？

基本的には言葉の壁です。日本語のクラスがありましたが、それだけでは不十分でした。特に私の研究室で全学生向けの定期的なセミナーを行っているとき、私は講義を完全に理解できませんでした。ですからほかの学生から学ぶ機会を失い、適切に議論に参加できませんでした。さらに、何人かの外国人留学生が授業に参加しているにも関わらず、日本人教授の中には、英語で授業を行わない教授もいます。しかし、言語における障壁の問題に関しては、単に日本の教育システムだけの責任ではないといえるかもしれません。多分私が日本語の運用を十分準備してこなかったことや、自分の日本語の知識を向上させるための努力が足りなかったためです。

―日本で生活する上での問題点は何ですか？

ここでもまた、言語の壁が一番問題となりました。私の家族も私も、周りのことを理解していなかったので、日本の社会に十分溶け込むことができませんでした。市役所や県庁などの公的機関や病院などに行くとイライラしました。というのも自分の意見を正しく表現することができないからです。あるいは日本人が何を話しているか完全に理解することができないからです。しかし、それは主に日本人のせいではないと私はいいたいのです。私たちが話をしたほとんどの日本人は、優しく、礼儀正しく、親切で、日本語で忍耐強くゆっくり話してくれました。あるいは英語を一生懸命話そうとしてくれました。そのおかげで私たちは何とか理解できたのです。

―海外で学びたいと考えている日本の学生に助言をお願いします。

日本の学生には海外で勉強することを強くお勧めします。その結果、他国の文化を実地に学ぶ機会を得られるでしょう。日本人学生は英語を使う訓練をしなければなりません。日本人は、周りにほかの日本人が一緒にいると、英語を話すのを恥ずかしく思いますが、その点を除けば、うまく話せると私は強く思います。偏見を持たず、他人の優しさに感謝する心を持ってほしいと思います。たいていの人は寛容で寛大です。だから日本の学生は悩む必要がないのです。ただ新しい友人との付き合いを楽しむだけでいいのです。今年度、私は東京海洋大学から交換留学で来ている1人の日本人学部生の研究活動を指導しています。彼はフィリピンの学生と研究生活や課外活動を楽しんでいます。

—鹿児島、日本がもっと魅力的になるためにはどうしたらよいとお考えですか?

一般的に、外国人にとって日本はすでに魅力的な国です。日本は歴史的に重要であり、独特な文化があり、経済力があります。また日本人は高度な訓練を受け、自然愛好家です。こうした日本人の資質により、日本は魅力的なのです。

特に、鹿児島にはさらに多くひきつけるものが独自にあります。亜熱帯気候や長期に渡る暖かい気候は、何カ月も寒さが続くのを好まない人々にとって、十分な魅力でしょう。鹿児島の自然の温かさと温かなおもてなしももう一つのプラス要因といえるでしょう。最後に、活火山の桜島の素晴らしい景色と、時折降る桜島の灰の経験は、鹿児島を訪れた者にとっては忘れられないものです。

—お好きな言葉を教えてください。

シュバイツァー博士の言葉です。

「成功することは幸福への秘けつではありません。幸せなことが成功への秘けつなのです。今自分が大好きなことをなさっているなら、成功するでしょう」。

"Success is not the key to happiness. Happiness

is the key to success. If you love what you are doing, you will be successful."
Albert Schweitzer

—チェリーさん（ナサニエルさんの奥さま）鹿児島での生活はいかがでしたか？

２００４年７月から10年３月まで、鹿児島大学の大学院で勉強していた夫と一緒に鹿児島に住んでいました。来鹿した時、結婚して３年以上たっていましたが、当時まだ子供がいませんでした。

はじめに、留学生の家族のための日本語教室に参加しました。この授業は週に2度、１回２、３時間のクラスでした。ここで、カタカナとひらがなの読み書きと、地元の方々とお話するために簡単な日本語会話を学びました。しかし、日本の知り合いに「日本語すごいね！」と言われたとしても、私の日本語の力が十分でないことは分かっていました。

夫も私も子供ができるのをずっと望んでいました。うれしいことに、鹿児島に来てからわずか３カ月で妊娠しました。私たちは第一子の誕生をわくわくして待っていました。私たちは日本語がわからず言葉の壁があり不安でしたが、英語が上手な産科医のおかげで、妊娠中から出産まで無事に過ごすことができました。また、鹿児島市立病院の医療スタッフの方々が進んで助けてくださり、私たちを理解しようととても親切でした。日本語で何と言ったら

いいのかわからず、私たちがどうしてほしいかを身ぶり手ぶりで伝えたことが何度かありました。

　最初の子供であるイチローが生まれ、私たちはさまざまな難題に直面しました。生後一週間目の真夜中、長男が呼吸困難になり鹿児島市立病院に駆け込みました。看護師が長男の硬まった鼻くそを取り除いただけで、呼吸が正常になり、すぐ家に帰ることができました（笑）。普通ではないけれどこっけいな息子の状況に私たち親はどうしていいかわからなかったけれど、単純に解決できることがわかって、帰り道、夫も私も笑わざるを得ませんでした。そのようなことがあっても、新しい家族を迎えての鹿児島での生活は楽しかったです。実際、第二子、長女愛子はイチローの誕生から23カ月後に生まれました。

（お二人のお子さんは、日本人名をお持ちです。ご長男は「イチロー選手」から、ご長女は「愛子さま」にちなんで命名したそうです）。

　医療機関に子供を連れて行ったとき、特に子供たちが病気のときに、思い違いをしたことが何度かありました。しかし、私たち家族は外国での生活を何とか切り抜けてきたのです！最終的に、夫は漁業科学で博士号を取得し、2人の健康な子供たちとともにフィリピンに帰ることができました。

　実際、私たちにとって鹿児島は外国の都市で、家族の世話をしながら約6年間暮らすのはとても大変でした。神を信じて不屈の精神を持ち、鹿児島で出会った親切な地域の方々や友人たちが私たちを支え、助け、何とかやって来られました。鹿児島の皆さん、本当にお世話になりました。ありがとうございました。

There were several instances when we had to resort to hand signaling in order to communicate our needs because we lost for words.

We encountered a lot of challenges when Ichiro, our first child, was born. One midnight when Ichiro was just weeks old, we brought him back to Kagoshima City Hospital because he had difficulty breathing. We were readily sent back home after the nurse just removed the hardened mucus in the baby' s nostrils. My husband and I cannot help from laughing while going home after knowing the simple solution to our son's unusual but funny predicament. Nevertheless, that incident did not stop us from enjoying our new family life in Kagoshima. In fact, our second baby (a girl named Aiko) was born 23 months after the birth of Ichiro.

We encountered several instances of miscommunications while we brought our children to medical institutions especially when they were sick. However, we did survive family life in a foreign city! Eventually, we were able to get home to the Philippines with two healthy children when my husband earned his doctorate degree in Fisheries Science.

Indeed, no matter how challenging it is to live in a foreign city like Kagoshima for about six years while taking care of my family at the same time, having an indomitable spirit with a faith in God and the help of supportive foreign and hospitable local friends sustained us to reach our goal.

12. I asked Mrs. Añasco as well.

Cherry, how was the life of Kagoshima?

I was in Kagoshima from July 2004 to March 2010 to be with my husband who studied at a graduate school in Kagoshima University. We started a family in a foreign City,Kagoshima. My husband and I were married for a little more than three years by then and had no children yet when we arrived in this city.

First, I enrolled in Japanese language classes for the family members of foreign students. These classes are being held twice a week for 2-3 hours per session. From these classes, I learned how to read and write Katakana and Hiragana, and how to do simple conversations with local people. However, I knew that my skill of the language is not good enough when Japanese acquaintances would say "Nihongo sugoi ne!"

During that time, my husband and I have been longing to have children of our own. Gladly, I became pregnant just about three months since I joined my husband in Kagoshima City. We were very excited as we waited for the birth of our first child. Though we had poor skills in the Japanese language, my Obstetrician-Gynecologist helped a lot to have a smooth pregnancy and delivery because she can speak English very well. Moreover, the medical personnel of Kagoshima City Hospital were very helpful and kind in trying to understand us.

Japanese students must try to study abroad so they will have the opportunities to learn other people's culture first hand. They must practice their English since I believe Japanese can speak English well except that they are ashamed of using it when they are with other Japanese around. They must be open-minded and appreciate other people's kindness. Most people are hospitable and generous so Japanese students need not worry. All they have to do is enjoy the company of new friends. This year, I am currently supervising research work of one Japanese exchange undergraduate student from Tokyo University of Marine Science and Technology. He is enjoying his academic life and extracurricular activities with Filipino students.

10. Do you have any ideas to make Kagoshima more attractive?

Japan in general is already attractive to foreign people. Japan is historically important, culturally different and economically powerful. Japanese people are also highly disciplined and nature-lovers. These qualities make Japan attractive. In particular, Kagoshima has many additional attractions on its own. The sub-tropical weather or longer warm weather is a good attraction for people who do not like many months of cold weather. Natural warmth and hospitality of Kagoshima people are the oter plus factor. Finally, the wonderful view of the active Mt. Sakurajima and the experience of having ash fall once in a while are unforgettable for Kagoshima visitors.

11. The words you like

"Success is not the key to happiness. Happiness is the key to success. If you love what you are doing, you will be successful."
- from Albert Schweitzer

Japanese professors and students in the laboratory. How I wish for all Filipinos to follow the work ethics of Japanese people.

7. What is the bad point to study in Japan?

Basically, language barrier. I had Japanese language classes but it was not enough. Since I could not understand fully the lectures especially when my laboratory conducts its regular seminar for all students, I lost the opportunity to learn from other students and could not join properly in the discussions. In addition, some Japanese Professors are not open to conducting classes in English although there are several foreign students enrolled in their classes. However, the language barrier problem could not be blamed solely to the Japanese educational system. Maybe it was caused also by my poor preparation in the Japanese language and by my personal lack of effort to improve my knowledge of the Japanese language.

8. What is the bad point to live in Japan?

Again, mainly the language barrier was the most important bad point for me. My family and I could not fully integrate with the Japanese society because we did not understand some of the things around us. I felt frustrated going to government offices, hospitals, and other places because I cannot express myself properly or I cannot comprehend fully what a Japanese person was talking about. I want to say, however, that it was not mainly the fault of Japanese people. Most of Japanese people we talked to were kind, courteous, hospitable and patient enough to speak slowly in Japanese or tried hard speaking English so we could understand.

9. Please give some advice to the Japanese students who want to study abroad.

people during our 6 years stay in Kagoshima. They are already like family to us. Many of them have become godparents to my children. Some of them already visited us here in the Philippines. The size of Kagoshima is like most big cities in the Philippines (e.g. Cebu, Iloilo) and since there are many Filipinos in Kagoshima we felt at home.

5.What is the good point to study in Japan?

I was exposed to a different way of learning. The Philippine system of education is modeled after the US so we spent of our time in formal classroom lectures. In Japan, I learned that senior undergraduate students spend 100% of their time doing research in the laboratory of a professor. I also like the junior-senior system in the laboratory. Junior or new students work under supervision of senior or older students such as the MS and PhD students. The laboratory is one team with the Professor as the leader, he is assisted by an Associate Professor and by a younger Assistant Professor, then the mature PhD students, followed by MS students, and finally the senior undergraduate students. I am currently trying to establish my own laboratory and I am slowly developing the junior-senior system among my laboratory members. Easy access to journal articles and learning materials is another good point.

6.What is the good point to live in Japan?

Knowing and learning first hand the Japanese culture and Japanese people were the good points of living in Japan. I got to realize the uniqueness and beauty of the Japanese culture. Moreover, I marveled at how hardworking and highly disciplined the Japanese people are. I was able to experience working long hours from early morning to late evening with when they visited the Philippines so I was encouraged to study in Japan. As a part of the collaboration, young researchers from the Philippines were given the opportunity to study in Japan. I was nominated and had a chance to visit KUFF to meet my prospective supervisor. I worked in his laboratory for 14 days. Eventually, I applied for Monbusho Scholarship so I can earn my PhD degree and was easily accepted.

3.How was it?

It was great. I learned many things. I had a chance to handle sophisticated equipment by myself. I was able to publish several papers under the able supervision of Prof. Jiro Koyama and his assistant professor, Dr. Seiichi Uno. I was given the opportunity to travel some parts of Japan to present results of my research. I am now using my Japanese connection in my current work. As Director, I regularly arrange the visit of Kagoshima-maru to the Philippines so Filipino students will have a good opportunity also to work with Japanese people. I also regularly invite Japanese Professors to serve as Visiting Professors in my university so our students can learn from eminent Japanese scientists in the field of fisheries. As a researcher, I am now doing collaborative research work with my supervisor, Prof. Koyama, and other Japanese scientists from Tokai University, Kyoto University and the Research Institute for Humanity and Nature. As a faculty member, I am supervising a Japanese exchange student who is here in the Philippines for one year to conduct fisheries research.

4.How do you like Kagoshima?

I like Kagoshima very much. People are warm and friendly. My family and I developed friendships with many Japanese

Do what you love!

NATHANIEL CAL AÑASCO

1. Profile

Nationality: Filipino
Born in 1972 at Toledo City, Cebu
Institute of Marine Fisheries and Oceanology (IMFO) College of Fisheries and Ocean Sciences (CFOS) University of the Philippines Visayas (UPV) Miagao, Iloilo Philippines
Married Spouse – Cherry P. Añasco
Children – Joshua Ichiro P. Añasco ; Julia Aiko P. Añasco
Educational background: PhD Fisheries Science; United Graduate School of Agricultural Sciences, Kagoshima University; Kagoshima, Japan; April 2007-March 2010
MSc Fisheries Science and Technology; Graduate School of Fisheries, Faculty of Fisheries, Kagoshima University; Kagoshima, Japan; April 2005- March 2007
MSc Fisheries (Fisheries Biology); College of Fisheries and Ocean Sciences, University of the Philippines Visayas; Miagao, Iloilo; June 1995 – October 2001 (part-time student)
BS Biology; University of the Philippines Cebu College; Cebu City; June 1989-March 1993
Positions: Director; IMFO-CFOS, UPV; Jun 16, 2011
Assistant Professor 7; IMFO-CFOS, UPV; Jun 2010 – present A
Faculty-in-charge; Marine Pollution and Ecotoxicology Laboratory; IMFO-CFOS, UPV; Sep 13, 2010 – present.

2. Why did you study in Kagoshima (Japan)?

My university, the University of the Philippines Visayas, had a 10-year collaboration with Kagoshima University Faculty of Fisheries. I had the opportunity to work with Japanese scientists

中華民國僑務委員會僑務促進委員
陳　怡如さん

日本に憧れ、日本語を勉強し、日本人男性と恋に落ち、鹿児島へ。子育て、お仕事をしながら、母国台湾のために奔走する。鹿児島での生活、母国への思いについてお話いただきます。インタビューは鹿児島市で行いました。

陳　怡如（山田　怡如）
ちん　いじょ（やまだ　いじょ）
1966年　台北市で誕生
1984年　延平中學（日本の中学、高校に相当）卒業
1988年　国立政治大学（統計学専攻）卒業
1989～92年　第一勧業銀行台湾支店勤務
1992年　山田賢一（やまだけんいち）氏と結婚し、来鹿
1993年　第一子　威嘉（たけよし）氏誕生
1995年　第二子　京承（きょうすけ）氏誕生
1997年　義父が台湾で交通事故に遭い他界。山田賢一氏社長就任

中華民國僑務委員会僑務促進委員（2016年8月～）
鹿児島県台湾蓬莱会（台湾と鹿児島の架け橋）会長（2012～18年）
有限会社山田銘木店取締役
有限会社ハート商事取締役
九州特区中国語通訳案内士

心想事成（シンシャンシチェン）
心に思い描くことはすべてかなう

―陳さんのご出身はどちらですか？

1966年に、台北市で生まれました。生まれてから、結婚して鹿児島に来るまで台北に住んでいました。幼稚園の2年間くらい、5歳と6歳の時に父の転勤で、苗栗（ミャオリー）に住んでいたこともあります。

私は長女で、弟が2人います。それぞれ2歳離れています。5人家族でした。父は公務員、母は主婦です。弟が生まれるまで、薬品会社に勤務していました。その後、ファスナーの布を作る繊維会社を経営していました。上の弟が生まれるまで、母はずっと仕事をしていましたから、一時、バスで1時間ほど離れたところに住んでいた祖母に面倒を見てもらいました。弟とは3歳違いですので、3歳くらいまで木柵（ムーツァー）にいました。台北から結構近く、今だと車で30分くらいのところです。

―そのころのことは記憶に残っていますか？

ありますよ。3歳でしたが、その後もよく祖母のところに行きましたから。私が汚い言葉を使うと「おばあちゃんに言う」と父はいつも言っていました。

―お父さまのその言葉は効くのですか？

効きます。私はおばあちゃんっ子でした。祖母にとっては初孫みたいな感じですから。おじいちゃんおばあちゃんだけじゃなくて、おばさん、おじさんたちも誰一人まだ結婚してなかったので、かわいがってくれました。おじさん、おばさんたちは、結婚が結構遅かったので、12歳になって初めて従兄弟ができました。

3歳下と5歳下の弟が、結構母の実家でかわいがられて育ちました。ミャオリーで入学して、小学1年生の途中から台北に。中学・高校は、私立の延平（イェンピン）でした。台北市内、家から歩いて20分くらいのところに通っていました。台湾ではだいたい中学校に通っているということは私立で、中高一貫ということです。そして国立政治大学に進学し、統計を専攻しました。統計学、数学の統計です。

台湾では結婚後も女性は働くのが普通です。母もそうでしたし、私もそのつもりでした。将来の職業を見据えて、勉強をしてきました。統計専攻だったのですが、実は文系に向いてるんですよ。入学する時、高校の担任の先生が、「ええっ！あなたは文学部に入るんじゃないんですか？」と言いました。文系の方が好き、小説読むのが好きだけど、でも台湾では…やっぱり共働き、女性が働くのは当たり前ですから。外交官になりたかったです。

―外交官になるのが夢だったんですね。

はい。当時、政治大学には、唯一外交学部がありました。外交学科は法学院に、法学部の一つに入ってる。外交学科は外交官を育てるところです。台湾では、外交官や公務員になりたい人はここで勉強します。

―外交官になりたかったので政治大学に行ったけれども、商学部で統計を専攻なさった。

はい。父は「台湾の情勢では女性は外交官になっても何もできない」と言いました。将来仕事しないといけないですから、商学部に行きました。外交官の人たちを見ていたら、そうじゃなかった。今60歳くらいで、福岡弁事処に来た女性外交官を見たら、活躍してました。

—中華民国の元首である蔡英文総統（1956年生まれ、2016年就任）は何歳ですか？

60代くらいだと思います。

—60代の女性の元首がいるということは…

だまされた（笑）。父に！

でも、やはり外交官などで活躍されている方々は、結婚していなかったり、結婚していても、旦那さんが一緒に赴任地へマメについて行ける。そういう感じですから、結局旦那さんの仕事が動けるので、できる。父は「将来結婚して、家庭を持つなら、外交官になるのは無理じゃないですか」と言っていました。

—日本語を勉強するきっかけは何ですか？

大学3年生の夏休みに通訳のアルバイトをしました。私の担当はサモアチームでしたが、日本チームを担当していた通訳の方と親しくなり、日本についての興味が一層深まりました。

大学では授業の単位になりませんでしたが、日本語の講義や講演などもよく聴講しました。

日本語を勉強していた外国語学校で「中国語を教えないか」と声をかけられました。

大学4年生の時から、そごうや伊勢丹の日本の駐在員に中国語を教えていました。1対1もありますし、1対6もあります。1対6は、多国籍でした。日本の駐在員は1対1。ヨルダンやレバノンの人にも教えました。中東から台湾へ中国語を勉強しに来ていました。

3年生から日本語も習い始めました。当時、私たちの時代、台湾ではまだ「日本は悪い」と教えられていました。表面上はそう教えていますが、実際はみんな結構日本に憧れている。

—東日本大震災で250億円以上の義援金が届く程、台湾は親日的であると思いますが、いつごろから変わってきたのですか？

多分、この10年20年だと思います。私がまだ台湾にいる間はそれほどないと思う。一気にこんなにハッキリ言えるのは、ここ20年ぐらいです。その前は、日本が悪いと。でも心の奥には憧れがあったって。私のおばあちゃんたちも、日本時代を過ごしたんです。日本時代を過ごし、中国から逃げてきた国民党の時代、両方を経験した台湾人は、やっぱり日本の方がいいって思う人が多い。

—国民党の党員たちが台湾へ渡り、今の台湾の発展の礎を築いたのでしたね。

そう教育を受けてきたけど、実は日本時代につくられたと今わかってきました。建設とか、道路とか、鉄道とか産業とか、それらはほとんど日本時代につくられていました。

—日本が朝鮮半島に進出した時に、植民地だったけれども植民地としてでなくて皇民として扱いました。そのため名前を変えたり、日本語が公用語になったりしましたが、台湾はどうですか？

台湾もそうです。朝鮮とはまた違って、聞いたところによると、台湾は将来基地として、フィリピンとかインドネシアとかへの足がかりとして、一番いい建設を台湾でしたと聞いています。設備において当時東京でもまだなかったものを台湾で取り入れてたと、だから今残っているわけです。国民党が来ていろいろ建設したというのは嘘だと思う。すごく有名な話があります。結局敗戦して逃げてきて、兵士がいっぱい来る。台湾人の家では、水道水が、蛇口を開けたら水が流れてくるのを見て、金物屋さんに行って蛇口を買って壁に付けたんです。蛇口を開けて何も出ない。出るわけがない。「よくも私をだましたね。何で隣の人が蛇口を開けたら水が出るのに私の水は出ないの」と怒って金物屋さんを殴った。出るはずないですよね。そういう人たちが来た。今の電力も日本時代です。後からもちろん建設した。それも日本時代の技師たちのおかげです。日本人が帰って、台湾人の技師が引き継いで続けていたから、建設ができた。

――「日本が悪い」と教えられてきたけれど、実はハード面は日本が築いたということを知り、関心を持つようになったということでしょうか。

はい。そうであっても日本への憧れは…憧れって、もっと日本を知りたいと思っていました。

――大学3年生から日本語を勉強されて、ご主人（山田賢一さん）とはどのように出会ったのですか？

夫は留学生で、私が通っていた日本語学校で教えていました。4年生からでした。私が生徒。教えてもらう、日本語を。その時は主人も大学生ですので。違う大学ですけど。同じ4年生。1年間、語学勉強して入ってる。主人は5月ですから、1個上。台湾は9月入学です。台湾では、1月ですから。学年が違う。の学年。私、翌年の1月ですから。学年が違う。主人は65年の5月生まれですから、日本では同じ学年ですよね。5月と翌年の1月。台湾は9月で区切ってるので。（山田賢一さんは）教え方がとても上手で、人気でした。授業の後、ほかの生徒さんと皆でお茶を飲みに行ったり、食事をしたりしているうちに、お付き合いが始まりました。

―山田さんとは日本語を教えてもらう先生と生徒の関係で、お付き合いするようになったのですね。

はい。多分大学卒業…前後から付き合い始めたと思います。私が就職したころ、私の両親に日本人とお付き合いしていることを宣言し、夫を紹介しました。その時はまだ結婚を考えていたわけではありませんでした。お付き合いが進むにつれ、誰かに反対されたら、結婚を諦めるつもりでした。しかし誰も私たちの結婚に反対しませんでした。結婚という話になった時は、「ああついていかないといけない」と思い込んだんです。主人の実家も商売してる。鹿児島に来て、主人のお父さんから「もう帰って来ないと思ってた」と言われました。だから早くわかれば、その時は…（笑）。

―大学卒業後、ホテルで働いて、その後第一勧銀で働いたのですね。銀行の仕事はいかがでしたか？

第一勧銀に入ってから中国語を教えるのは全部やめました。銀行は最初、送金課。外国為替ですね。外国との、主に日本との送金業務。最初は窓口で受け、業務しますが、一時期、電報室に所属。連絡事項は当時、電報で世界中に送っていました。外為は1年半で、最後の1年は営業課。日本人のアシスタントです。昼休みはみんな交替で行きました。その時に日本人の同僚に、「飯食ったか」と聞いたことがあります（笑）。その頃、テレビで見た日本のドラマで、男性が「飯食ったか」というセリフがあって、「食べましたか」というべきなのに（笑）。その頃、もうビデオがあり、台湾の人は日本の番組をよく見ていました。

―会社を辞め、結婚で鹿児島にいらしたんですね。反対されなかったですか？

いいえ、反対されないからビックリした、私も。主人の方はわからないけど、私は反対されたらやめようと思ってた。でも、反対されなかった。後で両親に「なぜ結婚を反対しなかったか」と聞いたところ、父は「反対してもきかないでしょ」と、いつも反抗してましたから、反対されたらなおさらきかないと思っていたようです。自分の人生ですから自分で決めることが大切だと思います。もしも反対して、結婚せずに後悔したら、親としては私たちは責任をとれませんから」と言われました。

―鹿児島には何年にいらっしゃったんですか？

1992年です。93年に長男が生まれた。出産で台湾に帰国し、3カ月後鹿児島に戻りました。

―外国で初めての子育ては大変でしたでしょう。

母が、だいたい年に3回くらい来てくれました。長男が生まれて3カ月たって、日本に連れて帰ってきた時は、夫の両親と一緒に住んでたんですけど。難しくて出ました。嫁と姑の問題は大変でした。車を運転して橋を通った時、何度かそのまま海に突っ込もうと思ったこともあります。今は、「何でそんなに辛かったの？」とその時のことを思い出せない。「そんな辛いことがあったの？」と自問します。義母が亡くなって、何年かたって、すべて忘れてしまいました。私は寝たら翌日はよくなるって思う。また考え直すのが早い。頭が悪いから（笑）。

―外国からいらして、お辛かったですね。

辛かった。その時は、結局国際電話しかできない。今みたいにラインやスカイプとかなかった。台湾によく電話した。母は話をいろいろ聞いてくれた。だから、毎月電話代が十何万とか。父が「本当に耐えられなかったら帰ってきてもいいよ」と言ってくれた。その時ホッとした。「帰って来い」とは言わなかったけれど、帰る所があるから、「まあ頑張ってみよう」と。それすごく大きいと思う。知人が、嫁姑問題で、結局帰るところがなくて自殺した。子供が生めないと、姑さんにいじめられて…そう。実家に帰りたいですけど、でも実家には、お兄さんと兄嫁がお母さんと一緒に住んでいた。お兄さんは「帰ってきていいよ」と、兄嫁さんが「帰ってくるな」と言った。私、自分の子供たちにも気をつけて、「何かあったら家に帰りなさい」と言って、うん。「家でいつもあなたたちを待ってるよ」と、散らかしてるけど（笑）。やっぱり人間は、行くところがあれば、また頑張れる気持ちになると思います。

―帰るところがあれば人は頑張れるということですね。

はい。私、信じてる占い師がいるんですよ。結婚後、その人と知り合ったんです。「嫁姑の問題がすごく辛い」と言ったら、「これがあと20年、30年でしたら離婚していいと勧めるけど、もうちょっと辛抱したら」と言われて、「ああじゃあもうちょっと頑張ろう」と思った。台湾のその占い師、当たってるか当たってないかは別にして、すごく前向きです。

―話を聞いてもらうだけでも楽になりますね。

うん。「今すぐでなくても、いつかこれを乗り越えたら、また何かいいことがあるよ」と。例えば、「今年はどんな年？健康はどこに注意すればいいか？仕事は？」と教えてもらうんですけど。今年はいいと聞いて、何もなくても「ああ多分もうすぐいいことがあるよ」と思って過ごせるんです。「今年はあんまりないですけど、来年からよくなるよ」と聞くと、「ああ、じゃあ今年は辛抱しよう」と思う。自分をだましだましで、1年1年を過ごしてきたんじゃないかなあと思います。「外国で生活するのが辛い？」と聞かれますが、私、多分記憶力があんまりよくないから、そんなに辛いとかそういうのが思うことがなかったんですけど。よく母とも電話で話できますから。私、運がよくて、ここで会った友だちはみんなすごくよくて、台湾人の友だちもできた。子供たちのお母さんいろいろあるんですけど、特に何か、すごく嫌とか、そういう人は会ったことないから。会ってる人会ってる人みんなよかったから、その時はすごく楽しかった。だから今でもよく一緒にお茶したりするのは、ママ友です。人に恵まれてると思います。

―子育ての間、お仕事はされていたのですか？

主人の手伝いをしていました。主人のお父さんが台湾で交通事故で亡くなった。その時、主人が急に会社を継ぎましたから、私は手伝わないといけない。1日中手伝わないといけないので、2番目の子を台湾の母に預けました。1歳半の時、台湾に行って、3歳半で幼稚園に行ける年で帰ってきた。

―お子さんを3歳半まで台湾に預けたのですか。大変でしたね。

なかなか会社が大変で、結局途中長男も台湾に行ったんですが、2カ月で帰ってきたかな。ある日、母から「病院に威嘉が運ばれたよ。検査してみたら脳膜炎じゃないか」と急に電話がきた。その時はまだ（鹿児島からの）直行便がなくて、沖縄から台北に当日の夜着きました。よく調べてみたら、違った（苦笑）。首が動かないから、その症状だけで脳膜炎じゃないかと疑われた。やっぱり、かわいそうだなあと思って、母も2人の面倒を見るのは大変だから、長男を連れて帰って来ました。

—次男の方は、台湾に預けられたことを覚えていますか？

よく覚えてるよ。台湾に預けられたこと。長男は幼稚園に入れて仕事をしてた。大変だった。でも、台湾では、お母さんが働くのは当たり前ですので。ただ、急に病気とか人手がいる時は、もし実家が近くでしたら誰かに預けるとかできる。

—そういう大変な時期を経て、子育てをされていったのですね。

中学校に入って、長男は不登校になった。その時が一番辛いかな。原因はいじめってわかったけど、どうやって乗り越えさせるか、それが全くわからなくて、その時は…。中学1年生の2学期から。1学期終わって夏休み、三島村、鹿児島の離島に1週間、交換留学に行ったんです。2人とも応募したけれど、抽選で長男だけ当たって参加した。9月になって、2学期が始まって何日かで学校行かなくなった。普通に家を出て、9時、10時に帰ってくるんですよ。家を出て、電車に乗らなかったんです。それから始まって…先生に相談に行きました。小学校低学年のときにいじめが始まって…、先生と信頼関係が築けなかった。優秀な先生でしたが息子とは合わなかった。教育相談の時、先生と話しました。ある日、宿題の日記に息子が「ドッジボールで友だちが私をいじめた人に自分の代わりにやり返してくれてうれしかった」と書いた。先生はその分を全部消しゴムで消させ、「書き直しなさい」とおっしゃったそうです。

―先生はお子さんの気持ちをまず受け止めようとしなかったのですね。

ええ。私に「何で子供にそんなことを書かせるの?みんな仲良くしないといけない」と、先生はそればっかりでした。長男はそんなにペラペラしゃべる子じゃないの。私もずっとそのこと気になってるけど、息子は何も言わなかった…。

―何も言えず、先生の言葉でかえって心を閉ざしてしまったのでしょうね。

「書き直せ」じゃなくて「どうして?」となぜ先生は尋ねなかったのか?そういうことが、きっかけになったのだと思います。息子は小学、中学のことは思い出したくないと言います。中学2年生の時、1年間教育センターに通っていました。センターでは、(2年生の)終わりぐらいに、「ああもうこれは3年生は大丈夫でしょう」と送り出したんですけど…ダメでした。そのセンターの先生は、「やっぱり先生と合わないか」と言いました。

―ご自宅では息子さんの様子はどうでしたか?

家では普通です。「引きこもり」の話が報道されていましたが、親も部屋に入れないということでしたが、長男の場合はそんなことはありませんでした。学校には行けなかったのですが、近所の方々とは挨拶していました。家族とは、普通にいろいろな話をしました。高校は通信制で、割と自由でした。そのころ、仙巌園で中国語の通訳をしたり、焼き鳥屋でアルバイトしたりしていました。仕事はできるけれど、やっぱり人との付き合いはあまり上手ではないように思います。休みの時は、自分の世界に入っているようです。卒業後台湾へ留学しました。

—次男さんはいかがでしたか？

中学校は私立の学校に入学しました。少人数ですので、そこに行って、しっかり先生に指導を期待していました。1年生から寮に入った。中高一貫ですから先輩後輩の人間関係が大変だったようです。2年生から通学に変えました。私は台湾出身ですから、息子は外国人であるといじめられたそうです。そういうこともあり、高校はスイスに行きました。文科省が認可する学校ですから、国語とか地理とか歴史とか、全部日本と同じです。スイスのフランス語圏でフランス語は必修で、技術などの科目は英語で受けました。生徒は全部日本人です。卒業して帰って来て、お兄ちゃんと同じように、台湾の大学に留学しました。法律を勉強しています。次男は、中学校からすごくもまれて、高校はスイスに行って、友だちや先生からとても信頼されていました。スイスでは、先生から見ればすごくいい子だった。先輩や同級生からゲームなど、先生に見つかると叱られる物をよく預かったそうです（笑）。毎週寝室の検査があるけど、「京承に預けておけば、先生に信頼されてるから大丈夫」と頼まれた（笑）。

—スイスに行って、次男さんはどうでしたか？

よかったと思います。一時は「帰りたい」と途中で帰ってきました。7月から行って、いつかな？9月、10月くらいかな、1週間から10日ぐらいの休みがあるんですよ。みんなは近辺に遊びに行くのに「帰りたい」と。もしも帰国して、「もう行かない」と言ったらどうしようと思ったのですが、休みが終わって、「また行く」と言って戻りました。よかった。日本人社会のせいかわからないけど、寮に入ったら上下関係、特に男の子の場合は難しいです。次男の学年の子供たちが、（高校）3年生に上がる時、「絶対自分たちが受けた辛い思いは下の学年にさせない」とみんな誓ったそうです。「後輩をいじめないように」と決めた次男にとって、すごくいい経験をしたと思っています。（留学させるために）家を売ったけど（笑）。もう青年ですから、本人が「何かしたい」と言ったら、「あ あ、いいよ」と応える。自分で考えるしかないと思っています。子供たちには、「財産は残してあげられないけど、勉強に関してはいくらでも惜しまず出します。頭に入るものは誰にも取られないから」と伝えています。

―海外で子育てすることの大変さは何ですか？

大変…やっぱり、自分の持ってる知識と、ここ（鹿児島）でのギャップですよね。私は、子供にあんまり教えてない。学校での教え方と自分の教え方が違うって知ったら、子供が混乱するといけないので。昔と今じゃなくって、自分の国と教え方が違うと思うから。それで、失敗したかなあと思うところもある。

―もっと言っておけばよかったと？

うん。例えば、特に、次男は算数が苦手です。自分なりの方法を教えてあげたらよかったかもしれない。今思えば、それもある。その時は、あんまり勝手に教えていいものかわからなかった。台湾では、お母さんが教えるんですよ。ここでの教え方がわからないから、かえって子供にも混乱させるのではないかと思って、教えなかった。宿題ちゃんとしてるかどうかとか、ちゃんと正しく書いているかとか確認しただけです。

――鹿児島で子育てをして差別はなかったですか？

赤ちゃんの頃から日本語で話しかけてきました。子供が言葉を話し始めたら、もちろん小学校に上がるようになるとすべて日本語でした。考える時も、夢を見る時も、私自身日本語を使うようになっていきました。

差別についてですが、私自身は受けませんでした。あったとしても気づいていないかもしれません。台湾人ですから、見かけは日本人と変わらないと思います。子供たちからは差別を受けたという話を聞いたことがありません。あったとしても言わなかったのでしょう。

私はなるべく子供たちのお友だちやそのお母さんたちと話すように努めました。

お互いに知り合うようになれば、理解が深まると思ったからです。私の性格が隣に居合わせた人と黙って何も言わないでいることができなかったということも関係していると思います。

――日本にいらして、何か気づいたことがあったら教えてください。

日本のお母さん…鹿児島で子育てをしましたが、私の周りには専業主婦が多かったです。PTAでのお母さんたちの働きを見ていて、日本の女性は非常に有能だと思いました。ですから働かないのはもったいないと思いました。

また日本のお母さんとお友だちになって感銘を

受けたことは、考えがしっかりしていて、いろいろなことに感謝の気持ちを表していることです。それは本当に素晴らしいことだと思います。例えば、何かを食べたら、おいしいということに感謝し、会えばうれしいと感謝しているのを目にしてきました。台湾では「感謝」というのは作文の世界の言葉です。しかし日本では日常使う言葉となっています。そういう日本人は素晴らしいと思っています。もしも私が台湾にいたら、家庭を持ったとしても仕事を続けていたと思います。日々の仕事に追われ、忙しく、何も考えなかったと思います。

困ったこと…日本人はなかなかNOを言ってくれません。YESなのかNOなのかわからないことがよくあります。できないのであればできないと、はっきりNOと言ってほしいです。NOとわかれば、次に方法を考えることができます。

台湾の人々はもっと人生を楽しんでいます。多分日本の方々よりもずっと旅行に行っています。子供が小さくても預けて、罪悪感なしに旅行に行きます。日本人にはもっと息抜きが必要だと思います。

—2011年に「取材学習を取り入れた循環型初年次教育」の公開シンポジウムが鹿児島大学で開催されました。その際、日本で学ばれたことがある、EGLツアーズの袁文英社長の基調講演がありました。香港の人々にとって、北海道は憧れの地で、テレビドラマ「北の国から」のロケ地を訪問し、「白い恋人」(札幌の銘菓)を買って帰るツアーが人気だそうです。また結婚式の前撮りが定番になっており、日本で撮影を希望するカップルも増えてきているそうです。鹿児島ももっと売り込んでほしいということでしたが、何かよいアイデアがありますか?

２０１２年より週３便、台湾と鹿児島を結びます。11年３月には新幹線が開通しました。東北の震災の影響で、大きく宣伝することはありませんでしたが、それでも新幹線効果で、鹿児島にはお金が落ちるようになりました。しかし熊本に比べると、鹿児島は努力しているように見えません。また頭が固いように思います。例えばホテルの値段なども努力が必要だと思います。もっと柔軟でよいと思います。

海外からの観光客には日本の普通の生活を体験するツアーのようなものがあるといいと思います。例えば、お正月に一緒にお雑煮を作って食べるというようなことです。風光明媚な場所に行って写真を撮るといった従来型の観光だけではつまらないと思います。着物の着付けを見せ、実際に着物を着てもらい、日本の茶道を体験してもらうということもいいのではないでしょうか。茶室の茶席の中で一期一会、わびさびを味わってもらうのです。鹿児島には大島紬という素晴らしい伝統織物もあります。魅力があれば、自然と人々はやって来ると思うのです。

私の結婚式で、台湾から家族や親戚が来日しました。その時に私自身も含め、両親も着物を着せてもらったのですが、私もうれしかったですし、両親も大変喜んでいました。台湾からの観光客もますます増えてきますので、体験型の観光は今後の課題だと思います。

――桜井（芳生）の考えですが、例えば御社（山田銘木店）で扱っていらっしゃる屋久杉古木の原木の中に桜島の灰を入れ、鹿児島中央駅や鹿児島空港に置き、観光客に自由に持って行ってもらうというようなことはどうでしょうか。ビニール袋代としていくらかいただくような募金箱を設置し、屋久島の自然保護のために使うのです。そうすれば屋久杉や桜島の灰に触れるという貴重なチャンスになるでしょうし、屋久島のPRにもなり、エコに関心も持っていただけるのではないかと思っているのですが。桜島の灰と屋久杉のお砂場セットというのも面白そうですね。原発事故以来、子供たちが外で遊ばなくなったと聞きます。需要もあるのではないでしょうか。

そうですね。屋久島は世界的にも有名です。宮崎駿監督のアニメ映画に非常に影響を受けた方々が世界中から来ています。屋久島は知っているけれど、屋久杉は知らないという人は多いように思います。私どもの会社では屋久杉製品を扱っていますが、「屋久杉って買えるの?」という人もいます。屋久杉に直接触れることはいいことだと思います。

―陳さんは台湾ご出身ですね。台湾について教えてください。

16世紀中期ポルトガルによって発見され、1624~62年はオランダの植民地でした。日清戦争後は、1945年まで日本の植民地で、それ以降中華民国として統治されています。中華民国は11年三民主義(民族・民権・民生)を提唱した孫文の辛亥革命により清朝が倒れ、12年初代大総統の袁世凱により共和制政体として成立した国です。28年中国国民党が国民政府を樹立、全国を統一しますが、49年国共内戦で敗れた蒋介石が台湾へやって来ました。台湾では大きく2つに分かれています。国民党が来る前から住んでいたいわゆる「台湾人」は北京共産党政権から独立したいと考えています。一方、国民党はいつか共産党を倒し、大陸側に勢力を置きたいと考えています。

―台湾はフォルモサ(Formosa・ポルトガル語)、美しい島と呼ばれる程ですが、複雑な政治事情があるのですね。

さまざまな考え方があります。前総統の馬英九氏のように今の中国大陸に賛同している人もいます。日本在住の台湾人の中にも、日本国籍に変える人もいますが、中華民国のままの人もいます。皆さんよくご存じの野球の王貞治さんは、中華民国のパスポートを持っています。私も中華民国のパスポートですが、台湾に戸籍があるから個人番号(日本のマイナンバー)を持っています。台湾は156国ノービザで行けます。台湾に戸籍のない中華民国人は、戸籍番号がない。だからノービザで行ける国でも、大使館にわざわざ行かなければなりません。例えば、タイに行くときにはタイの大使館に行って、ビザを取ってからでないと行けない。どんなに不自由でも中華民国のパスポートを持っています。

―中華民国のパスポートを持っていることにアイデンティティー（自己同一性）を感じているということですか？

そう。台湾と日本のエリート会議が台湾で開催され、参加したことがあります。私が30代くらいだったと思います。1人の若者が、「私は何人ですか？」と台湾政府に聞きました。「私は中華民国のパスポートを持っている。だから日本人じゃない。でも中国人って言われたくない」。今の中華民国政府が台湾にあるだけです。私たちは中華民国人です。「中華民国人って何？」誰も知らない。日本の方に尋ねても「中華民国って何？」「中華人民共和国ですか？」という答えが返ってくるでしょう。

―インドネシアやマレーシアにも華僑がいますが、彼らは「自分は中国人ではない」と言います。

彼らは、多分インドネシアに根付いて、インドネシアのパスポートを持っているんじゃない？だからまたちょっと違う。日本在住の中華民国人は、祖父の代から来日し、祖父、父、自分と全員中華民国のパスポートを持ち、永住権を持っています。日本籍にも変えず、永住の形を取っています。

―それはあえてということですね。何か、祖国に対する想いがあるんでしょうね。

そうそう。自分のルーツ、どこからくるのか…。日本人はそういうことを考える必要がない。すごく幸せじゃなかと思います。

―ギリシア語のディアスポラ（離散民）、自分が生まれたところが自分の民族の土地ではない、つまり自己が裂かれているということでしょうか？

うーん。ですよね。この人たちは、先祖、おじいちゃんの代に日本にやってきた。その後の世代は、完全に日本生まれ日本育ちです。今もう四世になっています。台湾には、蒋介石の前にも中国大陸から来た人々がいます。漢民族の漢から漢人といいます。彼らは、自分を台湾人と思っています。そして蒋介石が連れてきた人は外省人といわれます。中国大陸には35省（日本の県）あり、台湾はその一つ。だから、台湾省以外の人は、外省人といいます。元々台湾にいる人のほかという意味です。ある研究者によると、今の台湾人の85％以上は、南島民族の血液がある。「昔から台湾は中国の一部」といわれているけれど、実は違うということが証明された。台湾ではよく「あなた何人？」とけんかになります。私たちの時代、自分は中国人と思って勉強しました。台湾の若者は、「おじいちゃん、ひいおじいちゃんがどこから来たかは関係なく、自分は台湾人だ。中国との関係は今のままでいいんじゃないか」と言います。

——香港は中国に返還されました。一時、傘革命もありましたが、中国寄りになりつつあるように見えます。

中国寄りになっている。もっと難しくなる。若者が議員になろうとしたけど、当選してもなれない。香港の人が台湾の人に「香港にならないように」と言っています。昔はよく華僑って言いました。今、台湾出身者は華僑と言われたら、中国人じゃないかなと思われるので、区別するために台僑と言います。台湾にある日本人学校は、日僑《ニチキョウ》といいます。

——中華民國僑務委員會僑務促進委員をなさっていますが、台湾、中華民国政府からの依頼ですか？

はい。日台の交流と在鹿台湾人や旅行に来た台湾人に領事館の代わりにいろいろな支援をしてたから、任命されました。いわば名誉職です。お金をもらってするのではありません。

「今まであなたがやってきたことを認めてあげるよ。今後も頑張ってください。台湾のためにいろいろやってください」という名誉をいただくことです。台湾と日本は正式な外交関係がないから、だから大使館とか領事館とかではなく、代表処は大使館相当で、弁事処は領事館です。これは名誉職、日本にいる台湾の方にいろいろ支援するとか、緊急の救援、例えば旅行に来る台湾の人たち、何かある時は援助します。

——台湾政府から必要経費は出してもらえる？

もらえない。福岡の弁事処から、鹿児島に来るのに時間がかかります。車で4時間ぐらいかかります。特に緊急の時は、病気などの場合、すぐに来られないですから、電話をもらってから見舞いに行き、どういう手伝いが必要か判断して行う。必要経費はすべてこちらの負担です。先日は、台湾の漁船が違法操業で捕まった。私が行って、通訳したり、連絡とったりする。何日いるかわからないから、お米とか野菜とかを買って、あったらうれしいだろうと思うものを持って行きます。

—ほかにどんなお手伝いをなさったのですか？

2014年、クルーズで来た台湾の56歳の女性が、船で倒れたんです。「ちょっと様子を見に行ってもらえませんか」と頼まれました。行ってみると、私と同姓同名でした。その女性は、くも膜下出血でした。お母さんと親戚で来ていました。日本語ができる従妹もいましたが帰国した。女性は市立病院に入院しました。発見が遅かったんですね。レントゲンの写真を見ると、脳の中の血管はいつ発症してもおかしくない状態になっていました。女性のお母さんは84歳、すごく気丈なおばあさんでした。お医者さんから、「このまま生きていれても植物人間ですよ。いつ逝ってしまうかわからない状態です」と宣告されました。お母さんは「できれば、自分の国で息を引き取らせたい」と言いました。連れて帰りたいけど、いろいろ相談して呼吸器を外し亡くなった。家族、弟、お姉さんたち、お兄さんたちも来て、鴨池の葬儀場でお葬式をした。「日本でちゃんとしてくれたから台湾ではしない。お葬式は1回でいいですから」とお母さんは言いました。鹿児島で火葬してお骨だけ持って帰った。火葬場には主人がついて行ってくれました。自分の妻と同じ名前の葬儀で、主人にとっては何か複雑な気持ちだったそうです。

—ご夫婦で共に台湾を支援していらっしゃるので

すね。

主人が一緒にしてくれないと、私できないですよねえ。感謝です。

主人は、台湾に非常にお世話になったからと理解を示してくれます。台湾への恩返しです。

—素晴らしいですね。

いえいえ。台湾蓬莱会会長は6年目です。2012年4月から始め、もうすぐ任期を終えます。

—選挙はどのくらいおきにあるのですか?

2年に1回です。今鹿児島にいる台湾の人はほとんど女性です。子供が小さいとか、家に介護が必要な方がいればなかなかできない。

会議に参加せず、「私は会長だ」と華僑会の名前だけを取る方もいますが、私はよく会議に行きます。会議があれば、福岡にも東京にも台湾にも行きます。そこでいろんな人と会えます。「孫文を支えるのに、華僑が援助をしていた」と勉強しました。ずっと昔から思っていました。

—日本人の中にも孫文を助けた人がいました。

そうそう。中国人はすごく母国のために尽くした。その団体が、蓬莱会でした。会長になって資格があって、積極的に参加します。「どういう組織か?どういう人たちか?」知りたかった。「あそこの人たちが本当にいろんな支援をしていたんだ」とわかった。

—蓬莱会に入ってよかったですか?

よかったと思う。自己負担なのでお金はかかりますが、とても勉強になります。蓬莱会を通じ、翻訳や通訳の仕事を頼まれることもあります。ですから神様は「私が今何をしたらいいか」必ず導いてくれると思っています。

―お仕事について教えてください。

山田銘木店は屋久杉製品、彫刻欄間製造卸を行っています。ハート商事では、台湾・中国などの輸出入代行および中国の翻訳、通訳、ガイドを行っています。

最近（2018年2月）では、種子島で通訳の仕事をしました。種子島はアニメの聖地です。アニメの「聖地巡礼」で観光客誘致する企画です。若い方はユーチューブをよく見ているので、有名なユーチューバーの若者を3人台湾から呼び、種子島の宣伝をお願いするプロジェクトです。1人は17歳の高校生、そして20～30代の男性と女性です。地方自治体が旅行会社に依頼して、観光客を誘致する企画です。面白い仕事でした。私、アニメは見ないですから、「あっこんなのがある」と初めていろいろ知りました。ビックリしたのが、アニメは想像でできてるんじゃないかと思っていたんですが、モデルがあったんです。ちゃんと、種子島のどこどこって。全部アニメーションができてる。例えば、「アイショップ」とか、「なかやま海岸」とか、そして、「主人公がホテルの窓から見た景色」とか。ホテルの部屋に行ってみたら、全く同じ。しかもその部屋は、新海監督が泊まってた部屋だった。そのアニメは10年前のものですが、台湾のユーチューバーたちによると、「そんなに大々的にはやってるわけじゃないけれど、知ってる人は知ってるよ」と。彼らは仕事として来てる。来る前にはもちろん、「何を伝えてもらいたいか」打ち合わせもあり、種子島の行政の方に確認します。通訳の仕事は全国じゃなく、九州特区の中国語通訳案内士です。九州は急にクルーズ船がたくさん入ってきて、ガイドとか通訳とか足りません。この資格は九州でしかできない。沖縄から要請きても私行けない。

—子育ての問題を抱え、お仕事もされ、お忙しかったと思いますが、母国のために、ボランティアなどいろいろなさってらしたのですね。

子供がまだ学校に行っているときは、子供と会社だけです。もう子供が大きくなって、少しずつお手伝いをはじめ、2012年から本格的にするようになりました。

—国際結婚はどう思われますか？

私は、特に国際結婚と意識していないんです。もちろん人に恵まれてたってこともあると思うんです。通じ合ってれば、それでいいんじゃないかなあと思う。結局、同じ国の人でも通じない時は通じないですよね。だから、日本人でも、同じ台湾人でも、外国人だからって私思いません。やっぱり、人間と人間との関係であると思う。今は、すごく縁を信じてる。人種などは関係なく、縁があればいいと思って…。

—出会いということですか？

そうです。しかも、出会いとか縁とか、全部なんか神様に決められてる。決められてるというか…。出会いは運命だと思います。自分には今までいろんな出来事、例えば、私が（蓬莱会の）会長するのも、子供から手が離せるから始められた。私がこうして生きているのも生かされているという感じがします。例えば、自分が何かしたいけどできないとき、きっとそれは何か理由がある。うん。多分、ほかの仕事をやりなさいということだと思う。何かいつも私はそういう感じがする。思ってるというより、それは感じてる。だから、「できないと悔しくって悲しい」とその時はそう思ってるけど、後から振り返ってみたら、「あれはできなかったけれど、別のしなくてはいけないことが必ずある。だからまだできなくていいよ」と神様が言っていると思うようになってきました。今、「挫折」という言い方はしない。感情…、感情がなくなるんじゃないかなと自分が怖くなることがある。悲しみもないし怒りもないし、「ああそうなんだ」って流れる。流されるんじゃなくて、流れる。多分、神様は何かまた別の仕事を私にくださるんじゃないかなと信じています。

―それが縁ということなのですね。

そうです。人との縁とか、物との縁とか、仕事の縁もそう。もちろん若い方には、「積極的に仕事をしなさい」と言っています。うまくできなくても、それはそれでいいと思う。縁があるならできる。なかったらできない。「積極的に」というのは、「私にはこれができる」とアピールして、いろいろやってみるということです。仕事を取るために人の足を引っ張るということではもちろんありません。私は仕事をほかの人に取られても、「ああそうなんだ」と受け入れられるようになってきました。いろんなことがあって振り返ってみると、起こったことは全て正しかったと思えるようになったのです。長男のことでいろいろ悩んでいたとき、ママ友の中の1人で親しくしている方が、お寺での勉強会を紹介してくれました。（高野山真言宗）冠嶽山鎮国寺を紹介してくださった方を私はすごく尊敬しています。長男と同い年の子とその上にお兄ちゃんがいます。お兄ちゃんが高熱のため、重度の知的障がい者になったんです。彼女はすごく明るいお母さんで、人が困ってるといつも助けてくれます。台湾では家に障がい者がいるとなかなか外に出ず、家に引っ込んでしまいます。私の長男のことを知り、教育相談のことも教えてくれました。

―お寺での教えが、先ほど伺った「縁」を大事にすることですか？

はい。いろいろ教えてくれます。例えば、「諦める」という教えです。放棄するのではなく執着しなくていいという意味で、「諦める」とよくおっしゃいます。

―夢は何ですか？

じっとしていることができない人間ですから、何かしたいと思っています。自分が好きなボランティアをしたいと思います。例えば…私は自分の子供をちゃんと育てられなかったから、子供たちのために何かやりたい。今、田舎に住んでいる子供たちに本物の劇団を見せる活動、台湾の「紙風車児童劇団」を応援しています。日本はどうかわからないですが、台湾では田舎と都市の格差がすごくあります。ほかには、田舎に行って子供たちの居場所をつくりたい。台湾は共働きが普通です。都市の子は、学校が終わってから塾に行く。でも田舎には塾がない。田舎の子供たちは学校を出てから、行くところがない。勉強を教えたり、面倒をみたり、親が家に帰ってくるまで居られる場所があればいいと思っています。必要なら私がそういう場所にお手伝いに行きたい。台湾でも日本でも喜んで。ＮＨＫで「こども食堂」という番組を見ました。素晴らしいことだと思いました。

――子供たちのために何かされたいのですね？

うん、何かしたい。子供は将来の希望ですから、しっかり教育を受けてもらいたい。教育を受ける前に、やっぱりお腹を満たさないといけないし、ちゃんとした居場所がないといけない。

――居場所ですね。

家は、建物は立派な家があるかもしれないけど、帰って1人とか兄弟しかいないとかなら、心が落ち着かないでしょう。若い人たちに何か言葉をかけてあげたい。失敗を許されるのは若い時だけですから、やりたいことをやって後悔する、やらないで後悔するよりも、やって失敗してできないとわかった方がいいと思います。そんな時に何か言葉をかけてあげたい。

――「失敗してもいいからやりなさい」という言葉ですね。

うん、そうそう。やっぱり、若い時しかできない。家庭を持ったら、自分1人じゃないから、迷惑がかかる。1人でしたら何でもいいじゃないですか。とにかくやってみて、できなかったら「あっ、この方法ではできないなあ」と、少なくとも失敗したら方法がわかる。やりたければどんどんやって、失敗してもいい。若いですから、機会はいくらでもある。しかも、今は若い人に対して優しい時代だと思います。私たちの時代は、卒業したら仕事に就くのが当たり前でした。今は、ワーキングホリデーとか留学とか、いっぱいチャンスがあるから挑戦して！できれば、外国に行ってみて！そう思います。旅行でもいいと思う。運がいい人は、もしかしたらそこで「自分は何かできることがある」と発見するかもしれません。少なくとも、

「あっ、こんなに日本と違うんだな」とわかる。日本は、隣国関係との問題などがあるとしても、そんなに緊迫していない。台湾は、中国との関係で切迫している。日本は幸せだと思います。この幸せな環境に浸っていると、世界がわからなくなると思います。だから外国に行って世界を見てほしいです。

築夢踏實（ズゥーモンターシー）
夢を持って、一つ一つ確実に実現できるように、地道に頑張っていきます！

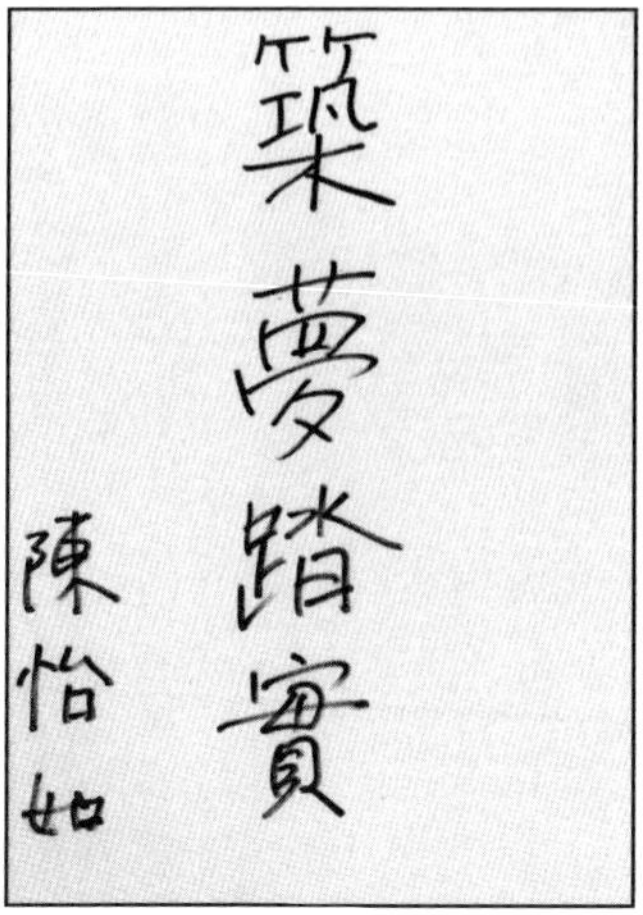

（株）比較文化研究所　南アカデミー
iBS外語学院　代表取締役学院長

南　徹さん

アメリカで出会った生涯教育に全力で取り組んできた南さん。そのお人柄から各方面に南ファンがいらっしゃいます。ご自身の留学、鹿児島への思い、これまでの教育経験の対話学についてお話いただきます。インタビューは鹿児島市iBS外語学院学院長室で行いました。

南　徹（みなみ　とおる）
1949年　屋久島で誕生
1970年　鹿児島県立甲南高校卒業後留学
1974年　アメリカ永住権（グリーンカード）獲得
1975年　ハワイポリネシア文化センター
通訳ガイド部長
1976年　米国ブリガムヤング大学理学部生物学科卒業
1977年　LTM（日米比較言語学研究課程）修了
TTM（観光学研究課程）修了
1978年　ブリガムヤング大学生涯教育学部講師
1980年　父の他界により帰国
1980年４月　現南アカデミーiBS外語学院創立（学院名はオリンピアン外語学院に始まり、インターナショナルデスク外語学院、ID外語学院と改名を続け、現在のiBS外語学院となったのは2003年４月）

表彰：独立法人国際振興機構善意通訳賞、
九州運輸局長賞、鹿児島県観光
まごころおもてなし賞、鹿児島市観光功労者賞、
ロシア連邦政府ニコライ二世記念勲章授与

青春とは求めて止まぬ心なり

——ご出身はどちらですか？

生まれたのは屋久島・宮之浦です。父が小学校の教員でしたから、学校を転々としてきました。生まれてすぐ、父の最初の赴任校である、もうとっくの昔に廃校になってしまっている小杉谷小学校が僕の最初の小学校です。屋久島の山奥にあるんです。ちょうど登山客が縄文杉や宮之浦岳に登る途中に、この小学校跡を通って行くんです。登山トロッコの線路の通過点です。「ああ、昔ここに学校があったんだよ」って皆さんが言われる、その場所が僕が入学した小学校です。そこに小学3年生までいました。

その後は、小学4年生の時に種子島の現和小学校に転校して、2年間の在校の後、串木野の羽島小学校に転校し、羽島小学校を卒業しました。

最近、クローズアップされている明治維新の先駆者19名の薩摩の留学生の記念碑や記念館が羽島にできました。僕の小学生時代は、学校の先生から薩摩の留学生の話を教えてもらった記憶がまるでないんです。近代史を教えたり学んだりすることはタブーだったんじゃないですかね。そんな気がします。信じられない変な教育です。

——いつ頃のことですか？

今からもう60年近くも前になります。僕らはあの頃、共通語を話さないと罰として、「私は鹿児島弁を話しました」というプラカードを首に下げさせられました。方言を話してはいけなかった。ご存じでしたか？こんなことをやっていた時代なんです。いろんなおかしな教育があったんです。だから多分、日本の正しく進むべき方向がずれていたと思うんです。

僕は鹿児島市内の高校に行きたかったので、越境入学といって市内の中学校に移籍して、下宿することにしたんです。鹿児島市内に自分の住所がないと市内の高校受験ができなかったんです。それで、父にお願いした。父は、30歳になってから教職に復帰できたんで、給料は普通の先生の半分くらいしかもらえなかったんです。戦時中に憲兵学校にいたからです。戦争犯罪者ということで、教職追放になったんです。鹿児島市内の中学校に転校して生活することは、大変な出費でした。ところが不思議に教育に関しては全然反対しないんです。「そうか、わかった」って、どこかからお金を工面してきて、鹿児島の甲南中学校に転校しました。

甲南中学校は1年間だけでした。1年間でお金が底をついたんです。また串木野の羽島中学に帰ったんです。そして、羽島中学に1年間在籍しましたが、それでも僕は鹿児島市内の高校に進学したいと思って両親を説得し、今度は鹿児島市伊敷中学校に編入し、卒業しました。そして、どうにかこうにか鹿児島県立甲南高等学校に合格しました。3年間続けて同じ学校に通ったのは、高校が始めてです。こんな人間ですから、普通の学生が思うようなことはやっぱりやりたくなかった。


——考える芽というのはどこで育ったのですか?


多分ですね。屋久島の山の中で育ったので、その環境の中で重ねてきた自然との対話の力が、今のような考えになってきたと思うんです。それを助長するように、僕の家族は転勤族ですから、いろんなところで、いろんな人に出会って、見て、感じて、多種多様な人々との対話、自分との対話の積み重ねが、すごく大きかったんだと思います。

子供のころ大人と会うことの方が多かったと思

いますよ。というのは、父の仕事の関係です。僕が子供の頃は、学校の先生に宿直当直という業務がありました。学校に寝泊まりして、夜中まで子供たちや親の相談相手をしていたんです。

当直の夜は、よく父について行きました。いつも、「おまえ図書館で寝ろ」と言われ、図書館の本を友だちに過ごした思い出があります。その時に読んだ本で、今でもはっきり覚えているのが『両性人間第1号』という本で、潜水艦が海に入り、人間が海中に飛び出して活躍するという内容だったと思います。

村の人たちも、いろんな相談に来ました。それを横で聞いていた。子供たちが家を抜け出して、父に会いにきたこともよくありました。今考えると、貴重な体験だったと思います。

僕は、高校でいろんなことをやってみたいというのが夢だったんです。高校時代は青春でした。まず、柔道部に入ったんです。すると先生が「こんなにスポーツをやりすぎるといい大学に行けないよ」って説教するんです。それで僕はカチンときて、柔道部はもちろんやめずに生物部にも入部したんです。そしたら、その先生が「バカにしてるのか？」と家までタクシーでやって来て、母に勉強だけを一生懸命することが一番大切だと息子に伝えて欲しいと説得に来たそうです。さらにカチンときて、今度は文学部にも入部したんです。柔道部、生物部、文学部です。「ええい、ついでだ」と思って、音楽部と書道部にも入ったんですが、音楽部では、「こんなにも音程のはずれた人間いたことがない」と言われすぐに退部しました。書道部は、一番下が8級なんですけど、先生がどうしても7級にしてくれなかったので、半年でやめました。柔道部、生物部、文学部はずっと続けました。いまだにその仲間たちと交流しています。

高校は、僕にとって本当に青春でした。好きなことを自由にやりましたから。「日本の大学に進学しないで、なんでアメリカの大学に留学されたんですか」とよく聞かれるんです。「いや、僕だって、学びたい大学があったんです。せっかく僕が受験してあげたのに、その大学は僕を不合格にしたんです。この僕を不合格にするなんて、この大学はレベルが低い。僕が学ぶべき大学ではない」と(笑)。何か変なプライドがあるんですよね。そして僕はアメリカの大学に進学しました。その当時は、まだ1ドルが360円くらいの時代ですから、よっぽどお金持ちじゃないと留学なんかできませんでした。

父に留学の事を話したら、もう心臓が止まるぐらいビックリして、「良家のお嬢さまとか、お坊ちゃまとか、大企業のビジネスマンだったらできるかもしれないけど難しいよ」と言われたので、入学手続きも全部終了して、入学許可証もすでに手にしているから、どうにかお願いしますと頼みました。「そうか、わかった。ところで、留学資金はどうするつもりだ」と父がけげんな顔をするので、「向こうに行くまで、たどりつくまでのお金が必要なんだ。生活のめどがつくまでの最初の1、2カ月は食べないといけないから、その分だけ準備してほしい。あとは自分でやるから」と頼みました。「そんな、やれっこないって。外国に行って簡単に生きられるわけがない。でもおまえがそこまで言うなら…」と笑いながら、片道の旅費と半年分の生活費だけは何とか借金して準備してくれました。親だから心配して往復の旅費と1年分の生活費を僕は期待していたのですが、封筒に入っていたのは、お願い通りの片道の旅費と数カ月分の生活費だけでした。「これで行ってこい」と。獅子は、子供を崖から突き落とし、這い上がってきたものだけを育てると言いますが、そんな愛のムチをくらったような気がしました。

「何とかなるさ」って飛び出しました。後で聞いた話ですが、母は、僕は2度と日本に帰ってくることはないだろうと思って泣いていたそうです。

ハワイの大学に入学して最初に驚いたのは、世界中から来たたくさんの留学生が学んでいたことです。日本からの留学生は、30人くらいいました。みんなお金持ちでした。

「僕は自分の意思でこの地を踏んだんだ。留学したくてもできない人もたくさんいるはずだ」と、早朝のバイト、学校の終わった後のバイト、深夜のバイトと、2年ぐらいの間ぶっ続けでバイトに明け暮れていました。バイトで稼いだお金は、全て授業料に飛んでいきました。夏になると大学は休みになりますから街に出かけるんです。アパートを借りてバイトをすると、アパート代を払うお金がない。木の下で寝て、シャワーは公園やホテルにこっそり忍び込んで浴びました。ハワイですからホテルはたくさんあるし、寒くないので大丈夫でした。

——野宿されたのですか？

野宿というと何か格好いいですねえ。ヒッピーですよ、幸いにも僕は、バイトのレストランのマネジャー、そして一緒に働いていたウエイトレスの皆さん、それにお客さんにも非常に気に入られて、チップをたくさんもらえました。それで、9月からの新学期の授業料を全部払うことができたんです。僕を非常にかわいがってくれた、東洋アジア学を専門としていた、生涯教育学部の学部長、ケネス・ジェイ・オートン教授が、「君は本当によく頑張ってる。奨学金は欲しくないのか」と尋ねてきました。「欲しいです。でもいりません。なぜかというと、僕は返す能力、目処がありません」とお断りしました。奨学金っていつかは返さなければいけないものとばっかり思っていたんです。理由を言うと教授は、お腹を抱えて笑いました。「それは、奨学金っていわないんだよ。それはローンというんだよ」と教えてくれました。「えっ、じゃあ、ただでくれるって言うんですか？」「ある組織が毎月、苦学生に200ドルの奨学金を差し上げるということだから、ここにサインさえすればいいんだよ」と言ってくれたんです。それから、僕の大学生活もかなり楽になりました。グランティーンエイドという、苦学留学生のための資金援助も頂きました。授業料も家賃も食費も、全部出してくれるということになりました。だから最初の2年間は地獄でしたが、その後の卒業まては、バラ色のキャンパスライフでした。成績はあまり芳しくなかったんですけど（笑）。

――ご自分で手続きなさった時、奨学金のことは全く考えていなかったのですね。

ええ、そうです。行ったらどうにかなるだろうくらいに考えていたんです。若いというのは、向こう見ずというか、凄いですね。どうにかなるんですよ。考え方に何ていうか、応用的に考える人達と原理的に考える人たちとかいますよね。僕は、どっちかというと、まずは行動あるべし、応用的に考える性格だと思うんです。多分、父の職業の関係で、引っ越しをいっぱい体験しているから、行った先でどうにでもなるという考えが身についていたんだと思います。原理的に、最初に理屈を考えて行動したら、前に進めなくなると思ってしまうんです。

僕の夢は医者になることでした。ブラック・ジャックが大好きで、生物学を修学したら医学を勉強したいと思っていました。ドクターになるには、まだまだ勉強しなきゃいけない。インターンもある。オートン教授に相談したら、「じゃあ大学で仕事しろ」と言われ、僕は、生涯教育学部の職員として雇ってもらったんです。生涯教育とは英語で、コンティニュイング・エデュケーションといいます。これが、今の僕の仕事のキーワードになりました。西郷さんの師に佐藤一斎(儒学者)がいます。『言志四録』の中に「少（わか）くして学べば、即ち壮にして為すこと有り。壮にして学べば、則ち老いて衰えず、老にして学べば、則ち死して朽ちず」(子供のころからしっかり勉強しておけば、大人になって重要な仕事をすることができる。大人になってからもさらに学び続ければ、老年になってもその力は衰えることがない。老年になってからも、なお学ぶことをやめなければ、死んだ後も自分の業績は残り、次代の人々にも引き継がれていく) とあります。まさに、コンティニュイング・エディケーションです。生きるっていうことは、本当に学びたいことをこの世を去る瞬間まで学び続けることだと、生涯教育学部で僕が仕事をもらった時から考え始めたんです。一生学問、一生感動です。

——当時すでにアメリカでは生涯教育が行われていたのですね。

そうですね。素晴らしい教育の考え方だと思います。僕は勉強を続けながら、医者になりたいって思っていたんです。アメリカでの永住権であるグリーンカードも手にして、ある程度の目処もたち、お給料も満足いくほど頂いていました。そんな時、父が53歳で突然倒れたって、叔母から国際電話で連絡がきたんですよ。くも膜下出血でした。その時に、「嘘だろう、オヤジが死ぬはずはない」って思ったんです。僕は、慌てて日本に帰ったんです。

「奇跡よ起これ」と大急ぎで帰国し、病院に駆けつけた時は、父はほとんど脳死状態でした。

父が入院していたのは、市立病院でした。少しして父の一生は終わりました。アメリカに帰る予定だったので葬式とか父の後始末など全て終わったら、アメリカに帰る予定だったんです。でも、鹿児島に残ることにしました。

大学を卒業して、一時帰国したことがありました。鹿児島に帰ってきた時に、父は、「お前は教養としてのさまざまな学問を年齢性別を超えて、ありとあらゆる人々に伝える学問を研究し、そんな教育を伝えられる学びの場をつくるのがよい」と常に言っていました。多分、一緒に学校をつくりたかったのだと思います。

当時、鹿児島は、南の玄関口どころか、勝手口だったんです。口ばっかりの国際都市で、錦江湾も桜島も世界一の絶景ですが、この絶景を観光都市として生かせていないんです。通訳も皆無でした。諸外国から豪華客船が入港しても、港の整備がとても貧弱でホコリまみれで、デンプンや肥料を積んだトラックがひっきりなしに往来していました。絶望的でした。

今から、40年ぐらい昔ですね。僕が30歳の時です。国際社会的考えが何もないんです。やがて、思いに賛同してくれる素晴らしい仲間たちができました。大学の教育関係者を中心としたインターナショナルフォーラムとか、外国に興味を持った若者の集いである外国人を温かく迎える会とか、外国人を主に迎え入れ鹿児島を世界に発信してもらいたいとの祈りから生まれた鹿児島国際懇話会などです。通訳ができそうな面々にも、僕の小さな家に集まってもらいました。鹿児島を国際都市としてクローズアップしたいと情熱に燃える日々でした。

アメリカの大学で勤務していた頃、オートン教授が「君も含めて日本人のみんなはあまりにも日本のことを知らな過ぎる、なぜ日本人は自国の歴史や文化などに誇りを持たないのか、日本は世界に類を見ないほど優れた文化を持つ民族の国なのに不思議だ」と、いつも僕に問いかけてくれました。国際映画俳優、三船敏郎主演の『七人の侍』の素晴らしさとか、新渡戸稲造、鈴木大拙、南方熊楠、忍者の不思議とか古事記神話などなど、日本の素晴らしさを、全部アメリカで教えてもらったんです。「日本ってスゴイ国だ」って事をアメリカで習ったんです。「居合っていうものすごい剣の抜き方があるんだけど、君ら日本人ならできるだろう」と言われ、実践をお願いされたこともありました。居合道なんてやったことも見たこともないのに。教授が「いや君はできるんだ」と確信しているんです。「真剣がないとできない」って言い訳したら、教授は立派な真剣を持っていたんです。驚きです。日本から、居合道の本を取り寄せ、見よう見まねで披露しました。度胸試しといいますか、大学の講堂で演舞をする羽目になりましたが、拍手喝采で大学の新聞にクローズアップした写真が掲載されました。赤面です。そんな時に、いつも疑問に思っていたのは、日本っていう国は諸外国から見たらこんなにすごい国なのに、日本人は学校教育の中で、なぜ日本の素晴らしさを教えようとしないんだろうということでした。例えば、20年ほど前の話ですが、フィンランドから鹿児島を訪れた5名のマスコミの人々が、「東郷平八郎元帥にお会いしたい」と訪れた。元帥の銅像の周りは雑草と蔦で覆われ、インタビューを受けた多くの大学生たちは、元帥のことをほとんど知らなかったという報告を悲しそうに話してくれた。フィンランドにとっては、元帥は国家の救世主として崇められています。今は、きれいに清掃されています。

—東郷平八郎は海外で非常に人気がありますね。

そうなんです。フィンランドには、東郷元帥をラベルにした東郷ビールがあります。とにもかくにも情けない、「自国を知らずして国際人を名のるなかれ」と日本の文化や歴史を研究して、その研究発表を世界に通用する言葉（英語）で発信できる学生を育てる学び舎をつくり、今年で38年になります。

英語で発信すると言いましたが、日本人はなかなか英語を上手に話すことができません。英語は言葉の学習なのに、応用的ではなく論理的に学習させようとします。応用的というのは、ＡＩの世界で実験されているディープラーニング的アプローチという意味です。例えば、アメリカではこんな体験がありました。「スペイン語の会があるからそれに行きなさい」と言われ、スペイン語なんて全くわかりませんが、とにかく参加させられたのです。しばらくして、何を話しているのか理解できるようになりました。環境の中から、自然と学習して言語を体験学習させるような脳の仕組みを人間は持っているということです。

—聞いているうちにだんだん耳が慣れてきますね。

そう思います。感覚的に。なぜそうなのかの理屈は、後からついてくるんですね。今までの、日本の英語教育のほとんどが最初に理屈という文法がくるものですから、話すという実践にたどり着かない。どこで何を間違えたのか、意図的にそうしたかったのか、疑問がいっぱいですね。でも、語学指導のアプローチを少し変えるだけで不思議に、学校時代はほとんど勉強嫌いだった学生たちが勉強大好きになるんです。

—すごい、南マジック！

学院を初めた頃は、初級、中級、上級と人間の能力に分けて指導していたんですが、何かが欠けていると思ったんです。何が欠けてるかというと、人は人を、無意識のどこかでパターン化しちゃうんです。ラ・サール高校の学生は、ラ・サールのレベル、鶴丸高校の学生は鶴丸レベル、甲南高校の学生は甲南レベル、そうでない人は別のレベルと、特定の試験で能力を決めつけてパターン化するんです。東大は東大、鹿大は鹿大。全部能力別に分けてしまう。学びたい分野を実践してみて、向き不向きを評価したりされたりするのではなく、共通の試験で分類されてしまう。「士農工商っていう身分制度を間違って使っている、これじゃダメだよな」って考えたんです。「江戸の終わりに、薩摩の偉人たちは、どうして明治維新ができたんだろう。郷中教育だ」と思ったんですね。「年齢を超え学歴を超え、文系や理系の識別をしないで、身分の格差も超えて、皆が同じ目線で皆を観察し始めたら、多様性を受け入れる教室ができたら、何か面白い相乗効果が現れるんじゃないか」ということで、カリキュラムの形を大幅変更したのが、30年くらい前からです。卒業生の最高齢は82歳です。60代、50代の学生はかなりいます。18、19歳、20歳代、30歳代、そして、それ以上の高年齢の学生と学歴・環境・文化の異なる学生たちが、同じ教室で、同じ講義を肩を並べて学ぶ時、頭の中に刷り込まれた、間違ったプログラムが解除されるんだということがわかりました。学問の奇跡です。これをやり始めた時に、ある事に気がついたんです。学院生は、カリキュラムの一環として、オーストラリアは西オーストラリア州にありますパースの町に、1カ月間の短期留学を体験します。旅行ジャーナリストの兼高かおるさんが、「もしこの世に天国があるとしたら、それはパースの町」という名言を残しています。

コクーン（繭）という映画がありますが、高齢者が年齢を超えて幸せに生きられる場所があるという設定で、そこは天国のような場所で、そこにたどり着いた人々は、とても幸せに生きられるという映画です。パースの町を始めて訪れた時には、驚きました。70歳代以上の人ばっかりなんです。パースの町を走らせる市営バスの新入社員を募集しますとの告知に70代の人がいっぱい来ているんです。運転して危なくないのかなあ？こんなの、ありかなあと最初思ったんです。ところが、みんな元気ハツラツなんです。

だから、僕が思ったのは、鹿児島の過疎化とか、老人問題をどうしようかとかではなくて、老人は鹿児島にくれば元気になる。だから老人の運動大会でも開催するぐらいの、シニア特区みたいにしたらいいと思ったんです。そんな発想で学校も運営したらいいと。スーパーエルダーと銘打って、70歳以上の人々をパースに観光研修でご案内したことも数回あります。ですから、80歳で入学してきた学生が、60歳ぐらいに若返って卒業していきます。結局ですね、自分で自分の檻を作って、その中に閉じ込めているんです。日本の常識は、世界の非常識なんて面白いことを言った人がいますが、間違った常識にとらわれて、苦しまなくてもいいことを苦しんでいると思うんです。井の中の蛙です。大海を知らない世界で生きていると苦しみが倍増するわけです。ですから、この井戸から飛び出す技術を勉強したらよいと思ったんです。僕が唱え続けているのは、自分に言い聞かせている自分の詩、「青春とは求めてやまぬ心なり」です。だから、心の中で意識的に僕らは、この世から消える瞬間まで学問を求め続け、楽しく生き続ける方が幸せだと思うのです。人は心の中から、若さを取り除かれた時に老人になると思うのです。だから20歳の老人もいれば80歳の青年もいると。生涯学習の学校をもっと積極的に公《おおやけ》が考えてくれれば一番よいのですが、経済効果が見られないとか、既成の学校の弊害になるとか、できない理由をいっぱい並べて行動を起こさない。

だから、僕は始めたんです。世の中にない、学校をつくりたいと。

ただし、お金は儲かりません。教育は産業ではありませんから、やればやるほど貧しくなります。

教育は徳育であり、人間形成の学問が基本です。でも、卒業していった学生諸君が、世界中で活躍してくれているので、多くの人々の知るところとなりました。話を聞いただけの人々は、学院の大きな建物や桜並木が学校の正門とか何とか連想するんです。海外からのゲストは、学院がまさかビルの2階だけが学校だなんて思いもしないですから（笑）。

——ハードにはこだわらないということですね。

そうなんです。本音は、小さな学院だけの建物がほしいとは思うのですが、僕がこの世を去ったころ、卒業生の誰かが建ててくれるかもしれません。いずれにせよ、誰かがこんな学校を実践しないといけないと思うのです。教育改革っていいますけど、資本主義が社会を牛耳っている限りは、儲からなければダメだということになる。世の中の矛盾で成り立つ僕のような学校経営は、無視される。ビルの2階の小さな学校、「あっ、ここ塾ですか？英会話教室ですか？」「いいえ、英会話教室でも塾でもなくて、研究所です。大学院のような研究所です。学院生の肩書は、比較文化研究生です」と答えています。「ええっ？高校も満足に卒業できなかった子も学んでるじゃないの、何で大学院？」「通常の教育では、見いだせなかった才能を見いだすための研究所です。既成の学力は、全く関係ありません」とお答えしています。

——卒業生が証明していますね。

証明しています。最近の卒業生で面白いのは、東京芸術大学に進学したかったけど、受験に失敗し、iBS外語学院に入学してきた学生がおりました。とても優秀なパーカッション奏者です。学院を卒業した後、音楽関係では超一流といわれるアメリカのカーティス音楽学院に留学しました。さらに大学院に進み、イエール大学大学院の特待奨学生として迎え入れられ、素晴らしい成績を残し見事に卒業しました。現在は、アメリカでクラシック音楽のアーティストとして活躍しています。このように世界中で、千人を超える学院卒業生が活躍しています。

日本人の学生が、共通して持っているDNAなど、本来の能力を測るシステムが、目下の日本の教育システムの中にないのか、日本という環境が能力の多様性を認めたくないのかのいずれかだと思います。勉強大嫌い、学校はほとんど不登校、高校も大学も中途半端といわれる学生には、学校で育むものとは異なった才能が潜んでいると思うのです。ただ、彼らの隠れた才能を引き出す術がわからないだけだと思うのです。この才能の多様性を活性化するにはどうしたらよいのか？そんな学校がどこにもないのなら、その能力を引き出すための学校をつくらないといけない。そう思って創立したのが、比較文化研究所南アカデミーｉＢＳ外語学院です。講演活動は、数多くこなしているのですが、その時は賛同頂けても、一過性なんです。すぐに記憶から消えてしまうんです。ですから、継続的に学べる場所をつくらないといけない。よく探してみると、こういう学校は結構あるのかもしれません。人間というのは、思っている以上に凄い生命体だと思うのです。短絡的に、コイツできる、コイツできないとか、コイツはもう落ちこぼれだとか、優秀だとか言えないんですね。学校には、多様性がないといけない。そういうことをずっとやってました。

日本ほど優れた国はほかにはないと思うんです。その理由を、多くの国々の人々と対話を交わすことで発見しました。とにかく、いろんなところでいろんな人々と、いろんな話をしました。途上国の田舎から都会まで、先進国の田舎から都会まで、カリフォルニアからニューヨークまで、さまざまな国々のさまざまな人々とお話しました。その結果として、日本人の長所を全部差し引いても、欠点だけを並べてみても、どの国のどの民族よりも日本は素晴らしい国だ。日本に勝るところはないと思うようになったんです。宗教的に考えがちな、選民思想ではないですよ。

なぜかっていうと、日本の歴史を日本からだけではなく、諸外国からも俯瞰してみると見えてきます。目下、古事記を一生懸命勉強しているんですが、あの古事記の時代から延々と変わらずに、同じような文化の形を現代まで延々と持ち続けているという国がはたしてどれくらいあるのだろうと考えて頂きたいのです。ないと思うんです。例えば、日本の歴史の外交で重要な位置を占めていた中国の王朝との関係を見る時、優秀な人間が立身出世するには、科挙制がありました。難しい試験をクリアしなければ官僚にはなれませんでした。若いみなさんが目下苦しんでいる受験戦争のような受験システムが歴代の中国の王朝にはありました。今の日本からすると当たり前のようですが、多様性に満ちあふれた匠《たくみ》の才能が重要視されていた日本の貴族社会や武家社会、士農工商の時代には、そんな受験システムは取り入れませんでした。全ての文明の原点が中国にあると思われていたのに、科挙の制度は取り入れませんでした。科挙は、能力の多様性を認める試験ではないと思ったからだと思います。

——必ずしも科挙がよい人材を選別できるとは限らないということですか？

そうです。孔子は、そのよい例です。孔子は、素晴らしい儒教の祖です。でも、科挙の試験には合格しませんでした。こんな試験では、孔子の能力は見いだせないわけです。

――確かにそうですね。

そうなんです。だから、歴史を振り返ると、日本の教育のあり方は、多様性に満ちた、本物の人材が育つ素養にあふれていた国であることがわかると思います。

現在は、少し異なるとは思いますが、近代史のころまで日本は、本物の人間を育ててきた国であったと思うんです。

ですから、僕は、今意識して、本来の日本の姿を取り戻したいと思っているんです。そんな日本のことを、多くの国々の人々が理解できないんです。だから、いつも、なぜ?と問いかけてきます。でも、肝心要の日本人が、それに答えることができない。対話ができない。お話が苦手なんです。一体全体、古きよき時代の日本人はどこに行ってしまったのでしょうか?日本という国は、諸外国の人々から見ると、理解に苦しむエキゾチックな文化で満ちあふれています。宗教も何もない、あるって言っても表面的。キリスト教があるって言っても、ちょっと異なるクリスチャン。仏教があるって言っても、日本的仏教徒。神道が日本の中心的宗教だと紹介しても、天皇を神格化しているわけでもない、何かしら宗教がファッション的に見えるようです。じゃあ、人間教育はどうしているのか。倫理として、道徳として、学校では教えているのか。諸外国は、聖書や経典が道徳の教科書になっていますが、日本には、そんなものは何もありません。長い歴史で培ってきた、先祖崇拝の考えも消えつつあります。結局、何も教えてないのと同じですね。僕は、海外の知人には、日本という国は道を宗教として徳を教養として生きている民族ですと紹介してきましたが、現在の日本の姿を見ると、そうでもなさそうですね。

教養の頂点にあるはずの人々の不祥事が報道のページを飾っています。信じられないことですけど、道も徳も学んでこなかった結果だと思います。科挙的な学問は卓越しているかもしれませんが、孔子的な学問は、欠落しているのかもしれません。表面的な、ベニヤ板的な西洋文化の利便性を重要視しすぎた結果かもしれません。西洋社会の本音と建前を紹介しましょう。西郷隆盛翁の南洲翁遺訓の行《くだり》で、「西洋を文明というが、何を持って文明というのか?本当に文明なら、未開の国に対して慈愛を持って懇々と教え導き、開明させるのが本来だが、未開蒙昧の国に対して、むごく残忍な事をして利益をむさぼるような行動をする国は文明どころか野蛮である」と説法しています。世界を俯瞰すると、日本以外の国々のほとんどが、大なり小なりの戦争に明け暮れています。日本の本来の姿を学ぶことが、戦争を回避できる一番の教えだと思うのです。僕は、アメリカには12年住んでいました。平等と自由の国といいますが、本音と建前がまかり通っている風景にたくさん出くわしました。白人と黒人の関係が際立つ国です。みんな平等といいながら、白人の娘が黒人の若者に恋をしても、結婚には二の足を踏んでしまうんです。「人種差別なんてとんでもない話だ」って言うんですが、心の中では明確に差別していたように思います。国際会議の中で、最初に明確に人種差別反対を唱えたのは日本だということも知っておくべきだと思います。確かに朝鮮を植民地として占領しましたが、朝鮮の人々を奴隷にしたわけではなく、日本人と同じように教育の機会を与えたように思います。台湾もフィリピンもマレーシアも同じだったと思います。政治の世界にも軍部にも経済界のトップにもなれる教育が施されているんです。他国の植民地政策とは、かなり異なっていると思います。

そんな風に、客観的に歴史を分析していくと、日本っていい国だよなってつくづく思います。確かに、自虐史観的に日本を否定をされる人もいますが、よいところをさし引いて、悪いところだけを残しても、諸外国の悪の歴史と比較すると、小悪にしかならないと思うほどプラスしか残らない。士農工商という身分制の中で、身分の高い貧しい武士、身分の低い、豊かな商人の姿が教えているように、日本の文化は質素倹約を旨としていました。日本は、資本主義とは反対の社会でした。「武士は食わねど、高楊枝」なんです。

だから、「資本主義と反対の生活をして、胸を張って生きれる民族がいてもいいじゃない」「それを誇りにする人々が世界中に増えてもいいじゃない」って思い、こういうこと始めたんですよ。「金は天下の回り物」ですから。

――南哲学のルーツは何ですか？

父親や母親の生きざまを見てきたからだと思います。祖父の影響も大きいです。

僕は、おじいちゃん子でした。まだ4歳か5歳のころです。屋久島の荒れ地を開墾しては、島に流れてきた貧しい人々に土地を分け当てていくんです。もちろん、無料でです。そして、僕ら家族が住むところが失くなるんです。お嬢さま育ちの母は、屋久島にいた父と結婚したばっかりに、苦労しました。母が、「これからどこに住むのね」って不平をこぼしていたことを記憶しています。お人よしにも程があるということです。

貧乏は悪ではなくて貧乏は徳なんだと思っています。そんな教育があってもいいと思います。

清貧って言葉を理解できるのは、僕、日本人だけだと思うんです。祖父や両親が身を持って教えてくれた徳です。こういう教えを世界の人々が学べば、貧富の差はなくなるし、戦争もなくなると思うんです。江戸の町には、凄い貧乏人は誰もいなかったそうです。隣人愛があふれていて、生活に困窮しているお隣さんがいると、長屋の皆で助け合っていたそうです。理屈はなくて、そうすることが本当に幸せなんだと思って生活していたのだと思います。日本人は、別に天国に行けるか行けないかって、どうでもいいんですよ。思いやりが当たり前なんです。日本人の不思議というか、利害関係なしに客人を迎えるというのか、お人よしが日本人の文化だったと思います。

だから、この日本人のDNAを取り戻すには、今僕がやってるような教育を実践しなければいけない。眠っているDNAが目を覚ますと信じて、研究を重ねながら講義を続けています。「今何の仕事をしてますか」って聞かれたら、「遺伝子のバージョンアップです」って答えることにしているんです。封印されてしまったDNAの部屋を開けるのは決して容易ではない。それどころか、日本嫌いの日本人が二重、三重の鍵で閉めようとしてるから、負けないように、こんな鍵をぶっ壊せるように、自分の研究をバージョンアップする。でも、第二次世界大戦の悲劇で日本の近代史全否定トラウマの世間は、これは日本人の本来の姿じゃないと反論してくる。日本人の戦前は、もっと大変な時代だったとか。江戸時代は、貧しくて苦しんでいる人々であふれていたんだとか。災害や飢饉は、日常茶飯事だったとか。ありとあらゆるマイナス志向で攻撃してくる。でも、僕はめげない。それらの全てのネガ思考を考慮しても、日本は比類のない素晴らしい国であると証明してみせると頑張っています。

世界的なスポーツの祭典で金メダルを手にした選手の国々の国旗が揚がり、国家が流れます。世界の国々の国歌に歌われている言葉に注目したことがありますか。恐ろしい内容で満載です。凄まじい愛国心と戦争勝利の讃歌であふれています。

比較してみると、日本の君が代ほど優しく美しい詩で綴られている国歌を見いだすのは、かなり難しいことがわかります。あなたのために、君の代のために、私は苔がむすまで頑張るんですって。敬天愛人の国歌だと思います。こんな国家って聞いたことあります？って言うと、けげんな顔をするんです。この美しさを教えないし、学ぼうともしないんです。悲しいことです。毛嫌いというか、拒否反応だと思います。最近、だいぶ緩和されてきましたが、それでも国民の祝日に国旗を掲揚する家庭は1％もないように思います。ですから、DNAをバージョンアップすれば、いろんな真実が見えてくると思うのです。

——今の子たちに教えるべきことは何でしょうか？

今の子たちに、自分の持ってる、自分の本来の能力を取り戻す方法を教えたらよいと思います。100人いたら、100人とも異なった才能を持っている。まずは、多様性の素晴らしさを教えたらよいと思います。さらに、そんな多様な才能の中にも、共通する才能があるとすれば、それは日本人としてのDNAです。では、そのDNAをいかにして開眼させたらよいのか。それは、対話の学問です。ギリシャ時代のソクラテスを代表する哲学者の間に中心的に研究されていた学問、ダイアログです。政治やいろんな世界で、対話がないとか、対話がずれているとか、いろいろと報道されますが、僕が理解してもらいたい対話学とは少し異なります。僕の唱える対話学とは、4つの柱で構成されています。他人との対話、自分との対話、自然との対話、そして異文化との対話です。この4つの対話の上に座するテーブルを全体が見えるテーブルと呼び、この学問をTaiwalogy（タイワロジー）と名付け研究しています。Taiwalogyとは、日本の武士道の中にある五常（仁・義・礼・智・信）などを教える論語や四書五経の徳を基本に、薩摩学の中心にあった詮議的な対話力と、ギリシア時代にあったダイアログ・ディスカッションやディベートなどのコミュニケーション力を習合した学問です。Taiwalogyの中の最初の柱ですが、母親が一生懸命子供を教え導くための対話や父親や先生たちが知識を与え、それをひたすら聴き、受け入れる対話、他人との対話です。全ては、他人との対話から始まります。そしてやがて賢くなると、受け入れてきた知識が自分にとって必要なものか真理か否かを考え、歴史や文化、書物をひも解きたくなる対話が2本目の柱である、自分との対話です。教えられても、考えてもわからないことがあります。その時は、大自然に問いかければ答えが見えてくるかもしれません。森、川、海、動植物などとの対話が3本目の柱となる自然との対話です。エコロジーいわゆる環境学ですが、ギリシャ語でエコとは家という意味で、家とは森を意味するのだそうです。森を学問すると言う意味がエコロジーだそうです。さて、最後の柱ですが、新しい時代は国際社会でグローバル社会であるというのは、皆さんの常識です。さらには、ＩＯＴなどＡＩの人工頭脳社会の到来です。国際社会も人工知能社会も、人類にとっては異文化です。必須科目として登場するのが、異文化との対話です。この4つの対話を学問することで、封印されたＤＮＡの扉が開くと思い研究しているわけです。マスターしたら、この対話の効力を実践する舞台が必要となります。対話力をさらに磨ける舞台です。それは、世界に飛び出すことです。留学です。別にアメリカやイギリスやオーストラリアなどの、英語圏先進国ではなくてもよいと思います。これから、新しい時代を生き抜いていかなければならない若い世代に伝えたい新しい学問、進路の道です。

――南さんはエラスムスのようですね？

平和を切望した文学者、デジデリウス・エラスムスですか。僕は、そんなたいそうな人間ではありません。ただ、こういうことをやらなかったから、親と子の断絶、家族の崩壊、間違った知性、人間力の欠如、人間の孤立化が加速しているのではと心配するわけです。最近、頻繁に起こっている異常な犯罪は、対話の欠如に起因すると思うのです。小学校で挨拶日本一という学校があります。校内では、児童全員が、とても元気に挨拶を交わしています。でも、ひとたび学校を離れると、知らない人には絶対に挨拶しないようにと注意されるんです。機械的な挨拶以外は、対話を禁止されているようなものです。話すことで、犯罪に巻き込まれるのではなくて、話すことで犯罪を免れる方法を教えるべきだと思います。子供たちは困惑しています。意図的に縁と絆の文化を崩壊していいるように思います。大和の和は日本の文化の中心にありましたが、和はすっかり個に取って代わってしまいました。和とは和むという意味ですけど、それは対話を通して初めて手にできる「和み」だと思います。言葉は、対話は、善用にも悪用にも用いられます。聖書の中のヨハネ伝の行に、「言葉がはじめにあった、神とともにあった、言葉は神であった」とあります。言葉は、西洋では神、日本では言霊ですから、使い方を徹底して学問する必要があるわけです。大和の国、日本は、他国と比較すると、戦争をほとんど体験したことのない国といってもよいかもしれません。兄弟げんかは、かなりありましたが、外国との戦争は二千数百年の歴史の中で、1300年前の白村江の戦いも含めて、鎌倉時代の元寇、豊臣秀吉の朝鮮出兵、日露戦争、日清戦争、第一次世界大戦、第2次世界大戦とありましたが、全てを足しても7回ほど、80年間くらいの戦争の歴史です。ところが、アメリカは建国から242年間で、諸外国との戦争は200回を超えるんです。ヨーロッパ諸国にいたっては、口に出すのも恐ろしいくらいの戦争の歴史です。

恐ろしいことです。人間は、殺し合うために生きているようなものです。

アメリカ合衆国は、建国とほとんど一緒くらい戦争してるんです。自分の国は犯されてないから気づかないんでしょうけど。「日本は第二次世界大戦でひどい戦争した」とか言いますが、長い歴史からしたら、皆無と言ってもいいくらいです。こんな国ってほかにはないと思います。島国であったのも幸いしたかもしれませんが、イギリスだって島国です。日本が、経済的にも、文化的にも、成功を収めることができたのは、匠の文化が教えるように、極めるということに全てのエネルギーを注いできた結果だと思うんです。日本人は、技術的にも、教育的にも、人格形成においても、全てにおいて、極めることが大好きな民族であるように思います。極めるってことは、ものすごいエネルギーが要るんですが、日本人は極めることに優れた能力を持つことができました。極めるという没頭作業に誠心誠意打ち込むと、他国の財を略奪するとか、人間を奴隷として使うとか、考える余裕はなくなるような気がします。農耕民族の特質でもあるかもしれません。個を持って自己を主張するより、和をもって皆で支え合い、磨き合ってよいものをつくる文化においては、必要以上のものは手にする必要がなかったと思います。その、和を大切にする心を育成するには、対話の力が必要でした。ですから、対話学が日本の学問の柱だったと思います。本末転倒という言葉がありますが、お金を中心に考えないのがホン、中心に考えるのがマツだそうですが、この考えがひっくり返った時に、本末転倒というそうです。士農工商の身分の世界では、ホンが武士であり、マツが商人であったそうです。だから、利益追求のための戦争は本末転倒であり、必要なかったと思います。西洋で教えるディベートとは勝ち負けを決める論争ですが、日本で教える対話は、本来は真理を極める詮議です。

寄り合いや談合も、本来は真理の探求だったと思います。とにかく、古きよき時代の日本人は、話し合いが文化でした。特に鹿児島の場合は、郷中教育の柱ともいうべき詮議は、真理の探求のための議論の戦いでした。みんなが、「なるほど、その通りだ」って思うまで、徹底して話し合うんです。夜を徹して話し合う、夜話会もそうです。そして、その後に、「決まったことはちゃんと守りましょう」ってなるんです。その後にごちゃごちゃと愚痴をこぼすなということで、鹿児島では、「義をいうな」という言葉が生まれたんです。もちろん、こういう話し合いの方法に欠点もあります。皆の合意意見が全てですから、なかなか物事が決まらない。融通がきかない。そんな名残が、日本の会合の至る所に残っています。議会や国会が、その典型かもしれません。西洋社会はトップダウンですから、すぐ決まるんです。でも、決まった後に意見の相違が生まれるから、決議事項がすぐに変更されたり、民主主義を揺るがすような大事でない限り、ボスの権力で変更が許されたりするんです。日本の場合は、決まったことを変更するには、西洋社会では考えられないほどに長い時間を必要とすることになるわけです。

──詮議というのはとてもいい方法だけれども、固定してしまってはいけないっていうことですね。変化が常に必要だということですね。

そう思います。例えば、英語では、教養のことをリベラルアーツと教えています。リベラルというのは、革新と言う意味です。西洋社会では、革新が教養ですが、僕は、西洋社会と日本社会の習合が教養だと思いますので、教養を英語に訳す時は、カルチャー・アプリシエーションと訳した方がよいと思います。

歴史に学ぶ。時代の流れに学ぶ。比較文化から学ぶ。僕は、これが教養だと思います。憲法は教養の極みだと思います。

—日本の教養は、カルチャー・アプリシエーション、感謝する文化ということですか？

そうです。文化に感謝するということです。教養を学ぶには、日本の文化を学ぶのが一番と思います。戦後70年を超えた日本社会は皆、西洋崇拝になり、教養といえばリベラルアーツを学ぶことと思い込んでいる。だから、絶対主義に陥り、極論に走ってしまう。カルチャー・アプリシエーションというのは、俯瞰して真理を見いだすということと、ありとあらゆる学問の分野を学び、失敗を繰り返しながら、生き甲斐探しの人生、何が真理なのかを見いだしていく知恵だと思います。過去にも学ばなければいけない。未来も想定しなければいけない。今日という日を神々からのプレゼントとして感謝し、大切に一生懸命生きていかなければいけない。日本という国は哀しいかな、ごく最近まで近代史を学ぶことをタブー視していました。高校に入学すると、進路の道を文系とか理系などと視野を狭くして、先の大戦で活躍した人々が全て悪であるかのように、過去80年の歴史が記憶から消されてしまいました。教養が教養でなくなったわけです。悲しいことです。鹿児島も決して例外ではありませんでした。

間違った和というのか、集団心理というのか、深く考えることなく、皆が、一斉に同じ行動を取ってしまうことがあるということです。

明治の始めの廃仏毀釈なども1つの例です。江戸の終わりまで700年近く、薩摩の島津の殿様のほとんどは、立派な政治を施行し薩摩を統治して来られましたが、学んだ学問は仏教が主流でした。島津の殿様忠昌が禅僧、桂庵玄樹を招き、その教えを南浦文之が受け継ぎ、元久のとき石屋真梁を迎えて福祥寺を開山してから仏教が薩摩の宗教でした。薩摩の名君、島津日新公の徳育、人の規範ともいうべき道徳の教えである「いろは歌」も、そんな歴史の中から生まれた素晴らしい教育の形でした。その教育の原点が徹底して廃仏毀釈された。残念なことです。日本の文化をないがしろにして、西洋ばかりを賞賛したという意味では、明治維新は文明破壊だったのかもしれません。

鹿児島は地理的にも諸外国への南の玄関口としての利点が功を発しました。外様ですから、幕府を凌駕できる知恵を手にする必要がありました。薩摩の民は、下士や郷士も含めると、他の藩よりも遥かに武士人口が勝っていたなど、鹿児島には、幕府の力を左右できるだけの素養があったと思います。草食の他藩の武士とは異なり、豚肉などかなりの肉食の習慣があったので、体格も秀でていた。特記すべきは、郷中教育の素晴らしさです。詮議などの訓練で、対話の教育に優れた人間が育った。人材も奇跡と思えるほどに、甲突川沿いに70軒ほどの人家が立ち並ぶ小さな村、加治屋町から20名を超えて明治の維新の主人公となった逸材が誕生した。全てにおいて、中心となるべくしてなったと思います。

多分ですね、あの当時、薩摩は英語ができるともいわれていたと思います。五代友厚は薩英戦争の後、英国船に捕虜として囚われの身でしたが、対話力と英語力で薩摩壊滅を回避させたくらいですから。外国に留学する前に、薩摩の福祥寺で事前研修を受けろと言われていたくらいです。全ての立地条件と、薩摩のリーダーたち、いわゆる名君に恵まれていたからかもしれません。斉彬公も薩摩に下り、江戸以上の何かを直感したのだと思います。歴史的偶然といいますか、加治屋町に対話学の風が吹いたのだと思います。
島津日新公の「いろは歌」の最初の「い」の行に、「いにしへの道を聞きても唱へても　わが行にせずばかひなし」とあります。理論と実践が常に伴っていたのだと思います。一方的な受け身の教育では、本当の意味の教養にはなりません。そこには、いつも対話学があったのだと思います。

——いろは歌との出合いはいつですか？

僕は、帰国して通訳を依頼された時に、初めて知りました。
アメリカ留学中に日本の凄さを教えられ、日本にいた時は、目にも止まらなかった「いろは歌」が目に見えるようになったのかもしれません。幼いころ、屋久島の大自然で身に付けた種が、アメリカで芽を出し、帰国して開花したのだと思います。アメリカで日本の美しい姿を教えてもらったからです。そうでなければ、今ごろは「あと何年生きられるかなあ」って震えて過ごしているかもしれません（笑）。今の僕には、年を取り、この世を去るという考え方がないんです。人は、この世を去る瞬間まで、青春を全うして生き抜くべきだと信じているからです。
生涯学習です。一生勉強、一生青春です。

——南さんのものの見方や考え方は、渡米し、海外から日本を見た経験が大きかったということでしょうか？

一番大きいです。はい。

——だからこそ、若者には「海外へ行け」と言い続けていらっしゃる。

そうです。そうなんです。「かわいい子には旅をさせろ」です。日本を離れ、外国で生き抜くのは容易なことではありません。何の準備もしないで海外の荒波に飛び込むと、ミルクしか飲めない赤ちゃんが肉を食べて、消化不良で死んでしまうようなことになるかもしれません。「自国を知らずして、国際人を名のるなかれ」、まずは自分のこと、日本をしっかり勉強してから飛び出すのが賢明です。そうすることで、さらに日本の素晴らしさ、自分の知らなかった自分の才能に目覚めるのだと思います。

話を「いろは歌」に戻すと、薩摩の教育環境の中に、そういう対話学の原点があったように思います。

対話学の教育は、1980年に帰国して一貫して研究を続けていますが、今年で38年目になります。南アカデミーiBS外語学院が創立して38年の歴史が流れました。もちろんカリキュラムの中心は対話学ですが、心理学、宇宙学、環境学、神話学、日本文化学とさまざまな教養分野を英語で学んでいます。最も重点を置いているのが、年に2回の日本文化研究英語スピーチ発表です。このスピーチは、自分との対話の学問です。すべての講義は知識のインプットではなく、対話を通じて質問力の特訓のような講義です。一方的に知識を伝える形の講義の時代は終わったように思います。ですから、学院の講師は対話を重視したコーディネーターかファシリテーターのような教授方法を優先します。全てが対話学です。

知識を記憶させるような教育の時代は終わったように思います。わからないことのほとんどは、コンピュータが教えてくれます。これからは、問いかける学問、考える学問、失敗を楽しめる学問、人間が人間として生きるための学問などを学ぶ時代だと思います。これらを総称して、ディープラーニングを学習すると言い換えてもいいかもしれません。ロボットですら、ディープラーニングをしてＡＩになれる時代です。このままの教育では、人間がＡＩに生活圏を奪われてしまいそうです。人間教育とはいかなるものか、真剣に考える必要があります。対話形式の学問が全てです。

―ボヤボヤしてられないということですね。

そう。学生はボヤボヤしてはいられません。常に注意を払っていないと、対話形式の学問の教室では、ありとあらゆる質問が飛び交います。受け身だった教育体験が思考型、発信型に変わりますから、かなり戸惑うと思います。

初めは、あっけにとられたような顔をして、ポワンとしてます。今までの受け身の教育にすら、拒否反応を見せていた学生が、全く新しい学問の世界に飛び込むわけですから、対応の仕方が分からずにポワンとしてしまうわけです。入学してくる学生の中には、ご両親も、先生も、もうお手上げだと諦めて、絶望の思いで子供たちを学院に預ければ何とかしてくれるだろうと、子供たちの入学を懇願されることもあります。間違っています。子供たちは、僕らの宝です。ただ単に、その子の能力を理解できなかっただけなんです。対話を重ねていくと、その子の才能が見えてきます。眠っていた素晴らしい才能が目を覚ますんです。こんな挫折に負けたくないと。いったい自分は何のために今まで生きてきたのだろうと考える機会がなかったフラストレーションなんです。存在はしているけれども、その存在価値がわからないというフラストレーションなんです。存在することの価値に気づいた時、学生は美しく豹変するんです。

―そうですね。そのターニングポイントは何でしょうか？

ターニングポイントは、自分で研究した、自分が興味を持った自分の文化を、数百人の聴衆の面前で、堂々と英語で発表する瞬間です。決して簡単なことではありません。困難のステップを何段も踏み越えて、晴れの舞台に立った時の学院生の自信にあふれた顔は、太陽のように輝いて見えます。そんな、自身に満ちあふれるわが子の舞台に涙するご両親、おじいちゃんやおばあちゃん、そして、お友だちや近所のおじさん、おばさんたち、とても美しい光景です。これが最初のターニングポイントです。

―自分が好きなものは何なのか？それを英語で表現したらどうなるか？ということでしょうか。

そうです。人前でやります。やってみたら、「何だ、こんなに自分はクローズアップされるんだ」って思うんですね。

―人前でやると効果があるのですね。

そうです。人の前で発信するということ、人の前で自分の思いをスピーチするということ、しかも世界中の人々に理解してもらいたいと英語で発信することが奇跡を生むわけです。なかなかできることではありません。学院生は、卒業までに、この大舞台に2回立つことになります。最初のスピーチは屋外で、最後のスピーチは屋内で開催されます。

―「恥ずかしい！」と思うのですね。

そうです。その恥ずかしさを乗り越えた時に光が見え始めるわけです。しかも発表を英語でやるとなると、至難の技です。ほとんどの学院生が、英語ができなかったというより、英語が嫌いだと言って入学してきた学生ですから。彼らにとって、信じられなかった瞬間ですから。何よりも自信がつくんです。1つの偉業を成し遂げると、知的欲求が生まれる。学院生は、それだけでは満足しない。「この力をもっともっと磨く方法はないのか」って。次のステップは、鹿児島の姉妹都市である西オーストラリアのパースに短期留学です。自分の国際感覚や学んできた英語能力が、実践の場でどれくらい役に立つのかを試すわけです。

今もパースはお年寄りがいっぱいいます。お年寄りの天国です。現在は昔と違って、経済的にとても豊かな都会になったものですから、昔の風情とはかなり異なりました。世界中からの移住者もかなり増えました。でも、お年寄りは結構多いですね。

心豊かなオーストラリアの人々と友好の交流のために、語学学校に通いながらホームステイを体験してもらいます。学院生が学ぶ語学学校は、30カ国以上の国々から学びに来ている学生であふれる、小さな地球のような国際色豊かな学校です。1カ月間の短期留学です。そこで、自分が、どれくらい世界の人々に認めてもらえるのか、認めてもらえないのか、自立するってどういうことなのか、異文化の中で生きる術を学ぶわけです。誰にも頼れませんから、困難を乗り越える自信が身につきます。

そういうことを体感してもらいます。そうすると、自分の力で生きられるんだって自信がつくんです。国際社会からの学びは素晴らしいんだと。世界は怖くないんだと。

帰国した時は、もう立派な青年です。その全ての学びの知恵を駆使して、最後の大ステージを大舞台で披露して卒業です。1年の学院生活の終わりです。まだ、学院に残りたいという学生がかなりいますが、これ以上面倒みたくないから（笑）、後は自分の力で世界に飛び出せと激励します。家族のような教育ですから、学院生との間には親子のような愛情が生まれます。別れは大変です。

――最初は試行錯誤でしたか？

あの手この手で考え、実践研究してきました。キャンプに連れて行ったり、海で一晩中語りあったり。通訳ボランティアをさせてみたり、途上国でボランティア活動をさせてみたり、ハロウィンやクリスマスなどの特別な西洋のお祭りを脚色させてみたり、既成の大学や教育機関に学ぶ学生と議論を戦わせてみたり、鹿児島の大学に学ぶ諸外国からの留学生と意見交換させたり、事件や出来事を英語劇で発表させたりと、考えられることは全てやってみました。そんなこんなで30年ぐらい前に、現在のカリキュラムにたどり着きました。それからは、ずっと同じカリキュラムで現在に至っています。世間の皆さんは、「そんな、既成の教育から逸脱したような教育をやったって、こんな学校は5年でつぶれるよ」と、たくさんの苦言や避難を浴びました。3年持てばいいかな？5年でつぶれるかも？でも、30年も続くと誰も何も言わなくなりました。

――影響を受けた方はどなたですか？

僕の祖父。そして両親です。また留学して、ハワイの大学で父親のように親身に僕のことを支えていただいた、生涯学学部長のケネス・J・オートン博士です。この学院をはじめた時に、学院の相談役として導いてくださった伊藤龍吟先生の影響も大だと思います。先生は、東大でインド哲学を研究されていて、卒業後、鹿児島の高校に赴任され、甲南高校に勤務されていた時の僕の恩師です。高校を退職された後10年間、相談役として他界されるまで僕を見守ってくださいました。先生が他界された後、二代目相談役として僕の高校の先輩である大嵩文雄画伯には、実兄のように支えて頂きました。大嵩先輩もあの世に旅立ってしまいました。僕が、帰国した時に、真っ先に僕を導いてくださった顧問の尾辻秀久先生の恩義も忘れることはできません。経営面でもかなり苦しみましたので、学院の理事長、そして理事として支えて頂いた諸先輩方には、心よりの感謝と合掌です。最近では、講演家の中村文昭さんの温かい応援にも感動の日々です。人は、人によって人となると教えられた人生です。一番の感謝は、家族はもちろんですが、何の不平もなく貧しい生活にもめげず、ただひたすら陰日向になって学院長の僕を支え続けてきてくれたスタッフの皆さんです。ともかくにも、思い返せば、数え切れない人々の恩義によって生かせれてきたことに感謝と合掌を忘れてはいけないと痛感しています。

―鹿児島への思いをお聞かせください。

鹿児島大好きです。鹿児島は、世界に類を見ないほどに美しい大自然に恵まれています。歴史も文化も物語に満ちあふれています。でも、悲しいかな、明治の時代に大活躍をした偉大な人々が去ってしまった後は、セミの抜け殻のように空っぽになってしまいました。だから僕は、この空っぽになった鹿児島に優秀な人材を取り戻す方法はないのかと願って、ユニークな学び舎をつくったんです。iBS外語学院は、まさにそれが狙いです。古きよき時代の文化の継承として、鹿児島にシニア特区みたいな桃源郷的何かをつくりたいと、スーパーエルダー企画を立ち上げたこともあります。

25年も昔になりますが、70歳以上のお年寄りを10名ほど3年間に渡って、毎年パースに研修旅行を企画しました。学院内では、エルダーホステルという組織と共に、諸外国のお年寄りと日本のお年寄りとの国際文化交流を目的に、12年間ほど講義や講演活動を続けました。マンパワーが追いつかなくなり、いつの間にか終焉を迎えました。鹿児島をシニア特区にすると、日本の高齢者問題は解決するかもと思ったんです。鹿児島に日本全国からお年寄りが集まり、鹿児島をエキゾチックに変えてくれるだろうと思ったんです。そしたら、みんな「あんなおじいちゃん、おばあちゃんになりたい」と若い人たちが思ってくれるだろうと思ったんです。現在の若い人々のほとんどが、大人になりたくない。おじいちゃんやおばあちゃんみたいになるなんてとんでもない。そんな、悲しい時代なんです。僕は、そんな考えをひっくり返したかったんです。

――少子高齢化を逆手にとるということですね。

そうです。過疎化は財産なんです。最近、大手の企業がインターネットのバージョンアップをはかり、田舎の空き家をリノベートして、東京の本社と同じように業務ができる、サテライトオフィスとか縁側オフィスなどと称して利用しています。地域のお年寄りの皆さんと、ゆったりとした空間の中で対話の交流も楽しんでいるようです。考え方1つで過疎の村々は、新しい時代の財産となるわけです。過疎といって悩む日本社会であってはいけないわけです。

便利が一番というインフラに誘われて、アリのように都会という巣に集まってしまいました。もう、そんな時代はとっくの昔に終わっているというのに、今だに同じ行動をしているのが我々日本人です。少子化で廃校になった学校、過疎の田舎町、荒れ果てた山林や農地、諸外国の人々から見ると、なんともったいない土地利用を日本人はしているのだろうと、笑っている声が聞こえます。

――我々が気がついてないだけということですね。

全然気がついていないように見えます。逆転の発想ができないんです。

――留学を希望する学生にお金の話をなさる。

言います。だからよく、留学するのはお金がないからって理由にはならないってね。頭の中に、知恵という財産を一度つくれば、やろうと思えば何でもできますから、お金はさほど問題ではないと思います。

――それを聞くと学生は安心するのですね。

安心するわけです。自分の力で生きろって。お金を出してくれる人がいなくなったら誰に頼るんだって。自分に頼るしかない。バイト掛け持ちで3年ぐらい頑張ったら、留学資金は結構貯まるよって。

結局、みんな依存なんです。全てが依存なんです。ですから、依存から子供たちはどうやったら抜け出させてあげられるんだろうって考えなければいけない。それがまず一番ですね。自立自立と口では言いますけど、ほとんどの保護者が、意識的にも無意識にも、子供たちを自立させないようにしているんです。

――どうしたらいいでしょうか?

自分一人で生きていくしか術のない場所に放り出すしかないんです。ただ、普通に放り出すと、赤ちゃんに肉を食べろというように死んじゃいますから、留学の前に何を教育すればいいかということを考えて、iBS外語学院をつくったんです。留学がよいと聞くと短絡的に留学していき、大失敗をする学生が結構いるんです。アメリカの大学を卒業してから、僕の学院に入学してきた学生も結構います。簡単に言うと、対話の教育がなくて行くとダメですね。

―南先生はお一人しかいらっしゃらない。例えば、対話の教育をシステム化することはお考えではないのですか？

それをよく言われるんですよ。どうしようかなあ。システム化できれば、一番よいのですが…。話すことって当たり前で難しいことではないのに、一番難しい。

授業中に生徒がおしゃべりをしないで、ただひたすら講義を聴いてもらうことを美徳としている以上は難しいと思いますが、対話を修める道、教育の方法は無限にあると思います。

―今後の夢は何ですか？

僕は永遠に、この世を消える瞬間まで同じことをやっていきたいですね。

集まってきた人々にメッセージを伝える。ただそれだけです。それ以外の望みは何もないです。あとはこれに賛同してくれる方が、誰か資金援助してくれる方がいたら助かるなあ（笑）。まあ、必要であれば、いずれそういう卒業生が誕生するでしょう。そんな卒業生がいたら、学院全部を譲ってもいいと思います。

今日は、僕の心の声を聴いてくださるようなインタビューでした。ありがとうございました。

指揮者

尾崎　晋也さん

Photo by Aya Sugimoto

ルーマニアを拠点に指揮者として活躍されている尾崎さん。音楽への思い、世界で仕事をするということ、どのようにご自分をとらえていらっしゃるかお話いただきます。インタビューは２０１５年７月に東京で行いました。

尾崎　晋也（おざき　しんや）

1959年　鹿児島・旧谷山市で誕生
1977年　鹿児島中央高校卒業
1982年　桐朋学園大学卒業
1985年　渡米。カーティス音楽院等で学ぶ。ペンシルベニア州を拠点に演奏活動を始める。
1993年　ルーマニア、ディヌ・ニクレスク国際指揮コンクール入賞。以来、ヨーロッパ、北アメリカ、南アメリカ各地のオーケストラを指揮。
ハンガリー国立合唱団はじめ多くの合唱団も指揮。
1994年～　ルーマニア国立トゥルグ・ムレシュ交響楽団常任指揮者。
1999年～　音楽監督。
2002年４月　オランダの経済界のシンポジウムに招かれ講演。
2005年１月　ルーマニア大統領から同国文化に大きく貢献した功績を認められ、「上級騎士勲爵士」（コマンドール）爵位。
トゥルグ・ムレシュ市「名誉市民」、在日ルーマニア大使館から「文化交流功労賞」受賞。
2009年～　ルーマニア国立ディヌ・リパッティ交響楽団首席客演指揮者。
３月　トゥルグ・ムレシュ交響楽団常任指揮者就任20周年を記念し、ムレシュ県から「ALAE」県民栄誉賞を受賞。
８月　「平成26年度外務大臣賞」受賞。
11月　「南日本文化賞特別賞」を受賞。
国際的講演組織 TEDx にても英語、日本語で講演している。TEDxTargu Mures、TEDxKagoshima
薩摩大使。

著書『笑うマエストロ - 国立交響楽団の表と裏』さくら舎

Acum este totul.《アクム　エステ　トートル》
今この瞬間がすべて

—お生まれはどちらですか？

　生まれたのは鹿児島県旧谷山市（１９６７年に鹿児島市と合併）。生後すぐ2歳くらいまで入来ってところで育ったんですよ。そこは父が中学教諭として赴任してたところです。そのころのことはあまり記憶にないですが、ヘビがいっぱいいたところというのは覚えています。物心ついた時には、「絵を描いてごらん」と言われたら、ヘビの絵ばかり描いてました。

　その後、谷山に越し、毎日海で遊んでいました。海まで歩いて2、3分のところに家がありました。遠浅（の海）だったんですよ、よく釣りに行きました。漁師さんとも仲よくなって、満潮の時に網張って、干潮になると魚がピチピチ落っこちてる漁で、余った魚をもらったりしてました。今でも釣りが趣味ですよ。慈眼寺公園にもよく遊びに行きました。

—ご両親は鹿児島の方ですか？

　母は鹿児島で生まれましたが、その直後満州に渡りそこで育ちました。何かお祝いがあるごとに、母の一族が集まってね、中華料理の円卓回してたんですよ。ほかの家では、仕出しやおすしをとって、おいしそうに食べてるのに、何で家はそうなんだろうと思っていました。母は、ロシア語とか中国語とか朝鮮語が話せたそうです。

　父が生まれ育ったのは旧大口市です。親族は甑島出身です。父は美術の教師でした。油絵で、一見よくわからない（笑）抽象画を描いていました。彼は物事を見る時に、見方が一般的なものと違いましたね。それは、光や色のとらえ方です。「空を青く描かないで」と言われ、青く描いたら怒られました（笑）。

—ご両親どちらの影響を強く受けていますか？

どちらも強いですが、色に対する感覚は父かな。「偏見を持つな」とも言われました。「女の子はなぜ赤を着るんだろう？」と疑問に思うと、「色には別に性差はない」と教えてくれました。父は芸術やってたんで、何事も偏見なく見る傾向があったんだと思います。

例えば、何で女の子はランドセルが赤で、男は黒なんだ？とか感じてました。小さいころからね。

—ご兄弟は？

弟が1人います。高校の歴史の教師をしています。優しい弟です。5歳離れていますから、弟のことは赤ちゃんの時から見ていました。弟は（ピアノが）あんまり好きじゃなかったかな。

—音楽を始めたきっかけは、お母さまがピアノの先生だったからですか？

はい。4歳からピアノを始めて、小学生の時はトランペットを選びました。ピアノの練習は毎日部屋に閉じこもってずっとやんなくちゃいけないじゃないですか。つまんなかったからです。トランペットだったら仲間と一緒にできて楽しいなあと思った。1人で海岸に出て、夜空を見ながらトランペット吹いてもいいしね。

—中学生時代の思い出は何ですか？

中学校では、吹奏楽部に入って一生懸命やってました。一番の思い出は、沖縄返還ですね。1973年、中学2年の時、返還の次の年に沖縄に行ったんです。吹奏楽の大会があったのです。沖縄が返還されたから沖縄県というものができて、じゃあ沖縄で吹奏楽の九州大会やりましょうということになったらしいのです。初めて吹奏楽の仲間とみんなで沖縄行きました。ショックでしたねえ。

例えば、車はまだ右側走ってたんじゃなかったかな。沖縄の方々は、日本円で換算するよりもドルで換算した方が高いか安いかわかるとか、ほかにもいろんな意味でショックを受けました。僕らは、日管やヤマハの日本製の楽器で一生懸命演奏してたのに、向こう行ったら、アメリカ製の楽器で演奏していましたね。僕らもうよだれが出るような高い楽器で、アメリカの軍楽隊の影響もあったのでしょう、もう音が全然違うんですよ。まさにアメリカンなんですよ。それ聞いたボクは椅子から転げ落ちそうでした。沖縄の学校の楽団の演奏する課題曲を聴いて、これが同じ曲なのかなと思いました。教育と楽器のせいですね。多分、彼らはアメリカの、ネイビーとかアーミーのバンドを聴いて育ったのではないでしょうか。当時の沖縄は、アメリカ文化が根付いていましたね。本物のアメリカがそこにあるわけですから。ちなみに管楽器はアメリカが一番うまいんですよ。

そして吹奏楽の顧問の櫛下先生に影響を受けました。先生が「家に遊びに来い」とおっしゃって、オペラなどのレコードをたくさん聴かせてくれました。その演奏にびっくりしました。同じ曲であっても、指揮者によって演奏が違うということに気がつきました。

鹿児島でも素晴らしい演奏会がありました。スイスロマンド交響楽団、ゲバントハウス管弦楽団などですね。レニングラード・フィルハーモニー管弦楽団など、今はもう伝説的な指揮者、エヴゲーニイ・アレクサーンドロヴィチ・ムラヴィーンスキイが同行して来てました。1人でいろいろ聴きに行きましたよ。

ボクは中学生のころから、MBCジュニアオーケストラや、鹿児島ウインドアンサンブルとか鹿児島交響楽団でトロンボーンを演奏してたんです。上手と思われたのか、「来て、吹いてくれないか」とたくさん声をかけられました。小学校の時にトランペットを始めて、中学校になって、「君体が大きいし、トロンボーンって手が長くないといけないから、やんなさい」と言われました。演奏できるようになると、楽しいなあ、うまくなりたいなと思いました。楽器を買った十字屋の畠中（正敏、現鹿児島県吹奏楽連盟幹事長）さんに相談したのを今でも覚えています。「楽器を買って、先輩から教えてもらってそこそこ吹けるようになった。これでは自己流だ。もっとうまくなりたい。どうしたらいいか?」と聞いたら、畠中さんが、「海外からもいろんなオーケストラが来るんだから、コンサートの後、楽屋に行って教えてもらったらいいよね」と言いました。「あっそうだ!じゃあ行こう」とコンサートに行って、楽屋に楽器片手にトロンボーン奏者を訪ねたんです。すごく得るものが多かった。技術的なことだけではなく精神的な部分が大きかったですね。「突然訪ねても、こんな人がボクみたいな者に教えてくれるんだ!すごいな、世界の一流の人は違う!」と感動しました。有名な指揮者のパイヤールにも会いに行きました。パイヤール室内管弦楽団、フルートと弦楽器だけでトロンボーンなんか入ってない。それでも行ったんです。「とりあえず偉い人に会おう。偉い人は、オーラが出てるだろう、会えば何かもらえるだろう」と、ただそれだけ思って行きました。

——自ら進んで門をたたく尾崎さんの勇気と行動力

は素晴らしい！の一言に尽きます。畠中さんをはじめ多くの方々から愛情を受けて成長されてきたのですね。

畠中さんには若い時、たくさんの愛情を受けました。今でも感謝しています。道に迷っている時に、あちらと指してくれる人がいて幸運でした。ボクが奨学金制度をつくり、ルーマニアの若い人を支援しているのは、畠中さんから頂いた気持ちの世界に対するお返しです。

―音楽家への道を決めたのですか？

中学1年か2年生の時には、もう音楽家になろうと思ってました。本当は音楽高校に行きたかったんですが、「高校ぐらい普通の高校に入んなさい」という父の言葉で、鹿児島中央高校に進学しました。その選択は賢明でした。当時、あんまり普通じゃなかったですけどね（笑）。

ボクは学校では問題児だったと思いますよ。あまり先生の言うことを聞かなかったです。髪の毛も長かったし。

―締め付けの強い高校生活の中で、どうやってサバイバルしたんですか？

無視したんですね、無視です。長髪だったので、先生がハサミ持って「オザキの髪を切ってやる！」って言って追いかけてきて、1時間ね、ほとんど全ての校舎を逃げ回ったの、今でもみんな覚えてますよ。ボクの方が足速かったから切られなかったです。そういう生徒でした。「切磋琢磨して同じるなかれ」という校訓だったので、真に受けて、動じてなかったら、先生に、「和を乱すな！」とこっぴどく怒られた（笑）。

—読書はお好きでしたか？

はい。父の影響もあって、かなり読みました。小さいころは、家に『少年少女文学全集』が毎月届きました。父は自分が読みたくて、ボクに渡す前に読んでいたんですよ（笑）。「早くよこさないかな」と思いながら、父が読み終わるのを待ちました。

—特に影響を受けた作品は何ですか？

三島由紀夫です。全作品影響受けました。

中学校のとき感動したのは、倉田百三の『出家とその弟子』ですね。感動して読みながら涙が出ました。「自分の生き方はこれでいいのかな」と思いました。あの小説は、どちらかというと音楽のような、ロマンチックで美しい…それに感動したのはやっぱり多感な時期だったからじゃないですかね。

道元の正法眼蔵なども繰り返し読んでいます。只管打坐の人ですね。その影響もあって、ボクは瞑想を習慣にしてます。瞑想すると色々と気づきが出てきます。見えてくることが多いですね。

日本人はね、よくわからないのものにひかれます。簡単に答えが出たらありがたく思わない。音楽を聴くときもそうです。明快な演奏は好まれないです。いびつな茶わんを喜ぶのは日本人の特性です。シンメトリックな、左右対称、ピシッとしたギリシャの神殿みたいなのものよりは、手作りの、なんかゆがんだものに、美を感じるんじゃないでしょうか。明快なものよりも、何だかよくわからない不明瞭なものに深淵さを感じるというのが日本人の特性ではないかと思います。

—大学時代はいかがでしたか？

桐朋学園って、どんな学校か知らないで入ったんです。新日本フィルハーモニーっていうオーケストラが、東京から鹿児島に来たとき、トロンボーン持って行ってトロンボーン奏者に、「教えてください」と言ったら、桐朋学園の教授でいらっしゃった福田先生だったんです。「ああ、君、そんなヤル気あるんだったら桐朋学園に来なさい。入れてあげるから」と。「やったあ！入試の前に早いとこ決まっていいや！」と思いました。だからどんな学校かわかんなかったです。入学してみると、小澤征爾が教えているし、中村弘子が歩いているし、びっくりしたわけです。「ええっ！こんな学校だったんだ！」その当時、鹿児島から桐朋学園に行く人なんていなくて、音楽大学っていったら東京芸大くらいしか知らなかったですよ。高校生の時に、ソルフェージュを習ってたのは、飯盛美絵子先生という桐朋学園の一期生の先生だったんです。その先生からも、「桐朋学園に行きなさい、あなたは耳がいいから」と言われました。その当時、東京から鹿児島にきて、時々教えてくださってたんです。桐朋に入学して、打ちのめされました。自分が一番と思ってたのに一番じゃない。一生懸命勉強しました。コンクール、受けても受けても落ちました。でも、1つのコンクールに入賞しましたね。プロフィルに、○○コンクールに入賞って書いてあっても、その裏で10個20個落ちてるとは書きません。でもそれでもいい方です。だって野球だって3割打てたらたいしたもんです。ということは、7割は打てていないということですよね（笑）。ボクも一緒です。

桐朋学園を卒業し渡米し、もうそこで人生ガラっと変わりましたね。「君は天才だ」と言われるんですからねえ。

「アッ、じゃあやっぱり俺はすごかったんだ」と、1年くらい、ボクは本当に自分が天才だと思い込みましたね。そしたらその先生みんなに言ってたんですね、「君は天才だ」と（笑）。

アメリカのカーティス音楽院で学びました。ペンシルベニア州フィラデルフィアに着いたとき、もうその学校の入試が終わっていました。「どうしようかなあ？」と思いましたよ。指揮の先生つかまえて、ビデオ見せてね、「ボクはOZAWA（指揮者・小澤征爾）の弟子なんだけど、入れてください。何とかお願いします」とゴリ押しして教えてもらえるようになったんですよ。「ココに入りたいんだ」と校長先生もつかまえて、懇願した。グラフマンという有名なピアニストですが、彼はね、「入りたいのか君は？どういうことなんだ？教えたいのか？勉強したいのか？どっちか？」と言うんです。アメリカってのはすごいな、すごい社会だなと思いました。

—西洋音楽をなさっていますが、日本の音楽についてはどのようにお考えですか？

日本の音楽は、明治以降壊滅的な破壊を受けました。日本の音楽の世界はね、西高東低、脱亜入欧をとったのですね。日本の伝統音楽は卑しいものとされて、「西洋のものがいい」となってボクらみたいなのができたんですよ。いわば、ボクらは明治政府の被害者なんです。

日本の音楽も勉強しました。文化の一つだから、音楽は文化として知っとかないと。

—お琴、例えば、宮城道雄（日本の作曲家・箏曲家1894―1956）さんはお好きですか？

はい。好きですね。あれは極めて西洋的な音楽なんですよ。あれは新日本音楽と呼ばれました。その当時、新〇〇といろいろなものにつけられています。新邦楽とかね。大正時代、その当時はやったんです。『春の海』なんて、ピアノ伴奏フルート風なものを、お琴と尺八でやってますからね。こういう形は邦楽の伝統にはなかったのです。民謡も好きです。

—西洋音楽だけではなく、音楽が全てお好きなのですね。音楽の先生に特有な「そんなのを弾いて」ということはないのですね。

それはね、西洋のものにいわゆるかぶれてるんですよ。それしか知らないからですよ。それしか知らなかったらそうなりますよ。日本語をしゃべりながら、何かあの…軽井沢で別荘建ててチロリアンかぶったらスイス人になったような錯覚をする人いますよね。そんなようなものですよ。日本語で考えて日本語で暮らしてるのに、音楽だけ西洋のものだけって、そんな風にはいきませんよ。われわれの根底には日本の文化が流れてるんですね。われわれは明治時代の政策の影響で、音楽は日本のものを捨てて西洋のものをとったんです。演歌だって半分西洋のものですよ。バックで演奏するのは、西洋の楽器です。ビッグバンドですしね。そもそも、演歌も五線譜に書いてありますよ。

—日本の音楽は五線譜には書けないですね。

日本の音楽といえば民謡ですが、今の民謡は家元制度みたいな、正調ナントカ節っていってますが、民謡に正調なんてないですよ。現在、本来の民謡が残ってるのは奄美と沖縄しかないです。ボクは詳しくないが、アイヌの人たちにも残ってるかもしれない。本来民謡ってのは即興なんですよ。「今日あなたに会えてよかったなあ、ジャガジャン」と。

—ライブですね。アメリカの黒人音楽のセッションみたいな感じですか、ジャズとか？

はいはい。ブルースとか。それが本来の日本民謡の姿と似ていますす。そんな正調とかいってね、右向け右でそれに従えなんて、それは西洋のやり方ですよ。

黒人音楽の初期の人たちは軍隊のお下がりの楽器で、音楽を始めた。それがジャズ。当然、始めた彼らは楽譜が読めないですね。初めは楽譜は必要じゃなかったんです。

——美空ひばりさんと一緒ですね。

あの人本当すごいですよ。1回ビッグバンドの中でトロンボーン吹いて伴奏したことあります。ジャズもやってて、大学ではビッグバンドの指揮者だったんですよ。スマイリー尾崎って名前でね。大学のバンドから、シャープ&フラッツといった有名なビッグバンドに就職した先輩もいて、時々彼らが休みたい時に「尾崎君、エキストラでトロンボーン吹かないか」って言われてアルバイトしたこともあります。水前寺清子の「一本独鈷の歌」や「365歩のマーチ」とか得意ですよ。

自分から自分の幅を狭めて「これしかやりません」とは言いませんね。今はね、クラシックの指揮者ですが、若い時はいろいろな音楽をやっていました。

高校の時、吉俣（良　作曲家　1学年下）君がピアノを弾いて、加塩（人嗣　ジャズプレイヤー1学年上）さんがアルトサックス、ボクがトロンボーン吹いて、3人でジャズをやってました。

鹿児島県第一回アンサンブル大会があり、3人で話してる時に「出ようぜ！」という話になってね。「吉俣君、ピアノ弾いてよ」と誘って、加塩さんがサックス吹いて、ボクがトロンボーン。「アルビノーニのアダージョかなんかテーマでやってさ、その後ジャズの即興でやろうぜっ！」ていきがって言ったら、周りはみんなモーツァルトとかベートーベンとかでした。ボクたちが演奏すると、会場はシラーッとなったんですよ。審査員の先生に「君らはこの会を侮辱してる。冒とくしてる」と怒られました。「ジャズだって真面目にやったのになあ」と思いました。審査員の先生から、「即興といっても君たちどうせコピーしたんだろう。君たちはどうせロクな奴にならない」とボロクソ言われました。何を言われても腹立たなかったんですけど、それだけはカチンときて、「違います。本当に即興でやりました！」と言おうとしたら、加塩さんが、ちょっと大人だったから、「いいよ、いいよ、どうせ言ってもわかんないよ。わかんないんだから帰ろう」と、3人でショボンとして帰りました。

―アメリカに行かれたのは何歳の時でしたか？

26歳で、だいぶ遅かったです。ベッドから起きあがれなくてノイローゼ気味になりましたしね。言葉わかんないし。もう、パーティー行ったりするとしゃべりたくないから、厨房に逃げてたし一生懸命握りました（笑）。音楽学校で教えているときに職員会議に出ても最初全然わからなくてね。でも、何年かして、突然わかるようになりましたね。校長がね、ある時に職員会議で「シンヤ、最初は英語がわからなくて頭痛してたけど最近は頭痛はしないだろう？」と言ったんです。「いやあ最近はもっと頭が痛い。この会議でみんなが言ってることよくわかるから」とそこまで言えるようになりました（笑）。

英語が楽に話せるようになるのに、5年かかりましたねえ。最初1年でヒアリングができるようになって、次の1年でしゃべれるようになった。何かあれって不思議で、突然できるようになるんですね。あれ何ですかねえ。突然聞こえるようになるんですね。話すことも、何かこうインプットしてた情報がアウトプットできるようになる瞬間があるんじゃないですか。

―尾崎さんは米国のチェヒー・サマー・スクール・オブ・ミュージックやMBCユースオーケストラなどで指導され、青少年の教育にも携わっていらっしゃいます。ユースのメンバーは尾崎さんを目指していると聞きます。

そうですか。目指されてもね（笑）。だってボクが言ってるようなことは、もうギリシャ・ローマ時代に全部言われてるし、すべて考えられてる。ボクも含め僕らが考えられるようなことは新しいこと何もないです。形が違うだけでね。方法とか。ボクは音楽のこと以外にも興味あるし、それはいろんなものを勉強して今の自分があるから。だいたい音楽をやってる人、音楽を文化としてとらえてないから苦労するんですよね。音楽から音楽は生まれないです。これはなぜかというと、ピアノを一生懸命練習したら音楽がうまくなるわけじゃないですよ。音楽は文化だから。そのバックグラウンド、ギリシャもローマも、キリスト教も文化もってできてるわけだから、そこの本質がわかんない限り、いくら音を勉強してもね、できない。だから音楽がうまくなるためには、音楽以外のことをやりなさいってボクは言ってます。

―音楽は才能でしょうか？

才能ですね。ほとんど才能です。

―トーマス・エジソンの言葉に、「天才は１％のひらめきと99％の汗」（Genius is one percent inspiration,99 percent perspiration.）があります。

その言葉は本当です。つまり1％の才能がなければ、99％の努力は無駄、努力しても報われないということです。だって、努力するって当たり前でしょ？

―才能を見極めることは自分でできますか？

うーん。客観的に誰かに言ってもらわないとダメですね。客観的な視点は大切ですね。その上でその才能を十分伸ばす環境が必要です。

―環境といえば、アメリカは褒めて伸ばす教育です。娘のことで恐縮ですが、彼女は音楽が大好きです。コダーイ・メソッドから始めて、ハープとピアノを習い、学生時代吹奏楽部に入っていました。渡米して、言葉ができないので、音楽に随分助けられました。

音楽は随分重宝したでしょう⁉何か一芸に秀でていたら、向こうでは注目されますね。

―娘は放課後のクラブ活動でスカウトされ、オーディションを受け、マサチューセッツ州の選ばれた中学生による演奏会に参加したことがあります。そのコンサートの練習を見ていると、教え方が日本と全然違いました。日本はマイナスを見る。アメリカはすごく褒めますね。

グッドって言うのが普通ですからね。グッドって「ダメかな、でも許される範囲の…」くらいの感じですよね。マーベラスじゃない。

―練習もしているのか、していないのかわからない。いざやるとすごく完成度が高いですね。

集中力あるし、不完全なものでも、どんどどんどんレパートリーとして発表しちゃう。日本人は、ちゃんとできるまで1年かけてやる。そんなことやってたら、一生のうちに何曲できるかって話ですよね。やってるうちできるようになるんです。それに向こうの子供は多種多様なことにチャレンジしますよね。

ボクはいろんなことをできるようになりたいと思っています。昔、『柔道一直線』ってテレビドラマありましたが…日本にいると、「ああ尾崎さん音楽一本ねえ、音楽一直線ですか、素晴らしい」と言われます。本当はそうじゃないのに。ただ「音楽のために生きてる！」だけではない。写真撮ったり、海行って釣りしたり、犬と散歩したり、吉本新喜劇にも詳しいですし、面白楽しく生きている。(尾崎さんは写真家としても才能があり、撮影された写真が旅行雑誌に使われたりしています)。

—海外で生活することで何か気をつけられてることってありますか？

ああ、その土地の文化を大事にすることですね。海外生活の最初は、アメリカ、多民族の中に入りましたからね。例えば、英会話をユダヤ人の先生に習い、彼を食事に招くと、「○○食べない、○○食べない」と、そういう体験をいっぱい味わってきましたから。

—言葉はどういう風に覚えたのですか？

ルーマニアでは家庭教師にコンサートホールに来てもらって勉強しました。「3、4カ国語しゃべってすごいですね」とよく人に言われるんです。全然すごくない。ある程度勉強したから当たり前ですよ。そりゃ勉強しなくてできるんだったらすごいですよ。世の中にはそういう人もいるんですよね。
若い人がね「勉強したけどできません」って言ったら怒りますよ（笑）。新渡戸稲造のような素晴らしい頭脳の人がね、若いころ、寝ないで、水かぶって勉強してるんですよ。
鈴木大拙、南方熊楠も然り、あの人たちは天才なのにすごい努力家ですよ。辞書のページ破って食う勢いなんですよ。狂ってますよ。それくらいやらないと、やっぱり勉強したっていえないいんじゃないいですか。

——語学はなかなかできるようにはならないですね。尾崎さんご自身もかなり努力なさったということですね。

かなりやってもこの程度って感じです。だからボク、そんなにはやってないと思ってます。すごい人たちを知ってますから。犠牲のない報酬ってあると思います？

——ないと思います。

本当ですよね。『恐怖の報酬』（Le Salaire de la peur １９５３年フランス映画）って映画あるんですよ。白黒映画でね。ベネズエラの油田で火事が起こり、石油会社は火を消すため、ニトログリセリンをね、トラックに載せて、男衆が４人で運ばせるわけですよ。ものすごくデカい報酬で。でもそのトラックにはね、ニトログリセリンが載ってるから、いつ爆発するかわかんない。

——とてつもない緊張感で仕事をしているということですね。

だから、犠牲のない報酬ってないんですよ。いつ吹っ飛ぶかもしれない。そんな犠牲を払っているからこそとてつもない報酬が得られるんです。そう思いませんか。

―尾崎さんは努力を見せないようにお見受けします。

あっ、全然ボクのは努力の中に入ってません。すごい人を知ってるから。あと、半分好きでやってるから。勉強っていう感覚を超えて、知ることって感動しません?何で知ることに感動を覚えない人いるんだろうって感じたりします。ボク、逆の立場で櫻井さんにインタビューしたら、知らないこといっぱい言われるから、世界が違うから、すごい興味持つと思うんですよ。それって何かなあってメモしたり。若い人たちは何で知ろうとしないのかな。知らないことといっぱいあるじゃない。

道に生えた雑草に花が咲いてても幸せになりますけど。道に生えた雑草の花から幸せになれない人って不幸じゃないですか。その辺に美しいものはいっぱいあるのに。

世の中には美しいものもあるし、醜いものもありますよ。戦争もある。テレビのニュースを見たら戦争や悪いことしか流れてません。美しい物語とか、いいことって、ニュースには合わない。売れるからニュースにして、流しているだけでしょう。世の中はそんなものだらけだとは思いきや、自分の足元には美しいものいっぱいある。みんなそれを見ないで不幸になってる…。

―人は美しいものを求めて音楽を聴きにいきます。観衆は東ヨーロッパと日本では違いますか?

お客さんですか?ボクの指揮しているルーマニアのオーケストラのコンサートでは学生はタダですよ。彼らの席は天井桟敷の一番いい音するところです。

―1990年ごろ、ヨーロッパ旅行をした時に、ハンガリー国立歌劇場でブタペストフィルハーモニー管弦楽団のコンサートがありました。残念ながら、チケットはソールドアウトでした。諦めて帰ろうとしたら、ある学生が手招きして一番上に連れて行ってくれました。幸運にも演奏を聴くことができたのです。

天井桟敷の学生席はよかったでしょう？芸術で利益を求めるというのは、やっぱり難しい。音楽が働くのは心の作用にであって、数字で現れるものではないから。昔のルーマニアのコンサートの料金は、コーラ1本分くらい。今は高くなりましたが、コンサートのチケットは安いです。オーケストラは公務員ですからね。ボクは政府との契約です。予算は県から出ます。

―ルーマニアでのお仕事は20年以上になりますね。

そんな長くなるとは思わなかったですよ。風雪20年ですよ（笑）。ウエルカムされる限りは続けたいですね。もちろん続かなかったりする場合もあるでしょう。20年というのは異例ですね。最近は指揮以外の仕事も多いです。文化省に行って話をすることもあります。

ルーマニアは変わりましたが、それでも、学校は無料、病院も無料です。それはやっぱり社会主義時代の名残ですかね。ヨーロッパ連合、ＥＵに加盟してます。社会問題でいうと、貧富の差がすごいですね。豊かな人は、ものすごく豊かですよ。ボクのよく行くレストランの駐車場には、フェラーリとかランボルギーニとかずらって並んでます。

―ルーマニアは観客のレベルも高いですか？

レベルっていうか、自由に聴きますね。毎週木曜日の午後7時になったらボクのオーケストラのコンサートは文化宮殿ってところでやってるわけですよ。ほとんどの観客は定期会員だから、木曜の7時になったらコンサートに来るわけです。演奏によって、この指揮者嫌だと思ったら、みんなザーっと帰っちゃいます。自分の時間だもん、嫌々聴くことないですよね。演奏が気にいらなければ、シラーっとなります。

―観客の反応は明らかなのですね。

日本みたいに、やたら何にでもブラボーとか言いません。勉強でもないから、楽しくないと帰っちゃうし。日本では西洋音楽はお勉強の延長戦上ですからね。

―ルーマニアでは、音楽はもっと根付いています。

そうですね。もっと根付いてますよね。もちろんボックス席はね、正装したお客さんが来ますけど、桟敷席などはジーパン履いてる人もいます。音楽は共産主義時代から盛んでしたから。共産主義時代から、こう、自由主義になって、ボクのオーケストラはハンガリー系の少数民族のメンバーがほとんどだったんです。だから行き来が自由になった途端に優秀な奏者はかつての西側にドッと出てしまって、オーケストラも40人ぐらいの小さいオーケストラになってしまいました。その上観客も少なくなって、それを何とか育てたんです。今大きくなってます。100人以上。日本政府からヘルプもらってね。

―尾崎さんが支援をお願いしに行かれたのですか？

はい。大使館に行って、「こういうオーケストラで困ってるんです。一生懸命みんなやっているんです。今後、日本の曲もぜひ演奏したい」とお願いしました。そのおかげで、メードインジャパンの楽器が結構そろいました。

――音楽家としてはもちろんのこと、長年に渡る尾崎さんのルーマニア音楽界への貢献や功績を称え、受賞されたのですね。

それもありますね。いろいろ受賞して、何が何だかわかんないんです。勲章もらった後、いろいろもらっちゃって、県民栄誉賞、名誉市民ならまだしも、こうなると残るは名誉村民になるしかないですよ（笑）。だからもういいんです、名誉なんか。自分が何もらったかも忘れてます。本当忘れてますよ、ボク。だって自分とは関係ないもん。人からの評価でしょ。ボクね、一つね、気がついたことがあったんですよ。大統領から勲章もらってね、次の日どうなるのかなって朝起きたらね、同じ自分だった（爆笑）。何も変わらなかった。

――バイロン（George Gordon Byron　1788―1824　英国詩人）の言葉「ある朝目覚めてみると僕は有名になっていた」"I awoke and found myself famous." を思い出します。

ああ、そうですか。朝、目覚めると有名になっていた…。へえー。周りのみんなは変わってましたけどね、自分は全く変わってなかった。同じ朝食を食べて、同じ服を着てました。それでその人自身変わる人もいるかもしれませんけどね。ボクは何も変わんなかったんですね。だからあんまり覚えてないですね、何をもらったかも。

それでも、故郷での受賞はうれしかったですよ。南日本文化賞特別賞とか、ＭＢＣから功労賞をもらった。それはうれしかったですよ。鹿児島で、若い人を教えてきたのが評価されたということです。それはやはり、ユースオーケストラに対しても評価されたということですから、うれしかったです。

―受賞されたり、有名になったりしてもご自身は変わらなかったのですね。

基本人間は変わらないですよ。全ての人間、こう生まれてこう死んでいく。そりゃ外側のポリッシュはできますよ。中は変わんないです。変わる人間は元からそういう要素を持った人だったんですね。これはボクの持論なんです、人間の本質は変わらない。勉強して向上すればある程度精神は向上すると思うんです。でも人間の本質は変わらないと思います。どうですか、いろんな若い人を見ていて。

―若い人にはもっともっと成長してほしいと思っています。

自分の知らなかったいろんな要素を見つけることはできるでしょうね。その人の本質は変わることはできないと思いますよ。

若い人には気づいてほしいですね。気づき。現実を見たらいいですね。ボクはいつもね、"I was born like this…"「こういう風に生まれて、こういう風に死んでいく」と思っています。自分というものは、どこへ行っても、理解されないことがほとんどですが、時間を無駄にしたくないので、相手がわからないと思ったら、それは分かり合えない運命だと思います。

―尾崎さんもオーケストラと一緒に演奏旅行をなさるのですか？

ありますよ。スペインにルーマニアの楽団と1カ月くらい行ったことがありました。辛かったですよ。毎日1人でご飯食べて。コーヒー1杯も一緒に飲みません。20年間そうしてます。すべての人と友だちになることは不可能だからですよ。メンバーの誰とも友だちにならない。平等じゃなきゃいけないでしょ、リーダーとして。解雇することもあるんです。辛いですよ、そりゃ。残酷ですよ。

—審査では目隠しをして演奏を聴くそうですね。

はい、そうです。音楽学校に行って、審査するってこともあります。ちっちゃい審査でもね、もう大変ですよ、先生方がいろいろやってきて。「うちの弟子とってくれ」だの「酒は何が好きなんだ?」とか聞かれるわけですよ。全部断らないとフェアじゃない。でも、「ボクはそんなことしないよ」と。ピーナッツ1粒もらわないわけです、最初から、違うよって示さないとね。だから信頼されてきたのもあるんですけど。

—何歳までやろうと決めてらっしゃいますか?

適当にやめたいですね。音楽のために生きてるわけじゃないんで。自分で音楽を選んだんですから。音楽に選ばれたわけじゃないですから。自分が選んだってことは、自分が捨てることできるわけでしょ。

「舞台の上で死にたい」なんて言う人いるでしょ。それは迷惑ですよね。舞台の上で死んだら主催者はものすごく大変なわけです。警察は来るわ医者は来るわで。公演はダメになります。

—やるのも辞めるのも、ご自分が握っているということですね。

そりゃそうです。辞められないなんて、それに囚われてるってことでしょ。そりゃ奴隷じゃないですか。嫌ですよ。自分の人生、自分が主人公だから。自分が選んだんだから自分で辞められますよ。そうは思いませんか。一つだけずっとやるのが偉いとも思わないし。やりたきゃやればいいし、辞めたきゃ辞めればいいし。

—どんなことをなさりたいですか?

何だろ。いろいろ勉強はしたいけど。仕事も含めてですね。今56ですよ。もうちょっとやったら世間ではリタイアの年です。それでも指揮者としては若手なんですけどね(笑)。タイとか住みたいなあって思いますね。

—初めて会う人と仕事をすることも多いと思いますが、うまくやるコツは何でしょうか?

まあそのままの自分で勝負するしかないんじゃないですか。嘘つけないし。誰にでも同じ態度でと決めています。そうでなくても、音楽にそのままの自分が出ちゃうしね。面白い仕事ですよ。「指揮者によってそんなに音が変わるんですか?」と一般の人によく聞かれます。「それはありますよ。強調する旋律も違うしね、バランスのつくり方もね」と答えてます。

—指揮の勉強は、作曲家が書いた楽譜を読み込むことが一つの仕事だと伺ったのですが。

そうです。読み込んで、その上、作曲家のバックグラウンドがわからないといけないですね。作曲家の生きた時代とか、時代の精神的な部分、哲学の流れや文学の流れも影響されていますね。宗教にも影響されてます。いろんなものの影響を受けているので、幅広い勉強が必要です。

―そういった要素すべてをつかんだ上での指揮なのですね。

そうですね。楽譜自体けっこうデジタルなものでしょ。例えば、フォルテ、fといっても、それはどの程度の大きさかわからないいじゃないですか。激しいフォルテなのか、柔らかいフォルテなのか、フワンとするのか、ガチっとくるのか？そういったことは、その時代と、その作曲家の特性に合わせて解釈します。ボクが解釈して再現します。

―演奏家一人一人も音楽をやってる以上、それぞれ解釈を持っていると思いますが。

ありますね、はい。彼らだって生きた人間、芸術家ですから。パッと見て初めて行ったオーケストラで、材料として、どれくらいの実力があって、どのパートが強くてどのパートが弱いって、その場で自分で調整して、その場でしかできないです。だから同じものは目指さないですね。ルーマニアのオーケストラは、ボク20年やってるから、各々の特性がわかります。どう言えばどうなるかってわかるから、この人たちで最善のものをと調整しますね。例えばユースオーケストラに行ったら同じ曲でもルーマニアの楽団と同じテンポじゃできないですよ。早いところはそんなに早くは弾けないし。となると妥協という表現は変なんですけど、この材料の中でどれだけベストを尽くすかと現実を見ることですよね。理想ばっかみて、「俺のやり方はこうだ、こうやれ」と言ったって、向こうはね、生身の人間だから、それはできないですよね。技量もあるし気持ちもあるから。だから人間観察しないといけない。パッと見てどんな人かとか。

——演奏が終わったあとはどんなにお疲れでしょうか？

なかなか眠れませんよ。興奮しているから。だから、ジョギングしたり。わざと体を疲れさせる。酒飲んだりすると、結構また興奮しちゃうじゃないかな。難しいですよ、忘れることは。演奏会での演奏が、ずっとこう頭に流れてる。

そりゃカラヤンみたいにね、自宅にプールがあったりして泳げればいいですよ。そんなのないから。ボクの場合、住んでるルーマニアの文化宮殿の階段、あっち行ったりこっち行ったり走るしかないですね。

ルーマニアの場合、コンサートは週に1回、木曜日だけです。月曜から、月火水とリハーサルして、木曜リハーサルして本番やって、次の月曜日からまた新しいプログラムを演奏します。若いころは続けて年間4カ月毎週指揮したから15年ぐらいたって数えたら、430曲ぐらいやってましたよ。もう数えるのが嫌になりました（笑）。

——その度にまた勉強されるということですね。

はい。その当時、35、36歳でしたが、行った当時はテレビもないし、ラジオもないし、電話もない。電気だけはついていましたが（笑）。中世の修道士のような暮らしでした。勉強するしかなかったですね。ずっと勉強してて。それしかなかったです。常任指揮者だからやりたい放題、自分が王様になるんだろうなと思ったら、いやいや、もっと大変で、学校に入ったようなものでした。でも、楽しかったですよ、今考えるとね。作曲家でボクを育ててくれたすごい総監督がいてね、最初の5年くらいは、「この曲を指揮しろ、あの曲を指揮しろって」と課題を与えられました。今は新しい総監督と相談して、やりたい曲を言えば希望は通ります。

—外国でお仕事をされ、お付き合いは日本と違いますか?

外国人っていろんな外国人いますね。個人として見るしかないでしょうね。自分と他人の境をはっきりさせる。日本人は自分と他人の境ないでしょ。私が好きなんだからあなたも…って感覚ですよね。

—コンサートでは、音楽を通じてオーケストラのメンバーと聴衆が同じ時間を共有します。

そうそう。一緒に共有してる、何かそこに幸せな瞬間があるんじゃないかと思うようになりました。何かの記事で同じようなことを読んだ時に、「あっ、中学生の時に部屋を暗くして集中してベートーベンの田園聴いてる時にこんな感じだったかなあ?」と感じました。

それは瞑想に近いのかもしれません。「そういう時は悩みとか吹っ飛んでたなあ」ということを最近考えてるんです。

—小さい時のご自分の経験や、コンサートでの聴衆との関係の中で音楽と瞑想について発見されたということですね。

そうそう。これじゃあないかな、みたいな。

これはテーマで、ルーマニアの講演会で話そうかなと思っています。サブジェクティブ・タイム(自覚的な、内省的な時間)とオブジェクティブ・タイム(実在の、客観的な、他覚的な時間)そしてメディティーションと音楽について、ボク東洋人ですから、メディティーションのイメージを持たれるし、関心も持たれたらいいかなと思います。

まあ何かに集中してる時間ってなんか…だから禅のお坊さんとかは一生懸命掃除したりするじゃないですか。皿洗うのも一生懸命やる。だからその集中した時って、脳がそうなってるんじゃないですかね。雑念が吹っ飛んじゃう。面白いですね。
　同じ人間だから、共感するところありますよね。みんな誰かに共感してほしいんですよ。例えば辛いことがあって、精神科医に行って「辛いことがあります」と言って、精神科医から「お辛いですね」という言葉を聞きたいんですよ。ということはね、聴衆は、演奏を聴く時に、自分を舞台の上に見るんですね。チャイコフスキーの『悲壮』を聞いて、聴衆は音楽に自分たちを共感してもらってるんです。聴衆は「そうだ、そういう辛いことが俺はあった」と、音楽の中に自分を見つけてるんですよ。僕らは舞台の上で、そこで、昔の作曲家と共感し合っている。作品が自分をわかってくれるということがあるのです。

―演奏会は曲目がとても大事だということですね。

あっ、ボク、プログラムめちゃくちゃこだわりますよ。流れみたいな。ポイントは、バランスと順番ですね。

―コンサートでは組み合わせが大事なのですね。旋律と思い出が結びつくということでしょうか？

ありますね。ある曲を聴くと思い出すというのがあります。音楽は聞き手によって意味が違ってきます。音楽だからといって平和をもたらさないんですよ。音楽は平和や調和をね、創造するってことはないです。独裁国家で国威発揚のためによく音楽は利用されますよね。首狩り族とか、首狩る前にワアっとみんなで歌って、ハーモニーが合ったら「よし、行こう」なんてなるんです。それも音楽ですよ。軍隊を鼓舞するためにね、やる軍隊の行進曲も音楽ですから。音楽は音楽。それをどう利用するかは別ですね。

それに、できた時代背景によってもメッセージが違ってしまう。ベートーベンは産業革命のころ、ちょうど出てきた音楽だから、イケイケでしょ。力を入れて、「行け！」と。エネルギー要りますよ、聴いている方も。

素晴らしいけど、疲れます。指揮していても疲れますよ。ベートーベンは理念が非常に強い。音楽の中で、彼の考えと違う人間は間違っていると断じてますからね。「100万の民よ、一つになれ！みんなで泣け！」と。フランス革命の後に、「自由・平等・博愛だ。愛する者がいない者はね、涙して地に伏せるがいい」と。そうじゃないって言ってもいいんですけどね(笑)。その時代のメッセージでしょうね。

―音楽をどのように用いたいですか？

やっぱり、みんながハッピーになるってことですね。あまり政治的すぎる曲はやりたくない。

―西欧文化には宗教、特にキリスト教の影響が色濃く流れています。音楽はどうでしょうか？

ありますね。中世は「この和音はいい、この和音はダメだ」と教会が支配していましたからね。和音でもドとソは重ねてもよくてミは入っちゃいけない。あまりにも官能的だからという理由だからです。だからドミソって和音ができたのは後世なんですよ。ある時期キリスト教は社会全体を支配し、魔女裁判などで容易に人を殺せる時代もありましたから。

―瞑想のお話が出ましたが尾崎さんはどのように

なさっていますか？

無音でやりますね。

今、「マインドフルネス」（〝今ここ〟にただ集中している心のあり方）といって瞑想ははやってるんですよ。実をいうと、それは上座部仏教をパクったものです（笑）。

瞑想をやる上で、どうせなら一流の人に教えてもらいたいと、スマナサーラ長老というスリランカから来て、日本で上座部仏教を伝えてる方に指導を受けたことがあります。何年か前に道元を勉強して面白いと思い、座禅に興味を持ちました。座禅はスティーブ・ジョブズや川上哲治もやっていたので関心がありました。誰か教えてくれる人を探しているときにスマナサーラ長老の本に出合いました。スマナサーラ長老は、全ての人の思考を間違いだって言い切りますからね。ポイントは成育歴、培ってきた価値観などによる色眼鏡で見てると、物事が見えてこないということですね。

――「見る」とはどういうことか、「考える」とはどういうことかをスマナサーラ長老は説いていらっしゃるのですね。「今ここに集中するという心のあり方」を音楽に置き換えて考えてみたいと思います。尾崎さんが指揮をなさっている時に、演奏を通して、ご自分の解釈と、オーケストラのメンバーの想いと観客の思いというのが全部一つになる時間、状態があるとおっしゃっていました。それは、瞬間的なものでしょうか？永続的なものでしょうか？

どうなんでしょうねえ。それは悟りとは違うと思います。時間の止まっている感覚ということですね。ブッダは永遠に悟っていたかもしれないですね。長老はいろいろなことを教えてくれますけど。来る人は拒まず。それは分かち合うことだから。皆が幸せになるから。広めようとするのは私欲だから違うと思います。面白いですね。まずは呼吸に集中するんです。「膨らみ、縮み」ということですね。「膨らみ」と「縮み」を意識するだけ。なぜかというと、「膨らませる、縮ませる」というと、そこに私という主語が出るから、そうすべきではないのです。そうなると「私が膨らませた、私が縮ませた」となります。

——自分でやってはいけないんですね。

そうそう、自我というものがないと気づきが大事だからと思います。だから、膨らみ縮みって現象だけに集中することでしょうね。

——生きていると自然に呼吸します。

「今膨らんでる、今縮んでる」客観的に観察ですね。もう一つの瞑想のヴィパサーナメソッドって、すべて生活の中で実践できます。歩くときも足を「上げた下ろした、上げた下ろした」って実況中継するんです。「これを触った、これを持ってきた」とか。

——これはメソッドですか？

これはブッダがやった瞑想の一つです。「上がった、下がった」とやってる時には、「誰かがボクの近くに来た」とか「今日のギャラいくらかな」と思わないでしょう。逆想的な発想で、そうやってる間は雑念がこられない。現在に集中し脳が暴走しない。

——雑念を取り除くための方法ですね。

そう。脳に暴走のチャンスを与えない。「黙って座って、何も考えないようにしなさい」って言ったって、いろんなこと、例えば「明日の仕事どうしよう」とか、「子供の時はこうだった」とか、自分の意思と関係なく思いが浮かんでくるでしょ。それは、脳の暴走なんですね。それをいかにストップするかって言ったら、ずっと「上がった、下がった」「食べた、味わった、かんだ」と実況報告する方法が効果あるらしいです。そうしてると起きている間瞑想してたことになる。妄想や邪念が入ってないから悟りに通じることではないでしょうか。空中に浮かんだりすることじゃないですよね。これ。ものすごい現実的でしょ。宗教じゃないんですよ、ある意味。

―トレーニングですね。

心のトレーニング、心の科学なんですね。

―運動療法ですね、ある意味。

そうですね。それで脳に暴走させないんです。

―普段そうなさってるんですか？

なるべくやってますね。

―「〇〇しよう」と思ってること以外は。

そうですね。とらわれないようにしようと思ってます。「昨日ああ言ったけど大丈夫だったかなあ」→「やめた」→「過去はもう終わった、考えない」→「今に集中しよう」となります。

―そのように判断もなさるのですか？

そうですね。判断は、クリアになっていいですね。

――余計なことを考えず、問に対する答えが、必然的にそれしかないと出てくるのですか？

うん。例えば、借りた椅子が壊れちゃった。借りた人から怒られたらどうしよう。明日返すの何時？何時だったかな？……そしたらどんどん暴走するじゃないですか。妄想のないピュアな状態で、「あっ直せばいいじゃないか。明日謝りにいけばいい」それで終わり。それ以上のことは考えない。しかしいろんなことを考える。「あの人はああ言ったのと違い本心は何かな？」と、無駄なエネルギーを使ってしまう。よくよく聞くと、「そんなこと思ってなかったよ」と言われてホッとしたりするんです。

――言ってみないとわからないことがあります。

妄想したんです。言ってもいないことを。

――確かにそれで間違うことってありますね。

あります。みんなそれで間違ってるから。事実が見えなくなってるんですよ。だから事実をありのままに見ようというのが、そのヴィパーサーナメソッドですね。ありのままに見たら、簡単にできるじゃないですか。判断が。

いろいろ紆余曲折して道元を読んだり、悩んで、過去のことを悔やんでみたり、未来のことを憂いてみたりしましたが、「ああ、やっぱりこれだ！」って思ったんですね。

――人間は意味づけしたい、意味を問う生き物ですね。

うんうん。それが余計なの、人間は。何か、余計な意味をつけてしまって、争いになっちゃうんですよね。

「今に生きる」なんて簡単に言うけど、そんなに簡単なことじゃないですよ。

——「今に生きる」というのは、カルペディエム（ラテン語 Carpe diem = seize the day「その日を摘め」）ということでしょうか？

「今日を楽しめ」とはちょっと違いますね。今を大事にしようというのは、「明日死ぬかもしれないから酒飲もう」ってんじゃないですからね。よりよく生きようっていうことですから。

一人一人瞑想をやらないとわからないことですから、簡単ではないですよ。何か勉強して、ハイわかりました、じゃなくて、ちゃんとやんないと身につかない。瞑想の先生も、「私は言いますよ。やるかどうかはあなたですよ。私から「どうですか」と聞いたりしませんよ。あなたしだいですよ」と言います。厳しいですよね、そこは。これは面白い考えだなあと思っています。前より何か楽になりました。前はとらわれることが多かったですからね。

——今でもとらわれることがありますか？

人間ですからとらわれますよ。しかし、今は、「あっいけない、いけない。妄想妄想。戻ろう戻ろう」と気づくようにしています。

「考えないようにしよう、考えないようにしよう」じゃなくて、実況中継をすることによって、余計なものが入らない。ああそうかって。ここに毒が入らないように、一生懸命こうするんじゃやなくて、いいもので満たしちゃおうって。そしたら変なものは入らないでしょう。だから実況中継をして、変なものが考えないようにするんですけど。

——そのように音楽に臨んで指揮すると変わります

か？

変わりますよ。一期一会。一期一会の意味が、よくわかるようになりました。この人とは今日でお別れだ、明日会わないと思うと、この瞬間すっごい大事ですよね。もう2度と同じ状況で会えない。諸行は無常ですからね。だからよりよく過ごそうとか。ちょっといいこと言いましたね（笑）。

――現実をちゃんと見ようとは？

現実の中で生きよう。ここが現実で、ここから出ることはできないんだからということです。

根本的にボクいろいろな苦しみがあって、「現実を見る」ということを知って、楽になりました。物事にはいいも悪いもない。それをありのまま見て、その瞬間生きて、1日を達成するということですね。

ある時、今を生きるしかないって気づいた時に、まあ別にそんな未来のことを考えてもしょうがないや、死ぬ時は死ぬと思い始めました。道元の言葉も影響受けました。「死を恐れるな。ただ移り変わっていくだけだ。夏は春が変化したものなのか？違うだろう。夏は夏、春は春だ。諸行無常の観点で、お前はただその中の一つだ。思い煩う必要はない」と心の中で彼の声が聞こえました。

すべては変わっていく、刻々と。ボクは思ったんですよ、その時にね。「夏は春が変化したものじゃないんだ」と読んだ時に、「ああそうだ、自分の生もそうなんだ」と思った。

――それはご自身の覚醒ですね。

はい。何かして、最終的にこういうマインドフルネスというか、上座部仏教と出合って、それはなんか確信したというか、もやもやとしたものが整理できたのかな。

―きっとルーマニアの方は尾崎さんの音楽から、目の前の現実を見て、今をよりよく生きようとされている尾崎さんの豊かな生き方を感じているのでしょう。

かもしれないですね。きっとそうなんですよね。だから受け入れられるってことですかね。別に何もそういうことを言わなくっても。

ここで指揮者やって、「ボクはここが故郷だ」と言いました。「受け入れられてここへ来たってことは、ボクはここを故郷と思ってやります」と。もう受け入れるしかない。どんな大変でもやります。だからボクはもう、市民として受け入れられてますよ。彼らにとって、「シンヤ・オザキは自分たちのものだ！」という感じです。

―素敵ですね。

はい。自分のできることで頑張ろうと。少しでもみんなが、暮らしは大変だけど、ボクと一緒に共有する時間だけは、いろんな悩みは忘れてもらおう。音楽に集中してる間は変なものは来ないでしょう。考えない考えないと思うとかえって余計なことを考えてしまいます。

―音楽を聴くというのも瞑想、一つのトレーニングなのですね。観客にとっても。

そうです。気がついたんです。音楽を聴いてる間、「いいな！いいなあ！」と感じている間は、余計な考え自体は浮かんでこないから瞑想と一緒だなあって思ったんです。「あれを忘れたい。これを忘れたい。こんな傷ついたことあったから忘れよう、忘れよう」ではなく、集中してボクは演奏して、観客は集中して聴いて、それでつながっていくと思うんです。

スティーブ・ジョブズも瞑想をしていました。アップル製品ってシンプルでしょう。あれは禅の心なんです。アップルコンピューターはシンプルにそぎ落として、余計なものがない。

―小さいころ、部屋を暗くして、集中して音楽を聴いていた尾崎少年は、今指揮者として世界を飛び回っています。

集中して音楽を聞いてたことがたまたま夢につながったのかもしれない。聴いてると集中できて、何か忘れられたし、楽しいと思った。自分がパッと集中の中に入っている。「この時間って何なんだろう？」当時のデカいステレオセットで、ほのかに赤い色が見える、その点をね、見つめながらじいっとLPを聴いてたんですね。この経験、小さいころに暗いところで集中して音楽を聴いていたこと、そして音楽会で共有する時間というのは、みんなが苦しさがなくなるんじゃないかと感じます。大好きな音楽の仕事、指揮者を通じて、音楽で幸せを共有できたらと思います。瞑想と出会い、瞑想の中で「今を生きる」ということに気づかされました。それからあるがままの現実だけを見つめて、瞬間瞬間を精いっぱい生きています。仕事も生活もすべて。

―若者にメッセージをお願いします。

何をするにも精いっぱいやって、遊ぶのも勉強するのも、精いっぱいやる。ベストを尽くして結果は問わないのがいいと思います。なぜなら、結果は自分の手の中にないから。

＊＊＊

色紙の言葉「海不波揚（海波を揚げず）」について

ボクの好きな言葉です。（ハイ　ブ　ヤン　ポ）です。海は正字、旧字体で書いてありますのでさんずいに母で書いてあります。「平和」という意味です。海に波が上がっていない、穏やかである。心の平和です。外界がいかにひどくあっても、心が平和だったらいいな、心の中の平和を保ちたいという気持ちを表しました。ボクにとっては全ては自分次第ということも表しています。釣りが好きだから、海がなだらかだと釣れやすいという気持ちも込めましたよ（笑）。神戸の孫文博物館「移情閣」に、「海不波揚」と孫文直筆の書があります。そこでこの言葉に出会い調べて、中国の思想に触れとても感動しました。殷（商）が滅び、周が始まったときに、現在のベトナム南部から周に朝貢に訪れた使者の祝辞の中にこの言葉があります。

初代大警視　川路利良　来孫

川路　利樹さん

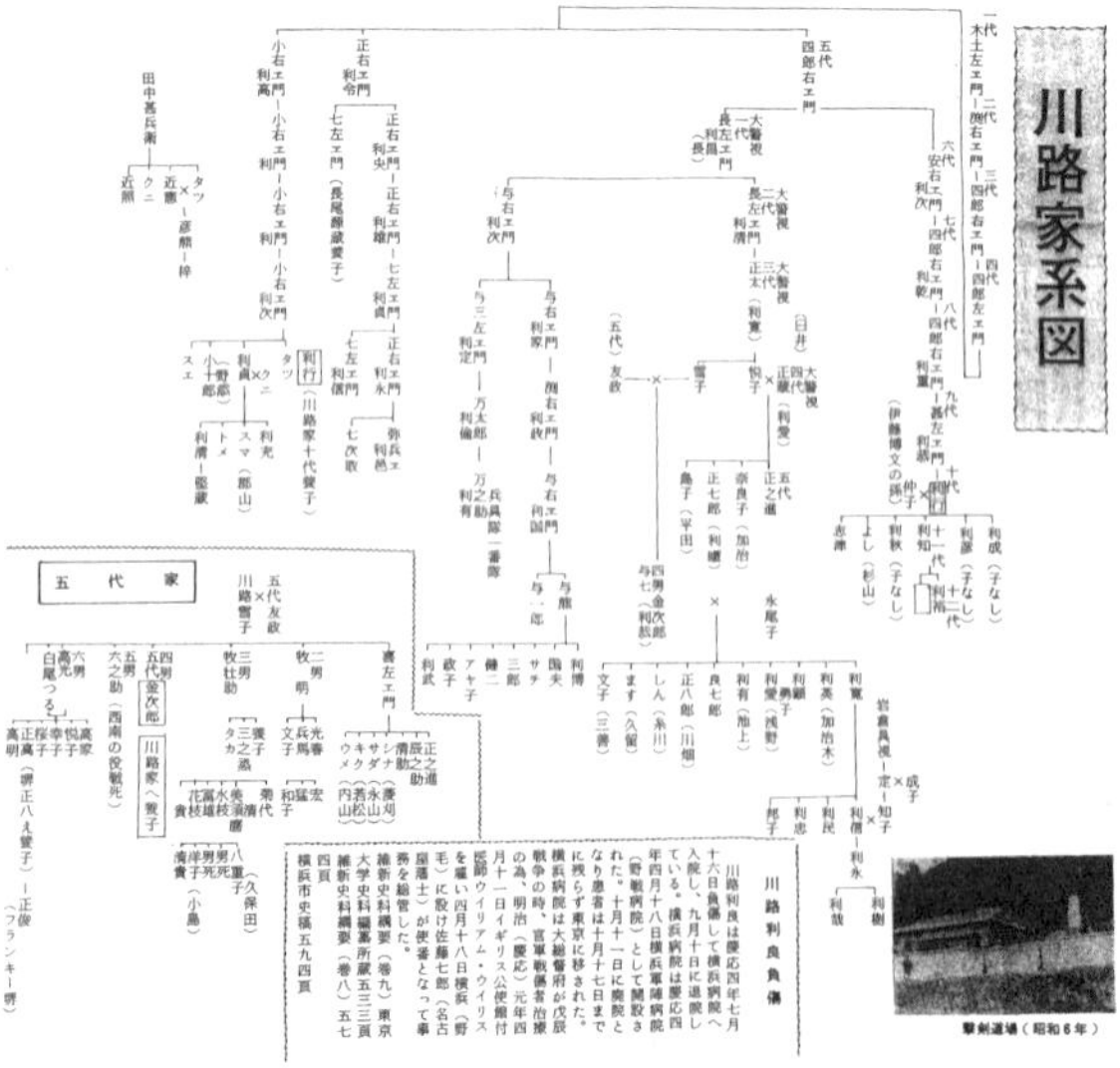

近代警察の生みの親・初代大警視川路利良の来孫として、ご自身の先祖のこと、生まれ育った場所から出ることの大切さ、出自である鹿児島への思い、その鹿児島で未来を担う子供たちへの思いをお話いただきます。インタビューは東京で行いました。

県外から見た鹿児島の過去と現在
～明治維新150年を機にこれからの鹿児島を考える～

――川路大警視について教えてください。

川路利良は近代警察の生みの親。天保5（1834）年、鹿児島市皆与志町で生まれる。警察制度を導入し、近代日本の礎を築いた人物。38歳のとき、西郷隆盛の推薦で、ヨーロッパ各国の警察制度を調査する。東京警視庁が設置された40歳のとき、大警視（初代警視総監）に任命され、警察制度や消防制度を整える。明治10（1877）年に起きた西南戦争では、警視隊を率いて西郷隆盛の薩摩軍と戦う。45歳のとき、警察制度の研究のため再びヨーロッパへ出発したが、病気のため約10カ月で帰国し、46歳で亡くなった。

――お墓は鹿児島にあるのですか？

お墓は東京の青山霊園にあります。命日の10月13日前後には特に多くの方々がお墓参りにいらしていただいているようです。お花やお供え物を頂いたり、お掃除をしてくださったりしているのを見て「あぁ、どなたか来てくださったんだな」といつもありがたく思っております。この場をお借りしてお礼を申し上げます。いつもありがとうございます。

また、近くには大久保利通内務卿のお墓があります。川路利良は利通公の部下でした。亡き後も護衛しているように思います。

明治11（1878）年5月14日、大久保利通内務卿は不平士族の凶刃にかかり暗殺されました。青山霊園の利通公の墓前には、職務としての責任が果たせなかったことを大いに悔やんだ川路大警視が、個人で献じた一対の石灯籠があります。墓に向かって右側には「敢表微忱」（謹んで敬意を表します）、左側には「仰欽餘光」（先人の人徳を仰ぎ、お慕い申し上げます）と、そして胴部分の柱には「大警視川路利良」の文字も刻まれています。

大久保利通公に川路利良が献じた石灯籠

―司馬遼太郎の『翔ぶが如く』の冒頭には、川路大警視のエピソードがあります。

はい（笑）。焼酎とかまぼこが大好きで、あまりにもかまぼこを買うので「料理屋ではないか」と言われたそうです。父と僕はお酒をまったく飲めないのですが、鹿児島県警の売店でしか買えない『川路大警視』という焼酎があるんですよ。

―川路利樹さんご自身についてお聞かせください。

東京都渋谷区に生まれ育ちました。区立の小・中学校に通い、高校は私立でした。20代からは東京を離れ、主に米国で生活。30代前半まで国外5カ国、国内22道府県を訪問しました。月並みですが、場所が変われば人も変わり、出会った人の数だけ価値観があることを体験しました。中学生のころから英語が好きで、「いつかは海外に行ってみたい」と思っていました。

―英語をどのように勉強されたのでしょうか？

予習して実践で使い復習をする。中学校のころの英語の先生がとても楽しい授業をする方で、授業の前後で予習と復習をし、授業中には必ずその先生へ質問をしていました。米国で生活していた時は毎日が勉強の場でしたから、1日に1フレーズを決め、同じフレーズを使って色々な人に話しかけてみる。当然、人によって答えはさまざまでしたから、分からなかったことを家で調べる。そんな毎日を送っていたら、自然と身に付きました。

―若い人に海外へ行くことを薦めますか？

はい、もちろんです。海外へ行って得られたのは、英語力以上に多様な価値観・考え方があるということでした。さまざまな人と出会い、いろいろな価値観・考え方に接した後に自分が生まれ育った場所へ帰ると、今までと違った角度での見方ができると思いますよ。

―川路大警視も欧州出張の際、パリで警察制度を調査されました。

はい。フランス語が不得手でしたが、パリの警察を見て歩いたとか。警察制度のほかに、ガス灯の防犯効果も現地で聞いたそうです。ガス灯が街路を明るくしてからは、闇夜に紛れた泥棒や痴漢がパリでは激減したそうで、当時の東京は夜一人歩きができないほど治安が悪かったため、ガス灯の必要性も献言したとか。幼少時、祖母と一緒に銀座に行くと「ガス灯は大警視がパリから持ち帰ったんだよ」と聞かされたのを覚えています。

―若い人へ応援メッセージをお願いします。

鹿児島県は、若年層の人口流出が常態化している（平成27年度・県内高校卒業後、大学に進学する者の約7割が県外大学を選択し、その県外大学に進学した者が卒業する際は、その7割以上がそのまま県外で就職している。また、県内の大学へ進学した約3割についても、卒業後は半数以上が県外に就職先を求めている）そうですが、生まれ育った場所を離れ見聞を広めることは大賛成です。反面、そのまま鹿児島に戻って来ない人が多いことが問題視されているようですが、なぜでしょうか?私は移住したいぐらい魅力的に感じているのに、鹿児島で生まれ育った人はそう思ってないのかな。一度、鹿児島の飲み屋街（天文館・南九州一の繁華街)でご一緒した人に「(鹿児島は)若者の娯楽が飲むこととパチンコしかない」と聞いたことがあります。これはとても残念なことですので、行政や政治家の方々に若者の意識改革を行っていただきたいですね。

―鹿児島とご出身の渋谷との関係について教えてください。

２０１７年、鹿児島市と渋谷区が『観光・文化交流協定』を締結しました。両市区はかねてから交流があり、その関係は深い。現在の渋谷区を領地としていた豪族・渋谷一族が鎌倉時代に薩摩（現在の鹿児島）に移住し、5家に分かれたうちの東郷家出身の連合艦隊司令官・東郷平八郎を祭る東郷神社が渋谷に建立されています。現在の国学院大学キャンパス（渋谷区東4）には薩摩藩渋谷藩邸があり、同所から天璋院（篤姫）は江戸城に輿入れした歴史もある。渋谷のシンボルでもある初代・ハチ公像を造った彫刻家・安藤照も鹿児島出身です。鹿児島の『おはら祭』では『渋谷音頭』が踊られ、１９９８年から渋谷で『渋谷・鹿児島おはら祭』が開催、２０１８年で第21回目を迎えました。両市区に縁のある者として、互いの観光や文化の振興に寄与できたらよいと思っています。

―鹿児島の印象はいかがでしたか?

鹿児島大好きです。初めて行ったのに、懐かしさを感じるようなところでした。出会った人はすべて温かいし、食べ物は何を食べてもおいしい。明治維新150周年にあたる2018年は、川路の没後140年で、命日の10月13日に誕生地である鹿児島市皆与志町で慰霊祭が行われました。地元住民でつくられた実行委員会が主催で、川路の子孫として私が初めて誕生地を訪問しました。

―2018年は明治維新から150年という節目の年になります。どのようにお考えでしょうか？

鹿児島の偉人の末裔の方々とご一緒することが多いのですが、ほとんどが鹿児島県外で生まれ育ち、鹿児島へは数えるほどしか行ったことがない方々ばかりです。しかし、全員に共通しているのは「少しでも鹿児島に貢献したい」という強い気持ちで、みんなで集まるたびに「何かできないかな」と話しています。明治維新151年は平成が終わり新しい元号に変わります。ここを新たな第一歩として、鹿児島を盛り上げていきたいですね。

―今後の夢は何ですか？

鹿児島市立皆与志小学校へ訪問した際に、子供たちが「こんにちは」ときちんと挨拶をしてくれたことがとても印象的でした。皆与志小学校は、川路が設立した私塾・明命黌が前身です。校章のモチーフは川路家の家紋（六つ丁子車）で、校歌にも『川路の大人のいさおしや』とある。校長室には肖像写真が飾られ、石碑もある。学校近くのバス停は『大警視』だし、地域を

鹿児島県警「川路利良」像の前で

巡回するのは『パトロール隊・大警視』です。今の夢は、皆与志町で生まれ育った子供を笑顔にすることです。彼らが大人になったときに、生まれ育った町を誇りに思えるような町づくりの一翼を担っていきたいです。

参考資料
『川路大警視と下谷警察署』　下谷警察署　平成元年10月12日
『翔ぶが如く』　司馬遼太郎　文春文庫
『走狗』　伊藤潤　中央公論新社

川路利良

聲無キニ聞キ
形無キニ見ル

川路が説いた言葉で、現代の警察官に受け継がれ、活動の指針となっている。警察官たるものは、声なき声に耳を傾け、表面的、外形的な現象のみにとらわれることなく、奥に隠されたモノを見逃すことなく、真実を暴き出すことが必要であるということ。

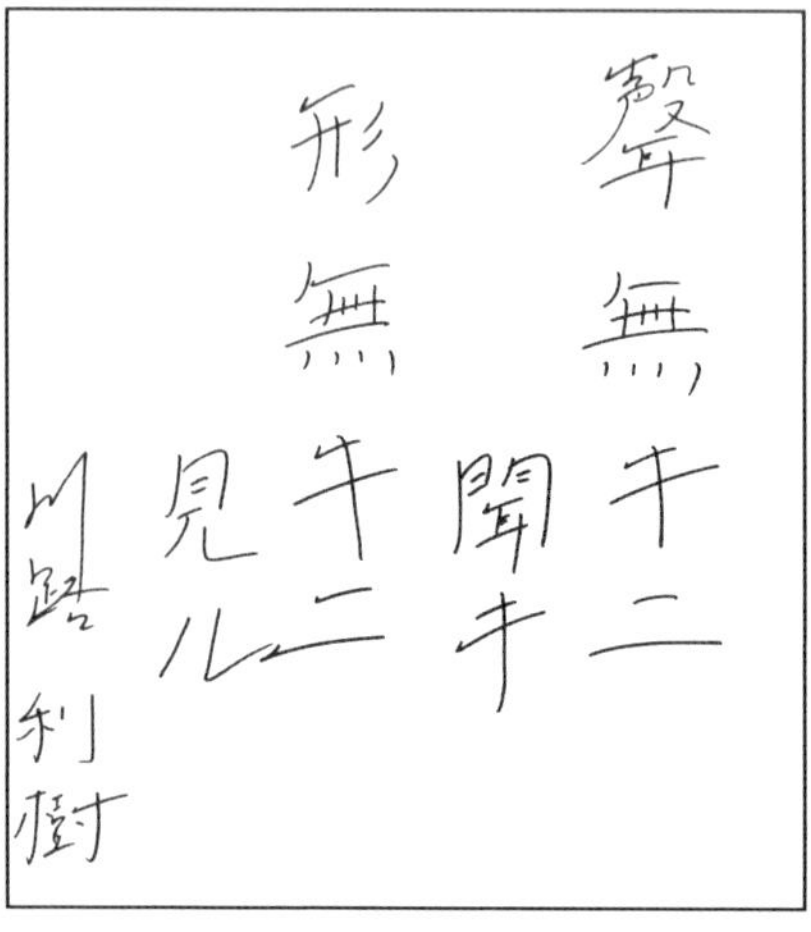

内務卿　大久保利通　曾孫　旧侯爵家

大久保　利泰さん

第二次大戦前・中・後を生きていらっしゃったご自身の軌跡、そして曾孫の目に映る大久保利通公のお姿をお話いただきます。インタビューは都内のご自宅で、奥さまの尚子さん、ご長女の洋子さんご同席の下、行いました。

大久保利泰（おおくぼ　としひろ）

1934年　東京で誕生
1953年　慶應義塾大学文学部入学、卒業後経済学部へ学士入学
1960年　慶應義塾大学経済学部卒業
1960年　横浜ゴム株式会社入社
1997年　社団法人霞会館理事
2007年　社団法人霞会館理事常務理事（～13年）
2015年　一般財団法人歴史民俗博物館振興会副代表理事

著書
『東京都庭園美術館　旧朝香宮邸をたずねて』（霞会館　非売品　2000年）
『遺品逸品』（共著　光文社　2006年）
『薩摩のキセキ』（共著　総合法令出版　2007年）
『霞会館京都支所のあゆみ』（霞会館　非売品　2010年）
『大久保家秘蔵写真　大久保利通とその一族』（監修　国書刊行会　2013年）

与えられた役目を果たす

インタビューの日は朝から雨でした。駅までご長女の洋子さんがお迎えに来てくださることになっていました。地図を見ながら伺う旨をお伝えしたところ、「雨は、ご存じのように鹿児島では『島津雨』と呼ばれ、吉祥だもの。駅までのお迎えは長靴と傘さえあれば全く問題がないので、ご遠慮なく。雨中は、とかく心細くなるものですし…」とありがたいお言葉が返ってきました。島津雨とは、島津家初代忠久が雨の中で生まれたことから雨がよいことの前触れであるといいます。洋子さんのお言葉に甘えました。門を入ると、ルリマツリの美しい花と緑が迎えてくれました。そして玄関脇に大久保利通公が岩倉使節団の訪問先から持ち帰ったというベンチが置かれていました。大久保利泰さんと奥さまの尚子さんが私の迎えのため、待っていてくださいました。利泰さんはスーツ、尚子さんは「今日は大切なインタビューですので、祖父も一緒にと思い…」と利武(利通公三男)氏の袴で作ったスカートをお召しでした。お話は2階のリビングで伺いました。ソファの横には利通公が持ち帰ったという椅子がありました。大久保家では時を経ても変わることなく、当たり前のように使われ続けています。「冷たいとか冷酷とおっしゃる方もあるけれど、遺された品々はさりげないものが多く、気にいって使い続けていたから温もりがあるの」。とても印象的な一言でした。

―お生まれはどちらですか?

昭和9(1934)年、東京で生まれました。当時は高輪に自宅がありました。ちょうど明治学院があるあたりです。幼稚園は森村学園です。当時、幼稚園は品川駅のそばにあり、そこまで書生さんと歩いて通いました。その書生さんは昼間は僕の面倒を見てくれ、夜は夜学に通い、戦後は故郷の種子島に帰って、退職前には校長になりました。その娘さんとは今も交流があります。その後、昭和16年、学習院初等科に入学しました。当時は数えで年齢を、私はね、今の陛下の1つ下なの。当時の学習院にはね、ご存じかもしれないけれど、公家や大名の子孫が大勢で、利通の曾孫といっても全く目立たない。だから、皆さまから何某の子孫であることを意識しましたかとお尋ねがあっても、そんなことは一切なかった。だから全然気にしなかったの。入学したものの、12月には開戦、空襲が始まりました。私の年代っていうのは学童疎開の年代です。

—どちらへ疎開されたのですか?

最初は沼津。御用邸があって。すぐ隣が学習院の遊泳場、夏の臨海学校の建物があるわけ。近くの駿河湾にアメリカの潜水艦が入ってくるからとか、入ってきたとかで危ないってことで、今度は伊豆半島の修善寺温泉に移りました。昭和19年の秋です。菊屋旅館の部屋を子供たちのために借りて、長期入居するという形でした。昭和20年、年明けとともに日光の金谷ホテルに移り、狭いシングルルームに畳が敷かれ、4人で入りました。

—ご両親と離れて過ごしたのですね?

もちろんそうですよ。親子別れて、結局子供たちだけで…まだおねしょする子もいました。母が買い出しに行ってやっと集めて差し入れてくれた卵はゆで卵にして、みんなで分け合って食べました。林間学校だったら1週間とか10日たてば家に帰れるでしょ。私なんかの学童疎開は、戦争に勝たないと帰れない。負けて終わるという発想はなかった。いつ帰れるかわからないという心理状態に置かれていました。

—子供たちには辛い経験ですね。何年生くらいでしたか？

（小学）４年の時。４月には学童疎開から縁故疎開となり、母の遠縁がいる山形県の新庄に行きました。地方紙にチラリと疎開者として名前が記載され、皆にからかわれました。

８月に終戦となり、昭和21年４月に東京の学習院初等科６年生に復学、翌年卒業しました。中等科に進学したけど、戦後っていうのは食べ物がないので、母と妹が残っていた山形県の新庄に戻り、高校１年（昭和26年）まで暮らしました。ですから、新庄弁、東北弁を覚えてますよ。あのね、「レッツゴー」は、「あべさ」。「あらまあ恥ずかしいわ」は「さだけねえ」って言うの。東北弁を聞けば今もだいたい意味がわかります。しゃべれないですけどね。

—見知らぬ土地に入り込むというのは大変ですね。

そうです。疎開していたからわかります。12月から３月頃までは、ほとんど雪で土が見えない。４、５月になって、雪が解けて土が見えてくる、ぬかるむ。土が持っている情熱みたいなもので、これは雪国の人でなかったらわからない。雪解けした時の、土が見えて雪が消えちゃった時、大地を踏みしめて春を体で感じる喜び、これね、東京の人には絶対理解できない季節感でね。私は両方経験したからよくわかるんです。

—北国では、春になると一斉に花が咲きます。

それは経験しました。梅と桜が一緒に咲く、そのきれいなことはよく理解できる、感じ取れます。

新庄にいる間に父が高輪からここ（成城）に引っ

越したものですから、それ以来ここに住むようになり、高校2年の時に成城学園高校に編入しました。小澤征爾（指揮者）君は1つ年下だったんです。彼は私とすれ違いで桐朋学園へ移った。羽田孜（政治家）君も1級下です。

―戦時中、戦後しばらくは厳しい食糧事情だったのでしょうね。

そうです。朝さつまいも、夜もさつまいもでした（笑）。栄養分が何もない、タネイモでふかしてもおいしくない（笑）。一升瓶で玄米もつきました。それを経験したことのある年代の最後が今、80歳前後。若い方は、話を伝え聞くくらいで経験はしてないでしょう。

記憶の中で覚えているのは、とにかく朝晩おいも（笑）。ある時、母が配給でバナナを1本もらい、妹と2人で分けて食べるのに真ん中から物差しで測ったのを覚えています（笑）。そして進駐軍の払い下げのチョコレート、その頃こんな美味しい物があるのかと思いました。

都電の中で進駐軍の兵隊が、子供たちにチョコレートをくれることがあったんですよ。そうするとね、進駐軍の兵隊さん、アメリカの兵隊さんはとても優しいという印象を子供たちみんな持つわけ。進駐軍の政策だったんですね、「今日お前はどこどこの電車に乗ってチョコレートを子供たちに配って来い」と。アメリカに対する敵意がなくなるという非常に賢い政策でしたね。

―確かに戦後日本は反米になるどころか、親米の道をたどってきています。食べ物の恨みは恐ろしいといいます。当時、大久保家ではどのようなものを召し上がっていたのですか？

利通は、岩倉使節団で日本を離れ、1年半欧米各国で生活をしていた。洋食は全然苦にならなかったようですね。妹たちの談話として書かれていますが、帰国してから、だいたい利通は、朝はパンを食べている。パンが済んだら、鹿児島特有の漬物を食べ、すごく苦いお煎茶を好んでいた。佐倉の国立歴史民俗博物館に寄贈した錫製茶壺（ふた付き）の底には茶葉がまだ残っていましたが、少し茶色くなっていたものの乾燥状態は保たれていました。

私の祖父利武は、明治20（1887）年からアメリカとドイツに留学します。最初はアメリカのエール大学で法学士取得、のちにドイツのハレ大学で哲学の博士号を受けます。欧米での生活に抵抗がなかったのが一つの支えではなかったかな。ただし「栄養の摂りすぎはいけません」という祖母の一言でハムエッグの卵が1つに制限されていました。でも祖母が旅行か何かで留守の時は、お手伝いさんが気を利かして卵2つのハムエッグスを作ってくれ、祖父は嬉しそうな顔をしていたのをよく覚えています。小さく丸められたバターは砕いた氷の上に乗っかっていました。ジャムはマーマレードだったな。お皿に輪切りのトマトとお塩、それをナイフとフォークで食べていました。私も朝食は、戦争中でパンが買えない時以外はずっとパンでした。

―パンはご自宅で焼いていらしたのですか？

戦後だけど、電極式パン焼き器ってのがあってね、大きな升に、配給の小麦粉をこねたものを流し込んで、電極通してパンが焼けたんです。注・ジュール加熱製法（電気が通りにくい物質に電気を流すと、通りにくさに応じて、物質が熱くなるジュール熱を利用し食品に電気を流して調理する技術）失敗することもありましたね。

――今もパンを召し上がりますか？

もちろん今でも朝食はパンで、結婚以来、家内が作る季節のジャムを付けています。

――お若いころの思い出は何かございますか？

高校生あたりの時は、まだ真空管ってのがあってね。神田で部品を買ってきて、自分でラジオや蓄音機を作ったりすることはありました。それから大学は、慶應に何とか潜り込めた！大学時代は音楽大好き仲間と始発前にプレイガイドに行って切符を買い、足しげく演奏会に行きました。アルバイト代はほとんどレコード（ＬＰ）代に消えました。高かったんですけどね。集めたレコードの大半は30年ぐらい前に成城大学図書館に、またチケットやプログラムは東京藝術大学音楽学部大学史史料室にそれぞれ寄贈しました。

――文学部にお入りになられた。

文学部に入った。なぜ経済学部までやったかというと、全く個人的な理由です。結核にかかっちゃったんです。ストレプトマイシンがやっと出てきた頃でした。１年休学したものの、そのまますぐ就職しても構わないが、健康上ちょっとゆっくりしてた方がいいだろうと経済学部に学士入学しました。勉強したいからということじゃなくてね、健康上のことだったんですよ。何で両方やったのかっていうと、勉強に熱心なあまりっていうのは事実じゃない（笑）。結局４年間のところ、7年間在学でしたから3年浪人したという人たちと同じくらいの昭和35（１９６０）年に、横浜ゴムに就職しました。この会社は「横浜電線製造（現古河電工）」と米国「ＢＦグッドリッチ」とが、今はやりの合弁会社として大正６（１９１７）年に設立されました。なぜ合弁企業としてつくったかというと、古河電工の主力製品は電線なんです。電線はね、必ずプラスとマイナス2本ありますから、ゴムでシールドしないとショートしちゃう。当初タイヤは輸入品として扱っていたんですけど、「工場で作っちゃおう」ということで、古河電工とアメリカのグッドリッチの資本と技術を提携して創立されたのが「横浜護謨製造株式会社」、タイヤの製造が始まりました。自動車時代の先駆けです。その時の本社が横浜にありましたが、関東大震災で壊れて鶴見に移転、太平洋戦争の時、空襲で焼失したため東京に来ました。御成門と西新橋の間で現在に至ります。

父は学者でした。祖父は大阪府知事をして貴族院議員になり、福祉事業などいろんなことをやっていました。本格的なサラリーマンとして仕事をしたのは、私の家では第1号だったんですよね。製造会社の中の管理部門で人事担当をやっていました。その人の顔を見たら、名前、出身校と社歴が言えるように記憶するっていうのも仕事です。そしてその人の給料もね。人事考課っていって、いい成績とか悪い成績とか含んでいます。昭和40年代から50年代、会社に入ったら定年までいる、終身雇用が当たり前で、転職はほとんどなかった時代でした。管理の仕事をしていましたから、ずっと机に向かった仕事だったの。本社と自宅を往復ばかりで、一杯飲み屋やお座敷にお客さまを呼ぶ、呼ばれるというのとは全く無関係な仕事でした。夕食は必ずといっていいほど家族そろって食べていましたよ。遅くなるのは、春闘の時ぐらいしかなかった。

人事部の後、いわゆる広報って会社の宣伝をする部署で、新聞や業界紙の記者の対応をしました。新製品が出ると、ニュースリリースを記者クラブに持って行って配る。そのための原稿を書いていた。次は秘書の仕事を10年ぐらいやったかな。10年もすれば社長は変わる、会社の状況も変わる。

例えばお客様相談室って存在も名前もない頃で、欠陥商品が出たり、クレームが付いたりすると「社長を出せ」と秘書に電話がかかってくることがありましたね。

―対処しなければいけないのですね。

そう。大苦労しました。そんな時代でした。昭和30年の中頃は、まだ電卓もワープロもないですから、すべて手書きです。当時「会社に入る時には算盤をできるようにしておいてください」と言われる時代です。私が55歳くらいになった時に初めて、カナ文字しか出ないパソコンが導入されましたが、専ら給与計算ぐらいにしか使われませんでした。給与も賞与も口座振り込みがない時代だったので、袋詰めされた現金を手渡されていたけれど、今では考えられませんね。

会社内のプライバシーに関することを扱っていましたので家に仕事を持ち込むことはあり得ませんでした。

その後、特許室に異動しました。発明を特許権として取り扱う、今は知的財産という表現に変わりましたが、あの当時は、特許、意匠、商標といった工業所有権の管理をしていました。定年後の2年間は横浜ゴムと関連があった特許事務所で仕事をしましたが、そろそろ潮時かなと区切りをつけて退職しました。

―その後、霞会館にいらしたんですね。

はい。私も会員である霞会館の役員交代時期にあたり、「仕事が一段落ついたんだったら手伝ってほしい」といわれ、平成9（1997）年に後任理事として仕事をするようになり、16年間、理事および常務理事として勤めました。

霞会館はね、戦前の華族会館だったの。華族っていうのは、簡単にいうと公家と大名のこと。明治2（1869）年に一緒になったんだけれども、公家は京都を中心とした千年以上の歴史を持っている、また武家にしても戦国の大名から700、800年の歴史を持っている。そうすると、考え方、生活の仕方、培われた文化、それぞれが全く違う。要するにほかの国って感じね。そうするとね、公家と大名、これが一緒になってといわれても……とても難しい。それで公家と大名が仲良くまとまるためにと明治天皇がお考えくださって華族会館ができました。戦後、華族制度がなくなって「霞会館」って名称変更した社団法人（現一般社団法人）となりました。

―霞会館ではどのような事をなさっていたのでしょうか。

理事に就任したとき、まず考えたことは「自分は霞会館のために何ができるのか、何をなすべきか、できることは何か」ということでしたね。「なりたて」の状態は60歳過ぎていても、あちらこちらキョロキョロするもので、たまたま覗いた華族資料委員会の部屋で担当職員が古い資料をワープロで打ち込んでいました。何の資料か聞いたところ、戦後の書記官長が残した「庶務日誌」でした。地下の書庫の片隅に無造作に置かれたダンボール箱に入っていたのが発見され、とりあえずワープロ化しようとなったけれど、その先はまだ決まっていない。それじゃあ読んでみようと目の前にした冊子の表紙を見ると「昭和20年以降」と記してある。読み始めたら、書き方一つをとっても戦後の混乱した状態がわかり、このまま保管していてはもったいないので、会員にご披露しようと検討を始めました。原本、「一次史料」のある種の迫力を感じたんだと思います。早速編集作業に入りました。当時を物語る切手や写真を加え、会報の付録として連載（全7回）を開始しました。おかげさまで「面白かった」と好評をいただき、ホッとしました。これが「書き残す」という最初の作業となりました。

—霞会館時代には、ある意味でお父さまと同じように歴史をお仕事になさっていらした。歴史がお好きなんですね。

　はじめは嫌いだったんです。「絶対に同じ事をしたくない」と言って逃げてたんですけれど…。父が歴史をやっていたDNAはなんとなくあったんでしょうね。調べてみようと興味が涌いたテーマが出てきて、これはまとめなければならないと決めたらお話を伺ったり、写真機片手にあちこち訪ね歩くなど、格好よくいえば取材を重ねましたね。自分がやる仕事って自分で見つけられる場合もあるということがわかりましたね。

　1冊目が旧皇族のお住まいについてです。目黒駅の近くに「東京都庭園美術館」ってあるでしょう。あれはもともとは朝香宮邸だったの。朝香《あさか》宮《のみや》鳩彦《やすひこ》王がパリに留学なさっていらした時に、運悪く自動車事故に遭われ、足を骨折という重傷を負われた。允子《のぶこ》妃が付き添いのためパリに行かれ、治療とリハビリのためしばらくパリで過ごされたの。その頃、パリ万国博覧会（大正14（1925）年、通称アール・デコ博覧会）が開かれていて、それをご覧になった両殿下が気に入られ、勉強なさってアール・デコ様式をとり入れた宮邸が建築されたわけ。

　戦後、皇籍離脱により朝香宮家はなくなって朝香家となり、他所に引っ越しをされた。戦後、吉田茂首相の時に首相官邸だったこともあり、また西武がプリンスホテルとして使ったこともありました。その時、西武が取り壊して別のビルを建てるという話があったんですが、地元の人たちが反対をして、あの建物のまま東京都が取得をし、美術館になったんですね。宮様のお子さままでいらっしゃる大給様からいろんな話を伺って、そのストーリーを『東京都庭園美術館　旧朝香宮邸をたずねて』（2000年　霞会館）に書きました。

2冊目は霞会館の京都支所が題材です。華族会館は東京にあったのですが、京都では華族集会所が発足していました。華族会館との合併を経て、戦後になって霞会館が本館であるのに対し、支所として活動を始めました。しかし史料が少なく、その歴史を振り返る機会に恵まれないままとなっていましたので、とにかく調べて書き残さなければという思いが出てきて、会報の付録として連載を始めました。今から思えば書く時期だったのでしょうか、回を追うごとに会員の方々や大学などから資料のご提供があり、少しずつ空白の時代が埋まっていきました。おかげさまにてどうにか本という形にできるところにまでたどり着き、『霞会館「京都支所」のあゆみ』を書き上げることができました。

—霞会館の歴史をひもとき、書き残すことをなさったということは、ご祖先、利通公を中心とした内容ではないのですね。

はい。父の専門は近代史でしたが、利通については結局書きませんでした。なぜだか分かりませんが、祖父については書きにくかったのかな。

—ご家庭でのお父さまはいかがでしたか？

尚子さん（以下、尚子さんは利恭さんの奥さま）いつも書斎で調べものをしたり、依頼された原稿を書いては合間をぬって大好きな散歩をしていました。万年筆で書いていたのですが、紙の上を滑る音が今でも耳に残っています。お手紙でいただいた質問についてはどなたであれ、必ずお返事を書いていました。集中している後ろ姿はすてきでした。亡くなるその日まで現役であり、世に問う仕事をしていたことはすごいと思います。根っからの学者でしたが、ユーモアがあって楽しい父でした。孫をどこかに連れて行って遊んでくる…ということはなかったけれど、本に囲まれ、読むことの楽しさを肌で感じ、好きな画家の絵葉書を飾る洒脱さに触れたのが大きな財産になったことは間違いないわね。

先ほど父と同じように歴史をなさったと庸子さんはおっしゃったけれど、資料の大切さは僕も同じです。父は歴史資料の重要性を説き、憲政資料室（国立国会図書館内）をつくりましたが、資料が残っているから実証できるという強さ、醍醐味っていうのかな、これは実感しています。

尚子さん：父（利謙氏）が「資料というものは私蔵するのではなく公共の物であるべきだ」と申しておりました。資料の存在の意義を理解し、現当主である利泰の名前で納めなければ意味がないという洋子の一言が主人の背中を押しました。千葉県佐倉市にある国立歴史民俗博物館に自宅で保管していた書簡類、愛用の金時計、執務机のほかに、利武の留学時代や役職に就いていた時の写真類などなど寄贈しました。総数3千点は超えていたと思います。利通の子供たちは10代で親を亡くしているわけでしょう。だから所蔵先が博物館となり、私たちのところから離れてもバラバラになることなく同じ場所にいられる、これからもずっと親子一緒であることが一番うれしく、いいご供養となりました。寄贈を機に「大久保利通とその時代」展（平成27（2015）年）を企画、開催してくださったのですが、文字資料が中心でとても地味な展覧会だったけれども、一次史料であるからこその当時の息吹が感じられ、その説得力に皆さま喜んでくださった。全国津々浦々から足を運んでくださり、「こんなに明治の人たちが日本の国を思って仕事をしていたのかと思い涙した」とある男の方がおっしゃったのが印象に残っています。

―写真といえば、「大久保家秘蔵写真」がありましたね。

よくぞ聞いてくださった！この本は「出会い」から生まれました。利武が遺したアルバムなど相当数の写真をどう扱うのか悩んでいた時に古い写真を研究している若い大学院生と出会い、質・量ともに大変貴重だということでとんとん拍子にデジタル化が進められ刊行につながりました。相談するにも誰がよいのかわからずウロウロしていたのが、図らずもこのような結果となりました。今回の取材は「若者へのメッセージ」が目的ですが、若者たちからいただいた問いかけ、エネルギーをもらって私もまた一歩も二歩も進めるんです。

―利恭さんからご覧になった曾祖父さまである大久保利通公についてお聞かせください。

大久保利通（おおくぼとしみち　通称・正助　一蔵　雅号・甲東）1830年鹿児島加治屋町生まれ。1878年没。薩摩藩士。維新三傑。政治家、初代内務卿。岩倉使節団副使。

利通は幕末から島津斉彬公、久光公の家臣として、維新後は東京遷都や殖産興業、北京談判など近代化を進めた政治家の一人と思っています。食糧増産、士族授産のため、高輪の別邸の庭に試験的に果樹園を造った後、駒場農学校を開校し、奨学金に賞典禄をすべて当てました。「産業は教育から」と、結果を急がず、堅実だったと思います。

利通の政治姿勢は「為政清明《いせいせいめい》」・「政（政治）を行う者は、心も態度も清く明瞭でなければならない、政治に尽くすものは私心を捨てなければならない」と「堅忍不抜」・「どんな苦労や困難があっても、じっと我慢して耐え忍び、心を動かさず意志を貫き通す」という言葉によく表れています。

利通というと、どうしても政治家としてとらえられていますが、その限定された枠から離れると別の顔が見えてくる。それを試みてくださったのが財政・金融論がご専門だった慶應義塾大学の玉置紀夫先生です。構想が固まり、本格的に執筆され始めた直後に亡くなられたんです。先生はわが家に何度かいらっしゃり、メールや手紙を幾度となくやり取りを重ね、楽しみにしていたのに…逝くのが早かった。「研究熱心のあまり大久保卿に直接お話をうかがいに行ってしまったのかもしれません」と奥さまが手紙をくださいましたが、残念としかいいようがありませんでした。「戦争は国の財政を動かすからできない」というのが、大久保の中に根本的にあった。そこに目を付けてくださったのが玉置先生でした。

—島津公保さんが「産業振興という視点で見ると、斉彬から西郷の路線ではなく、斉彬から大久保の路線を考えることができればよい」とおっしゃっていました。新たな大久保利通像が見えてきそうです。ご自身で曾祖父さまの研究はいつ頃始めたのですか？

利通について聞かれた時、よく分からないと具合が悪いなと思って、40歳ぐらいからでしたか、父に教わるというよりも、いろんな本を読み、勉強し始めました。人前で話す機会が増え始めるとなおさらですね。

—西郷隆盛との友情についてどのようにお考えで

すか？
「この2人が一緒におらぬことはまれであった。精忠組時代になっても西郷とは兄弟以上に仲がよかった」と妹たちは語っています。また「大西郷とは普通の友情を超えたもので、西南戦争の時も西郷は最後まで加わっていないと信じて疑わなかった」と次男の牧野は述べています。西郷が薩軍に入ったとの報告を受け、決別を覚悟し、涙したといいます。生まれ故郷鹿児島と、西郷に対する並々ならぬ深い想いは計り知れません。

―全体主義の反省から、戦後民主主義の教育は欧米の個人主義を手本としていますが、利己主義と履き違えているといわれることがよくあります。明治維新をもたらした「日本のために」というエネルギーはどのように解釈されますか？

江戸末期、志士たちが幼いころから修養したことが開花し、明治維新に結実したのであると思います。私たちも学び続けることがいかに大切であるか、そしてやはり人の縁、人間関係がいかに大切かということを感じます。

利通は薩摩の郷中教育で、内外の情勢の中から「正義とはいかなるものか」を直視し、さらにこの変革期における政治手法を学び取っていったのです。そして対立の中、心を痛めながら、すべてを教訓として前進していきました。利通の一人の人間としての生き方に触れることができたのは、書簡などが手元に遺されていたからです。一次史料のすごさです。

―利通公は家庭的で、お子さまの教育に熱心だったと伺いました。

はい。息子たちへのインタビューに残っています。利通が亡くなってから、約30年後、親しかった友人や部下への聞き取りが、当時の報知新聞、今の読売新聞に連載されています。次男牧野伸顕が語っているものによると、「利通は、子供の教育に対して非常に熱心だった」とあります。何か物事を解決するにあたり、親がこれをしなさいという風に指示を与えるのではなく、「お前が何をしたらいいかよく考えろ」ととにかく自分で考えさせて、親に報告させ、親が納得したらやりなさいという教育でした。すべて自分で考えさせたんですね。結局人材育成という意味で、長い目で見た国力を育成、育てていくということになるのではないかという気がいたします。終戦後、焦土と化した現状を見て、「こんなことになってしまって」と一言もらしたそうですが、育てられた側として、役目を全うできなかったという実にやるせない気持ちだったんでしょうね。

家庭における父親としての利通は、家族と一緒に食事をすることを非常に楽しみにしていた。家に帰ると、子供たちが争って父親の下に駆け寄って父親の靴を脱がせようとする。すると利通は足を踏ん張って靴が脱げないようにした。それでも何とか脱がせようとする、そこでふと力を抜いて子供たちが尻もちをつくのを見て微笑んだそうです。子供たちと過ごす限られた時間を大切にしていましたが、長くは続かなかった。

利通の一人娘、2歳だった芳子は永訣の朝、何かを感じたのかあやしてもなだめても泣きやまず、困った利通が馬車に乗せ、家の周りを半周してから太政官へ出勤したのです。その直後に刺客に襲われ、暗殺されました。明治11（1884）年5月のことです。半年後には母も失います。子供たちの年齢は、長男利和が18歳、次男牧野伸顕が16歳、私の祖父、三男利武が13歳。息子たちはみな10代なんです。

——多感な時ですね。

そうです。子供たちは亡き父の志をそれぞれ受け継いで、アメリカやドイツで勉強して、仕事をしてきたのです。でもよく考えると、突然の両親との別れ、それも暗殺という衝撃的な理由にも拘わらず、よくぞ常に前を向いて生き続けたと思います。牧野は政治家として、利武は官僚として多忙の中、2人は父親の事績を遺すために史料の調査・収集を行い、「大久保利通伝」「大久保利通文書」「大久保利通日記」を編纂しました。昭和3（1928）年、利通の50年祭の時に、貴族院議員であった三男利武が、長男利和に子供がいなかったので襲爵、つまり跡をとることとなり、当然、私の父も跡継ぎとして歩き始めました。

利武の歴史家としての才能は父に受け継がれており、「資料保存」はわが家の柱といってよいでしょう。さっき展覧会が開催されるきっかけとなった寄贈について話しましたが、それは私の代のお話です。100年祭（昭和53（1978）年）を機に翌年銅像が建てられ、その後碁盤・碁石、青色ガラスの洗面器などの洗面具などが里帰りし、現在、鹿児島県の歴史資料センター黎明館の所蔵となっています。30年ほど前には黎明館と佐倉市の歴博（前述）に文書類などを納めましたのが両方とも父の代。ちゃんとつながっているということに加え、ありがたいことに重要文化財にも指定され、箔が付きました。

―大久保家の皆さまにとっては大変辛いこととお察しいたしますが、紀尾井町事件（大久保利通暗殺）についてお聞かせいただけますか？

自宅から、明治天皇のところに馬車で向かう途中、大久保利通は不平士族6人に斬り殺された。16カ所刺され、8カ所は頭部だった。脳は飛び散り、刀は首を貫通し、地面に突き刺さっていた。大久保利通の死後、遺骨は故郷鹿児島には帰らなかった。明治6年の政変、西南戦争、西郷隆盛との対立が影響し鹿児島ではよく思われていなかった。

遭難したときの状態、事件の詳細はすべて記録が残っています。思想の違い、考え方の違いで暗殺に至った…幕末からの怒とうを経て、皆さまの礎の上に成り立った明治時代ですから、責任者の一人として覚悟ができていたと思います。天命だったのではないでしょうか。恨みつらみということは、何も聞いたことがありません。私たちも何もない…。

9人の残された子供たちは、両親の死を乗り越えて成長し、父親の意志を受け継ぎ、それぞれの役割を果たしたと思います。だから今の私たちがある。

利通が亡くなったのが明治11（1878）年5月14日。準備期間がそこそこの3日後、17日がお葬式。日本にとって初めて政府の中心人物の一人が亡くなったものの、駐日大使の弔問に対応する態勢をとるのが大変だったらしい。ロンドン・タイムズ紙に暗殺の報が載ったのがたった2日後の16日でした。それは明治4年に既に海底ケーブルが長崎・上海間に通っていた。国内の電信は架設も含めて北海道から鹿児島までできていた。それですぐ長崎まで行って、パリに打電、そこからイギリスに送られ、掲載となりました。この話を聞いた時は本当にビックリしました。

興味深い話が残されています。大久保家が弔問客でごった返し、きっと大変だろうと考えた西郷従道が、弁松（1850年創業　折詰料理専門店）に頼んで150人分、お弁当を届けてくださった。信頼から生まれた迅速さでしょうね。ある意

味、（西郷隆盛と）兄弟でありながら、たもとを分かち、大久保側についた従道が一番きつかったと思います。結局、それぞれがそれぞれの役目を果たした時代といえるでしょう。

—鹿児島市を流れる甲突川のほとりには大久保利通公の彫像があります。

先ほど申し上げましたが、利通没後１００年祭の時に、銅像を造ることが決まりました。制作者の中村晋也先生（三重県生まれ、昭和54（１９７９）年鹿児島市甲突川河畔に「大久保利通」像を建立。鹿児島大学名誉教授）が造る前にぜひお墓参りをしたいとおっしゃって、青山にご案内したの。利通は馬車に乗って御所に向かう途上で暗殺されたのですが、まず逃げられないように馬の脚をはらう、馬は翌日の15日に死んでしまうのですが、その次に御者を襲い、逃げ道を封じて最後に利通。御者も馬も命を落としましたので、彼らのお墓が利通の隣にあります。実は本葬の前に、御者のお葬式をしています。というのは、御者の中村太郎は旅先から連れて帰った若者ですが、身寄りがなかっ

大久保利通像台座の後ろ
（撮影・森浩一郎）

大久保利通像
（撮影・森浩一郎）

たため、遺族の希望で同日に弔うことを決めました。中村先生にその話をしたら感激され「当時の太政官、大久保家、こういった人たちの心がわかる。どういう家族だったか、当時の政府がどうだったか、これでよくわかる」とおっしゃった。それで銅像の台座の後ろに、御者と馬のオマージュを加えてくださいました。ちょっと見にくい場所なのですが、ご覧いただければうれしいです。

中村先生が利通像を「どんなポーズに？」とお考えになった時に、大久保の業績を表すポーズにしたいとお考えになった。

御者中村太郎と馬のお墓

しかし「アレもやった、コレもやった、たくさんありすぎてできなかったから今の銅像のようなスタイルになった」ということをおっしゃっていました。ちなみに東京を向いて立っています。

ポーズといえば、エドアルド・キヨッソーネによる利通の肖像画がありますが、あのコンテ画は不思議な柔らかさを感じます。明治6（1873）年にパリで撮影した大礼服姿をモデルにしていることは間違いないでしょう。彼が間近で利通を見

明治６年　パリにて

ているかどうかわかりませんが、写真を見ただけで描いたとは思えない「何か」、心の動きがあるように思います。使節団副使としてアメリカに渡り、外交交渉の何たるかを身をもって知り、イギリスでは産業革命によるまばゆいばかりの姿に自国を重ね近代化をいかに進めるべきか、そして時代を担う若者たちをいかに育てるかという長期的計画をたてる熱意があふれていたと思います。心身ともに最も充実していた時期をとらえていたのではないかと思うのです。このコンテ画をご覧になった親しい日本美術史の研究者の方がおっしゃるには、日本で肖像画を描き始めたもっとも早い時期（明治9年）の肉筆で、てらいがなく、意気込みというか、出し惜しみせず伸び伸びとし、勢いがあるんだそうです。ちなみに、12年後に明治天皇と昭憲皇太后の御尊影を完成させています。

肖像画というものは得てして多少とも手が加えられているものですが、娘洋子の恩師が写真と見比べて、背が高く、細身で格好よく見える利通の姿は、画家の気遣いによるものではなく、写真とほぼ変わらないことに非常に驚いておられたそうです。

―２０１８年は明治維新１５０年、紀尾井町事件から１４０年の節目を迎えました。日本史上では、明治維新の功労者である士族（武士）に保証するどころか、１８７７年には大礼服並軍人警察官吏等制服着用の外帯刀禁止の件（廃刀令）が施行され、四民平等政策に不満を持て余した士族たちによる西南戦争（77年）の勃発、大久保（官軍）VS西郷（不平士族の反乱軍）とあります。1世紀半過ぎ、大久保利通公のご子孫として思いのたけをお聞かせ願えれば幸いです。

今「思いのたけ」とおっしゃったけれど、祖父にしても、父にしても利通の存在をことさら振りかざして人さまに話したことはありません。でも幕末から明治にかけて生きた一人としてどのような役目を果たしてきたのか、資料や談話を元にしてお伝えしています。あとはお聞きになった方々がどのような判断をなさるのかということだと思います。

西郷隆盛と大久保利通、置かれた立場が異なり、それぞれが背負っているものが大きい、銅像一つをとっても建立に約40年の違いがあります。しかし、日本のためにという根本に違いはありません。

霞会館時代、理事には銀行、製造業、経営者…さまざまなところで経験をしてきた人間が集まって、一緒に仕事をしました。習慣も違えば、それぞれのカラーもあります。その上で判断をしていかなければなりません。合併や買収など最近経営統合がよく聞かれますが、違った風土を持つ企業同志が一緒になるというのは組織の考え方一つとっても生易しくありません。融和という言葉が当てはまるかどうかはわかりませんが、それぞれが認め合い、相互理解が得られるまで時間がかかるでしょう。同じことが明治維新にもいえるのではないでしょうか。

「利通はどういう国をつくりたいと思ったか」という質問はよく受けます。いくら子孫といっても利通がどう構想を練ったかなど頭の中まではわかりませんよ（笑）。ただ欧米諸国に対して恥ずかしくない国であることを目指していたと思います。外国に行ったとか行かないとか判断基準を求めたい気持ちも分かりますが、要はどう生きてきたかでしょう。この答えを見つけるために、古今東西、自分も含め、各自が思考錯誤をして日々を過ごしており、その結果は後世の方がお知りになればいいのではないでしょうか。少なくとも私たちは明治時代を駆け抜けた人々の行動の結果を見て、何かしらを学んでいるはずです。

利通公　玄孫　洋子さん：庸子さんと父とのやり取りを聞いていて人を育む環境、また人は何によって育てられてきたかということを自分を含めて考えさせられたの。

例えば幕末から明治を生きた人たちについて、どうして彼らが生きるの死ぬのと考えながら目的に向かってあれだけ動けたのか。時代がそうさせたというのは簡単。資料を読んで、時代背景、社会的・政治的情勢を考えて…。だけれど、その場にいなかった私が1世紀以上を経た今、当時に思いを馳せながら静かに本を読んで考えても真実、本当のところは分からないでしょ。想像の域を出られるか出られないか…。ただ、祖父にしても父にしても口に出したことが一人歩きすることの恐さは常に持っていますね。だから「考える」ということ、考える角度、視点、視野の広さ、判断材料をどれだけそろえるか。それがいかに大切であるかを意識することを学んだのは祖父と父の背中だったかもしれません。というより「当主」の背中かしら。格好よくいえばですけれど…。ですから、お金を貯めて30歳前にフランスへの語学留学の考えを祖父に伝えた時にも、返事は「理由がしっかりしているから行っていらっしゃい」。その時の姿は「祖父」というより「利通の孫である大久保利謙」でした。だからでしょうか、見ること、聞くこと、やること、成すこと、やるだけのことはやったつもりです。というけれど、「義務感」という言葉でくることではないの。肩に力を入れるのではなく、背筋を伸ばして姿勢を正しているという感じでしょうか。振り返れば話ですが、フランスで「生きる」ことを出し惜しみせずにできたことは、生まれてから渡仏前までの経験が十二分に生かされたからといえるかも知れません。滞在期間中、日本でも世界でも目を覆いたくなるような事が重なりました。また2度とない、言葉では言い尽くせない喜びもありました。まだインターネットが普及する前でしたから、とにかく手紙を書きました。気がついたこと、感じたこと、見聞きしたこと、おかげさまで筆無精卒業！返事が寮の部屋に届いているとうれしくてすぐに封を切り、繰り返し読んだものです。そしてまだフィルムの時代、撮ろうと思った時にシャッターを押したので「一瞬」をとらえたのもいい思い出です。滞在中、授業や先生、友人たちのおしゃべりでは、幼いころから母と展覧会に行き、本の読み聞かせ、音楽を聴いていたことが心丈夫となりました。また読書、折り紙やレゴブロック、積み木、泥遊び、木登り…、何のことはない、子供の時は同じことをしていると大笑いしました。でも全て言われてしたことではありません。やりたかったからやった！ただこれだけはいえるかも知れません。相手に自分の思っていること、考えていることが伝えられなければ始まりません。これは言葉ができる、できないではなく、何よりも「伝える事」をどれだけ持っているか…。

伝えよう、与えようという意識というより、与えられた役目を果たす、気がついたら人とのつながりが増え、写真集や展覧会など結果が付いてきたような気がします。だからこそ利通、利武、利謙、利泰へとなり、また利泰、利謙、利武、利通となり、その背景である時代と当時の状勢を環境とするのでしょう。ふと振り返った時に、点と点、そこには友人・知人、そして家族がありさまざま、それらが結ばれ、そこから支流としてさまざまな分野の方々に流れ、結果的に物事は分野を超えて、最初の一歩、分野を生み出す「ある一点」という基本に戻る。世代を超えた流れをお伝えするお手伝いができればと思っています。

大久保利泰さんからご紹介いただいた大久保利通、近代を研究するのに役立つ本

『日本近代史学事始め―一歴史家の回想―』　大久保利謙著　岩波新書
『大久保利通』　佐々木克監修　講談社学術文庫
『華族令嬢たちの大正・昭和』　華族資料研究会編　吉川弘文館
『トレイシー日本兵捕虜秘密尋問所』（中田整一　講談社）
『大久保利通の肖像―その生と死をめぐって』（横田庄一郎　朔北社）
『不敗の宰相　大久保利通』（加来耕三　講談社＋α文庫）
『江戸東京幕末維新グルメ　老舗店に伝わる幕末維新の味と物語』（竹書房　三澤敏博）

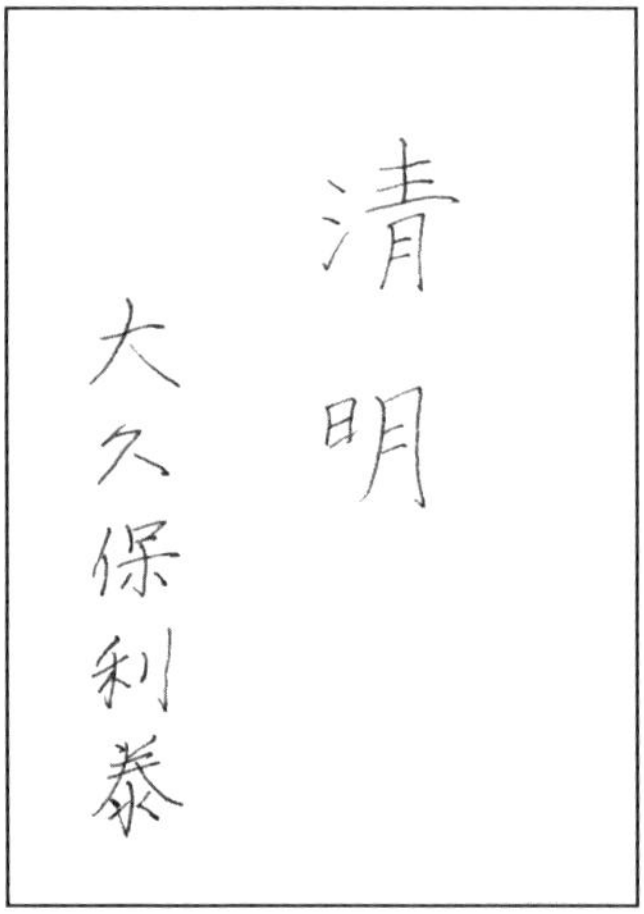

大久保家の皆さまが話される言葉がとてもきれいで、日本語はこんなに美しいものだったのかと感動いたしました。まるで古きよき日本の映画を見ているかのようでした。音声でお聞かせできないのが残念です。言葉はそれ自体の意味と音、調子、高低、発する方の人生すべてが表れるものです。

２０１８年は明治維新からちょうど１５０年の節目の年にあたります。およそ１００年遅れをとっているものの、欧米では明治維新をフランス革命やアメリカ独立戦争と同じ位置づけでとらえています。明治維新のメリットは、民主主義への1歩を踏み出したこと、経済的な繁栄を遂げたこと、欧米列強からの侵略を防げたこと。デメリッ

トは帝国主義へと進み、日清、日露戦争、第二次世界大戦へと導かれていったことが挙げられるでしょうか。

維新三傑のうち、2人も輩出している鹿児島の教育に、鹿児島出身でない私たちは、非常に関心がありました。英国のボーイスカウトは郷中教育にヒントを得たと聞いていたからです。「負けるな」「嘘をいうな」「弱い者をいじめるな」という教えは、鹿児島の学校で習った私共の子供から耳にしました。郷土史では、示現流を習ったり、西郷隆盛の最期の場面を作文にしたりしていました。島津斉彬公の功績に誇りを持っています。同じ薩摩の偉人でも、大久保利通に対する温度差に対し、違和感がありました。薩摩の人が、理よりも情を大切にしているからでしょうか？「義を言うな！」という言葉も鹿児島で覚えました。

明治維新から150年、西南戦争から141年を迎え、私たちがどう歴史と向き合うかということは、一人一人が考え出さなければならないことであると思います。大久保利泰さんの学習院初等科時代からの同級生で、榎本武揚海軍中将曾孫の榎本隆充さんは、非常に建設的なご意見をお話くださいました。「薩摩だ、長州だ、土佐だ、肥前だというけれど、あの時代、それぞれが日本のために力を尽くした。命がけだった。主義、主張、立場は違っても思いは同じだった。私たちは先人の思いを受け継いで、未来のためにそれぞれが自分のできることをしていきましょう」とおっしゃったことは強く心に残っています。

櫻井庸子

おわりに

最後までお読みいただきありがとうございました。前回と同様インタビュアーを担当いたしました。『与古為新』は、未来を担う若い人たちにさまざまな分野でご活躍している方々のお言葉を借り、応援しようというプロジェクトです。２０１４年６月に『与古為新』が出版された後から、２０１８年までの4年間インタビューを重ねてきました。未来を担う若者のために、そして大好きな鹿児島のためにと快くインタビューをお引き受けくださった18名の方々です。パート2でも素晴らしいお話をたくさん伺うことができました。インタビュイーの皆さまのお話はきっと皆さんの背中を押してくれることでしょう。

最後に、アメリカの友人が話してくれた実話をご紹介します。ある感謝祭の前日、米国カリフォルニアに住むO君が車を降り、スーパーに向かって歩いていると、1人のホームレスの男性が道端に座っているのに気づきました。「明日は感謝祭の日ですね。1人で夕食のターキーを食べるのもつまらないから、よかったら一緒にどうですか？」と声をかけました。約束の時間にそのホームレスは一番いい服を着てO君のアパートに現れました。2人はささやかな夕食を分かち合い、楽しいひとときを過ごしました。数年後アムトラック（全米鉄道旅客輸送公社）の中で、ある男性がO君に声をかけてきました。「私は感謝祭の日、ディナーに招かれたホームレスです。あれから仕事を見つけ、今は何とかやっています。ありがとう。あなたのおかげです…」と彼は涙ぐみました。

この話のように、人はきっかけがあれば必ず変われると信じています。インタビュイーの人生経験や温かい応援メッセージが皆さんの心に届いて、一歩踏み出す力となればうれしく思います。失敗を怖れずためらわずに挑戦してほしいと心から願っています。素晴らしい日々が送れますように！

インタビューに際し、インタビュイーの皆さまには大変お忙しい中、貴重な時間を割きご協力いただきました。心から感謝申し上げます。またインタビューのスケジュール、原稿の確認などで、ご家族や秘書の方々、アシスタントの方々に大変お世話になりました。感謝いたしております。特に、大久保利恭さんの奥さま尚子さんとご長女の洋子さん、米国在住の重田光康さんに代わり右腕である稲憲二さん、吉俣良さんのマネジャー池内理沙さんに非常にお世話になりました。ありがとうございました。このプロジェクトに際しご尽力いただきました南日本新聞開発センター、編集出版部の野村健太郎副部長、スタッフの皆さま、文字おこしのお手伝いやいつも的確なご意見をくださった竹下さおりさんに、この場をお借りしてお礼申し上げます。皆さまありがとうございました。あいがとさげもした。

櫻井庸子

南からの社会学・インタビュー編
与古為新［よこいしん］ Part2

2019年1月17日　初版発行

著　　者　櫻井　芳生　櫻井　庸子
発 行 所　南日本新聞社
制作・発売　南日本新聞開発センター
〒892-0816　鹿児島市山下町9-23
TEL 099(225)6854　FAX 099(227)2410
URL http://www.373kc.jp/

ISBN978-4-86074-265-2　定価：1,800円 +税
C0036 ¥1800E